南方医科大学思想政治理论课国家统编教材（2018年版）之辅助教材
"医学人文精神培育"丛书 / 任映红　邹　飞 ◎ 主编

新时代医者的形塑
——《思想道德修养与法律基础》（2018年版）教学案例集

吉志鹏　主编

XINSHIDAI YIZHE DE XINGSU

版权所有　翻印必究

图书在版编目（CIP）数据

新时代医者的形塑：《思想道德修养与法律基础》（2018年版）教学案例集/吉志鹏主编．—广州：中山大学出版社，2019.12
（"医学人文精神培育"丛书/任映红，邹飞主编）
ISBN 978-7-306-06743-2

Ⅰ．①新… Ⅱ．①吉… Ⅲ．①思想修养—教案（教育）—高等学校 ②法律—中国—教案（教育）—高等学校 Ⅳ．①G641.6 ②D920.4

中国版本图书馆 CIP 数据核字（2019）第 240620 号

出 版 人：	王天琪
策划编辑：	嵇春霞
责任编辑：	靳晓虹　罗梓鸿
封面设计：	曾　斌
责任校对：	叶　枫
责任技编：	何雅涛
出版发行：	中山大学出版社
电　　话：	编辑部 020-84111996，84113349，84111997，84110779
	发行部 020-84111998，84111981，84111160
地　　址：	广州市新港西路 135 号
邮　　编：	510275　　　　　传　真：020-84036565
网　　址：	http://www.zsup.com.cn　　E-mail：zdcbs@mail.sysu.edu.cn
印 刷 者：	佛山市浩文彩色印刷有限公司
规　　格：	787mm×1092mm　1/16　17.5 印张　323 千字
版次印次：	2019 年 12 月第 1 版　2019 年 12 月第 1 次印刷
定　　价：	66.00 元

如发现本书因印装质量影响阅读，请与出版社发行部联系调换

"医学人文精神培育"丛书

顾　问

张雷声：中央马克思主义理论研究和建设工程首席专家，中国人民大学首批"大华讲席教授"

王宏波：教育部马克思主义理论研究和建设工程专家，西安交通大学马克思主义学院原院长

陈金龙：教育部长江学者特聘教授，华南师范大学马克思主义学院院长

王永贵：教育部长江学者特聘教授，南京师范大学教授

主　任

陈敏生："全国五一劳动奖章"获得者，南方医科大学党委书记

黎孟枫：教育部长江学者特聘教授，南方医科大学校长

副主任

昌家杰：南方医科大学党委副书记

文民刚：南方医科大学副校长

主　编

任映红：南方医科大学马克思主义学院院长

邹　飞：国家级教学名师，南方医科大学公共卫生学院原院长

委　员（均为南方医科大学教师）

李俊平　邹　莹　段俊杰　余克强　陈士良　陈旭坚

夏欧东　谢传仓　曾　楠　傅义强　肖　健　吉志鹏

罗海滢　朱文哲

本 书

主编 吉志鹏

编委 曾汉君 陈 化 熊 进 杨 兰
　　　徐 芳 廖扬眉

总　　序

　　教育是国之大计、党之大计，承担着立德树人的根本任务。思想政治理论课（简称"思政课"）是落实立德树人根本任务的关键课程，发挥着不可替代的作用。2016 年 12 月底，习近平总书记在全国高校思想政治工作会议中强调："要用好课堂教学这个主渠道，思想政治理论课要坚持在改进中加强，提升思想政治教育亲和力和针对性，满足学生成长发展需求和期待。"2019 年 3 月 18 日，习近平总书记亲自主持召开学校思政课教师座谈会，从"培养什么人、怎样培养人、为谁培养人"的根本问题出发，特别强调了思政课作用的不可替代性，提出必须按照"八个统一"的要求，理直气壮开好思政课。2019 年 8 月 14 日，中共中央办公厅、国务院办公厅印发了《关于深化新时代学校思想政治理论课改革创新的若干意见》，提出"思政课建设只能加强、不能削弱，必须切实增强办好思政课的信心，全面提高思政课质量和水平"的要求。可见，把立德树人作为中心环节，理直气壮开好思政课是高校的重要任务，也是时代的要求。

　　青少年阶段是人生的"拔节孕穗期"。这一时期，他们的心智逐渐健全，思维开始进入最活跃的状态，最需要精心地引导和栽培，思政课不可或缺。特别是在科学技术日新月异、移动互联网以及人工智能发展的背景下，青少年在面对海量信息时，容易产生困惑与迷茫，甚至会受到错误思想的冲击和渗透。面对各种思潮的纷扰，思政课教师必须承担起精心引导和栽培青年学生，帮助他们廓清思想迷雾，用马克思主义及其中国化的马克思主义理论成果武装新时代青年头脑的重任，使他们能够把爱国情、强国志、报国行统一于坚持和发展中国特色社会主义事业、建设社会主义现代化强国、实现中华民族伟大复兴的

奋斗之中。

习近平新时代中国特色社会主义思想是当代中国的马克思主义，是马克思主义中国化的最新成果。党的十九大报告指出："要加强理论武装，推动新时代中国特色社会主义思想深入人心。"为深入贯彻落实习近平新时代中国特色社会主义思想和党的十九大精神，贯彻落实习近平总书记关于教育的重要论述，全面贯彻党的教育方针，解决好"培养什么人、怎样培养人、为谁培养人"这个根本问题，中宣部、教育部全面修订了2018年版思政课教材，为习近平新时代中国特色社会主义思想"三进"（进教材、进课堂、进头脑）奠定了基础。

"三进"的关键是进头脑，入脑入心，引发学生共鸣，使学生对党的创新理论从认知、接受、理解到认可、认同、践行。然而，一些高校的思政课仍然存在着教学方法不够生动鲜活、教学案例资源缺乏、教学对象研究不足等问题，以至于出现政治性和学理性存在间距、价值性和知识性存在鸿沟、理论性和实践性存在脱节等问题。尤其是与学生专业学习结合不足，让学生对思政课产生"空洞感""陌生感"和"疏离感"，影响了教学针对性和实效性的提升。因此，根据新时代要求和大学生思想实际，不断地探索教学新内容、新形式、新规律，是保证思政课吸引力、实效性的重要环节。如何从学生的专业实际、现实诉求和知识场域出发，拉近学生与思政课的距离，活化教学内容，增强思政课教学的思想性、理论性和亲和力、针对性是思政课教学迫切需要面对与解决的问题。作为专业性较强的院校，如何结合医学生自身特点，从医学专业或是医学生熟悉的领域切入，开展思政课教学，是医学院校思政课教学迫切需要面对与解答的难题。

医学是人学，健康中国背景下医学院校理直气壮开好思政课尤其重要。教育部等六部门于2014年出台的《关于医教协同深化临床医学人才培养改革的意见》，教育部、国家卫生健康委员会、国家中医药管理局于2018年发布的《关于加强医教协同实施卓越医生教育培养计划2.0的意见》均提出医学院校卓越医生教育培养计划。其中，医学院校卓越医生教育培养计划的第一项任务就是"全面加强德医双修的素质能力培养"。事实上，中国自古以来已有以医事论国事的文化传统。例如，《国语·晋语》中："文子曰：'医及国家乎？'对曰：'上医医国，其次疾人，固医官也。'"唐代著名医学家孙思邈在《备急

千金要方》中更是明确说道:"古之善为医者,上医医国,中医医人,下医医病。"当前,卓越医生教育培养要求与中国古代对医者的定位有异曲同工之处,也指明医学人才培养中思政课的不可替代。

南方医科大学前身是中国人民解放军第一军医大学,一直以来保持着军队讲政治的好传统。2008 年,南方医科大学成立了广东省第一家独立设置的马克思主义学院。多年来,该学院不断探索医学院校思政课教育教学的特色发展之路。该学院根据多年的教学积累,组织编写了与 2018 年最新版思政课教材相配套的医学生思政课教学案例集,分别是本科生"马克思主义基本原理概论"课的《医学殿堂中的大道行思》、"毛泽东思想和中国特色社会主义理论体系概论"课的《民族复兴的医学梦》、"思想道德修养与法律基础"课的《新时代医者的形塑》、"中国近现代史纲要"课的《国家命运与医学变革》,以及研究生"中国特色社会主义理论与实践研究"课的《卓越医学人才的思想政治修炼》,形成了一套五本内容丰富、逻辑严密的"医学人文精神培育"丛书。

这套丛书以立德树人、提升医学人文精神为目标,以在各门思政主干课程中融入与医药卫生相关的元素为主线,选用与医药健康、卫生事业相关的典型案例,从理论到思想、从国家到社会、从历史到现实、从国外到国内、从政策到个人,内容丰富、资料翔实、解析到位。有些看似不相关的案例,经过独特的视角观察点评和对教学内容的深入理解阐释,使医学生有"豁然开朗"之感,拓展了知识视域、碰撞出了思想火花,让思想理论入脑入心。

这套丛书是医学院校提升思政课的思想性、理论性和亲和力、针对性的宝贵教学素材,也是医学院校开展课程思政的独创性成果。这套丛书体现了南方医科大学的政治站位、家国情怀和责任担当,凝聚了马克思主义学院老师们的大量心血,在对各类案例成果进行广泛收集、分析整理以及与教材内容的衔接中呈现了这支队伍独特的教学理念和较高的业务素质。

希望这套丛书的出版,对全国医学院校思政课教学质量提升、对医学专业教师推进课程思政都有较大帮助,以确保思政课程与课程思政的同向同行,充分发挥各门课程的育人功能,将思想政治教育元素"润物细无声"地融入专业课程的教育教学,落细、落实在每一堂课中,帮助学生成为德才兼备、全面发展的人才,成为中国特色社会主义伟大事业的建设者与接班人。

丛书出版之际，喜逢中华人民共和国成立70周年，因此本丛书也是南方医科大学庆祝中华人民共和国成立70周年的献礼之作。我欣喜地看到，南方医科大学正在通过实施多元化教育教学改革，强化"医学人文精神培育"，构建"大思政"格局，推进"三全育人"，形成卓越医学创新人才培养体系，为推进健康中国建设服务，为祖国的繁荣昌盛贡献自己的智慧和力量！

2019年10月

作者简介：张雷声，中国人民大学首批"大华讲席教授"、博士生导师，国家"万人计划"首批哲学社会科学领军人才，全国文化宣传系统"四个一批"人才，享受国务院政府特殊津贴专家，担任中央马克思主义理论研究和建设工程首席专家、国务院学位委员会马克思主义理论学科评议组召集人、教育部社会科学委员会马克思主义理论学部委员、教育部思想政治理论课教学指导委员会委员、全国马克思列宁主义经济学说史学会副会长、全国高校马克思主义理论学科研究会副会长、《马克思主义理论学科研究》常务副主编等职。

目　录

前　言 ·· 1
第一章　人生的青春之问 ·· 1
案例一　解剖泰斗，配角人生 ·· 1
案例二　医德风范，大爱人生 ·· 5
案例三　无名英雄，无悔人生 ·· 9
案例四　绝境奋起，创造奇迹 ·· 13
案例五　蹒跚行医，服务乡村 ·· 17
案例六　坚守岗位，奉献一生 ·· 21
案例七　潜心研究，专治一病 ·· 25
案例八　忠诚担当，创价人生 ·· 29
案例九　研究医史，矢志不渝 ·· 33
案例十　不忘初心，大医人生 ·· 37
第二章　坚定理想信念 ·· 42
案例一　心怀民族，弃医从文 ·· 42
案例二　敬畏生命，忠于职守 ·· 48
案例三　不懈防艾，甘于清贫 ·· 52
案例四　万婴之母，专精一职 ·· 57
案例五　抗非英雄，为公殉职 ·· 63
案例六　以苦为乐，守护光明 ·· 69
案例七　心系医患，勇于担当 ·· 76
案例八　妙术仁心，杏林漫山 ·· 80
案例九　胆道之父，医学高峰 ·· 86
第三章　弘扬中国精神 ·· 92
案例一　肠道将军，绝技惠民 ·· 92

案例二　援非抗埃，扬我军魂 …………………………………… 97
　　案例三　防控恶疾，中国技术 …………………………………… 103
　　案例四　平凡职位，专业高峰 …………………………………… 108
　　案例五　弱肩重担，为民健康 …………………………………… 113
　　案例六　铸盾控疾，中国力量 …………………………………… 119
　　案例七　遏制疟疾，中医贡献 …………………………………… 125
　　案例八　紧扣时代，医疗创新 …………………………………… 129
　　案例九　大医精诚，止于至善 …………………………………… 133

第四章　践行社会主义核心价值观 ………………………………… 139
　　案例一　有爱人生，奉献基层 …………………………………… 139
　　案例二　医者仁心，大爱无疆 …………………………………… 144
　　案例三　超越血缘，孝行天下 …………………………………… 149
　　案例四　爱患如亲，救死扶伤 …………………………………… 155
　　案例五　扎根乡村，最美"逆行" ………………………………… 157
　　案例六　人文关怀，慈悲耐心 …………………………………… 161
　　案例七　赤诚报国，游刃肝胆 …………………………………… 164
　　案例八　厚德行医，扶危济困 …………………………………… 168

第五章　明大德守公德严私德 ……………………………………… 172
　　案例一　妙手仁心，医德楷模 …………………………………… 172
　　案例二　乙肝博主，普济众生 …………………………………… 176
　　案例三　舆论引导，弘扬正气 …………………………………… 180
　　案例四　弃官孝母，注重家庭 …………………………………… 185
　　案例五　贤妻真爱，谱写奇迹 …………………………………… 188
　　案例六　自揭黑幕，推动医改 …………………………………… 191
　　案例七　敬业奉献，时代丰碑 …………………………………… 194
　　案例八　仁心大医，奉献终生 …………………………………… 197
　　案例九　隐善数载，传递大爱 …………………………………… 201
　　案例十　悬壶救世，积善成德 …………………………………… 204

第六章　尊法学法守法用法 ………………………………………… 208
　　案例一　追诉温岭杀医，维护法律权威 ………………………… 208

目录

案例二　反思投毒整人，培养法律意识 ……………………………… 214
案例三　专家辅助人制度，彰显法治进步 ……………………………… 219
案例四　遏制暴力伤医，推进依法治国 ………………………………… 225
案例五　重建医患信任，依靠德法并行 ………………………………… 231
案例六　规制"影子药师"，完善法治体系 …………………………… 237
案例七　严惩疫苗乱象，坚持法治道路 ………………………………… 243
案例八　化解医疗纠纷，树立法治思维 ………………………………… 249
案例九　力主知情同意，强化法治观念 ………………………………… 254

后　记 ……………………………………………………………………… 261

前　言

《新时代医者的形塑》是医科院校大学生"思想道德修养与法律基础"课程的教辅案例集。新时代努力做担当民族复兴大任的时代新人，必须具有良好的思想道德素质和法律素养。青年正处于人生的"拔节孕穗期"，需要精心引导和栽培。引导青年大学生"系好人生的第一粒扣子"，用习近平新时代中国特色社会主义思想铸魂育人，思想政治理论课具有不可替代的作用。"思想道德修养与法律基础"课的任务在于引导大学新生领悟人生真谛、树立远大理想、热爱伟大祖国、担当时代责任、践行核心价值观、勇于砥砺奋斗、练就过硬的本领、锤炼道德品质、提升法律素养。"医学是人学"，明朝裴一中《裴子言医·序》中说："学不贯今古，识不通天人，才不近仙，心不近佛者，宁耕田织布取衣食耳，断不可作医以误世！"由此，医生要有更高的思想道德素质，对医学生的思想道德教育也要有更高的、更加专业化和精细化的要求，要有针对性和说服力。

中华民族几千年来形成了博大精深的优秀医学传统文化，我国革命、建设、改革的过程中，在中医学、西医学、护理、药学等专业领域涌现了许多优秀的医生、护士等医疗行业的道德楷模和时代先锋，树立了一座座精神丰碑，他们身上体现的精神品质是宝贵的精神财富，值得去发掘和梳理。讲好中国医学故事，精选医学案例素材成为推进医学生的"思想道德修养与法律基础"课程改革创新和提高思想政治教育实效性的必然要求。编写《新时代医者的形塑》案例集就是顺应这些要求，立足我国医学发展的实践基础，阐释医学案例的理论逻辑，发掘医学文化的价值力量，探析医学故事的思想内涵，分析医学人物的精神品质。

上好思想政治理论课，最根本的是要全面贯彻党的教育方针，解决好"培养什么人、怎样培养人、为谁培养人"的根本问题。推进思想政治理论课程改革创新，要不断增强课程的思想性、理论性和亲和力、针对性。医科院校

新时代医者的形塑
——《思想道德修养与法律基础》（2018年版）教学案例集

的"思想道德修养与法律基础"课如何解决医学生面临的思想困惑和现实难题？如何贴近医学专业和相关职业特点发掘现实的案例？《新时代医者的形塑》就是针对医学特点，为医学生量身定做的教辅案例集。有针对性地讲好医学故事和医学界榜样的故事，用优秀同行和前辈的模范事例来引领和感召医学生追求理想、实现人生价值、提升道德和法律素养，为培养和塑造能够担当新时代重任的医学人才贡献力量。

《新时代医者的形塑》案例集在总体设计上具有突出特色。首先，坚持规律的一致性和需要的多样性相统一，遵循思想政治教育教学和学生接受的一般规律，以生动有趣的现实案例分析来引领和感召学生，按照"案例—案例出处—案例解析—案例启思—教学建议"的模式来编写。其次，坚持内容的统一性和教学资源的多样性相统一，严格按照国家统编教材《思想道德修养与法律基础》（2018年版）的教学大纲来选择案例，引用教材的理论分析案例，依据案例与教材理论的相关性给出教学建议。发掘丰富多样的医学人文资源、感动中国医学人物事迹、最美乡村医生故事、改革创业医学时代先锋故事来印证和阐释抽象的理论，实现思想政治理论课与医学人文资料的融合育人效应。最后，坚持课程的理论性和运用的实践性相统一，将抽象的理论与生动鲜活的人物和干事创业的事迹结合起来。期待本案例集能在医科院校"思想道德修养与法律基础"课教学取得较好的效果，并在医科院校推广使用。

第一章 人生的青春之问

▶ 案例一 解剖泰斗，配角人生

案例

作为中国工程院资深院士，钟世镇年后（2014年）将卸任最后一个头衔——广东省创伤救治中心负责人。日前，这位被称为"数字人之父"的医学解剖泰斗接受《南方都市报》记者专访。

老先生不无谦逊地说："在我的学科领域内，可以做主角，但在治病救人、救死扶伤的医学领域，我的工作就是配角，属于打基础的部分。"

牛棚岁月 调侃"红卫兵"的表扬

1925年9月，钟世镇出生于广东梅州，一直在粤接受教育，直至18岁投笔从戎，加入抗日报国的行列，成为国民政府青年军二〇九师六二五团的一名新兵。

"没有正面接触过日本军队，日本很快在1945年投降了。"担任上士排副的钟世镇，可选择去军官学校深造，当军人，也可以退伍复员。他选择了后者，并报考国立中山大学医学院，师从叶鹿鸣教授。当时，学校连大体解剖课这样最基础的医学课程都缺老师。1950年，苦于没人带解剖实习课，钟世镇在组织的委派下，率一名团员加入解剖教研室。"穷人的孩子早当家"，他在多个场合里解释过为何走上人体解剖研究之路。次年，他取得实习助教头衔。

从朝鲜战争开始，钟世镇又融入时代洪流。"那段时间，医学毕业生全被分配到部队。"早他一年毕业的古乐梅去了江西南昌的解放军第六军医大学，毕业

后的钟世镇也去了该校任教。从初中开始相识的两人于 1952 年结婚。

随后就是一场接一场的运动，曾参加过三民主义青年团（简称"三青团"）的钟世镇被专门关押，接受审查，直到历史审查清楚了——非三青团活跃分子。1960 年，他 35 岁时被授予了上尉军衔、级别正连职，担任学校助教。配角人生的起点，从此开始。

1966 年"文革"开始，早已经组织审核过的尘封经历，再度成为钟世镇的历史问题。钟世镇被推入"牛棚"，成了第三军医大学内的"控制使用人员"。开始他还能从事和解剖相关的工作，在监督下制作标本。这一监督就是两年时间。其间，钟世镇与同事整理出了一本学术专著《解剖学技术》，该专著成为后来解剖技术学新版本的主要引用蓝本。

随后，每每有"走资派""历史反革命"戴着高帽，被喷上墨汁，以"喷气式"接受"批斗"时，钟世镇总出现在"陪斗"位置上。"起初还会惴惴不安，后来也就泰然处之了。"钟世镇办事认真，即便被派去清扫厕所，他都会用瓦片把厕所瓷砖刮干净，将其拾掇得清洁光滑。被"红卫兵"表扬时，钟世镇会半开玩笑地提醒对方，自己的身份不宜得到表扬。

学术配角　让解剖成为一门艺术

"文革"结束，1977 年钟世镇回到广州，调入第一军医大学（今南方医科大学）。看到不少外科医生因为不懂解剖学，给病人造成伤害，他非常着急，这也使得钟世镇坚定地选择了临床解剖学这一方向。

1979 年，钟世镇被提拔为副教授，那年的他 54 岁。也就是从那年开始，钟世镇将制作铸型标本的经验传授给学生和助手，人体标本陈列室的建设被列入日程，到 1988 年上千件标本完成。

每件标本都是镂空的，不同颜色灌注的血管，密如蛛网又脉络清晰。钟世镇一直在尽力将标本做得完美、艺术。"当时学术圈中的议论是，临床解剖学只能当临床外科学的配角，不成体系，没有难度。"在已经取得巨大成功的今天，钟世镇坚持认为，临床解剖学就要不怕当配角，不去抢"第一作者"。

钟世镇的另一大贡献就是利用解剖学的基础，将这些信息成功转化为以"1""0"为基础的计算机信息。2003 年完成了中国数字人"女一号"，随后很快完成了精度更高的"男一号"的研究工作。2009 年，年届 84 岁高龄的钟世镇获得"广东科技突出贡献奖"，各种赞誉纷至沓来，有人尊称其为"中国数字人之父"。这让钟世镇惶恐不安。"千万别这么叫我，数字人是好多个单位、领域的专家一起做出来的，我最多就是一个倡导者，但绝不是什么'之父'。这顶高帽子，我是戴不起的。"随后，北京的一位书法家要为其撰写一

第一章 人生的青春之问

张条幅，初定"龙马精神"四字。钟世镇拒绝了这四个颇具赞誉意味的字，确定了"配角人生"四字。此条幅在办公室悬挂至今。钟世镇在发表获奖感言时，道出了个中真实的想法："为什么会给我评突出贡献奖？人们可能看到的，有过一些发光的亮点，例如获得过国家科技进步二等奖6项，从数量上看，可能不算少。但是，在这些亮点中，只有'显微外科解剖学研究'这个项目，我曾经是担当主角的领奖者，其他5个项目，我都是以配角身份参加……作为一名解剖学者，我只是为治病救人、妙手回春、刀到病除的外科医师们担当过配角而已。"

大器晚成　与钟南山惺惺相惜

54岁评副教授、60岁评教授、72岁当选中国工程院院士，钟世镇可谓大器晚成。而其入选院士的过程也略显崎岖坎坷。1994年，国家在侧重基础研究的中国科学院的基础上，决定设立更具应用性的中国工程院，由八九十名中科院院士同时兼任工程院院士。1996年，钟南山院士当选工程院院士，"他是个很有骨气、敢讲真话的科技工作者"，钟世镇如是评价钟南山。1997年，钟世镇本不愿再报选工程院院士，但学校坚持报选，于是钟世镇成功当选工程院院士。八十大寿时，钟南山为其题词——"传道解惑，沥胆剖心"。"虽然成为资深院士后没了投票、选举权，但每年的院士会议，我都尽量前去参加，最核心的信息在这里都会得到……"说到这里，这位耄耋老人露出儿童般的顽皮，可见他虽年事已高，但有不愿被先进医学科技边缘化的童心。

🔍 案例出处

王道斌《钟世镇：院士的配角人生》，见《南方都市报》2014年1月21日（http://epaper.oeeee.com/epaper/Ghtml2014-01/21/content_2131783.htm?div=-1），有删改。

✏️ 案例解析

在日常生活中，价值问题是人们经常会碰到的问题，比如说话做事经常要考虑"值不值得""有没有益处"，这里的"值得"和"益处"就是一种价值判断。在哲学中，价值的一般本质在于，它是现实的人的需要与事物属性之间的一种关系。价值是伴随着人类文明的产生而产生的，价值一词也是人类文明的产物，这就是说，价值不能脱离人而独立存在，离开了人，价值就无任何意义可言。

钟世镇院士以解决临床外科发展需要的应用解剖学研究体系，开拓了古老

3

传统学科与新兴前沿学科间的交叉科研领域，开展了工医结合的生物力学的研究，是中国数字人和数字医学领域的开拓者。钟院士在满足医学发展需要的社会实践中创造了自己独特的社会价值。我们说，人的社会价值是一种特殊的价值，是人的生活实践对社会和个人所具有的作用和意义，是人们从价值角度考虑人生问题的根据。它兼有实践问题的现实性和理论问题的复杂性，在正确理解了人生价值的基本概念之后，才能从整体上把握人生价值。

人生价值是人的能动的创造力实现的结果，包含了人生的自我价值和社会价值两个方面。人生的社会价值，是个体的人生活动对社会、他人所具有的价值，衡量人生社会价值的标准是个体对社会和他人所做出的贡献大小。人生的自我价值，是个体的人生活动对自己的生存和发展所具有的价值，主要表现为对自身物质和精神需要的满足程度。人生价值是自我价值和社会价值的统一体，人在现实实践活动中，发挥自己的能动性，从而满足社会的发展和个人的进步。

人生价值是人们从价值角度考虑人生问题的根据。在关于人生的思考中，回答"为什么"的问题，即人生目的问题，要以人生的价值特性和对人生的价值评价为根据。一个人自觉地追求着自己认定的人生目的，是因为他对自己选择的生活做了肯定的价值判断，认为这样的生活具有价值或者能够创造价值。马克思指出，价值是为人们所利用并表现了人的需要关系的物的属性。人生价值是作为客体的人的自身属性满足主体的人的需要，是作为主体的人而存在的标示。作为客体的人是在社会实践中的能动的人，他主动地发掘自身或自身外的潜力，不断地将潜在的价值变为现实的价值，以满足主体人的需要。将潜在价值转化为现实价值，是客体的人对主体的人的需要表现出自身能动性的一种完满体现。

职业价值观从属于人生价值范畴，是人生价值观在职业领域的具体体现。职业价值观决定了人们的职业期望，影响着人们对职业方向和职业目标的选择，决定着人们就业后的工作态度和劳动绩效水平，从而决定了人们的职业发展情况。钟世镇院士以自己的方式在创造社会价值的同时也很好地阐释了职业价值观的深刻内涵。

案例启思

（1）如何理解个人与社会的辩证关系？
（2）如何理解人生的自我价值与社会价值的关系？

第一章 人生的青春之问

教学建议

本案例可用于第一章第一节"人生观是对人生的总看法"的教学。教师应重点向学生解释并分析人与社会的辩证关系。每一个人都存在和活动于具体的、基于特定历史的现实社会当中。人生的内容与复杂多样的社会关系和社会活动密不可分。个人与社会的关系问题是认识和处理人生问题的重要着眼点和出发点。个人与社会是对立统一的关系,两者相互依存、相互制约、相互促进。社会是由一个个具体的人组成的,离开了人就没有社会,社会是人的存在形式。同时,人是社会的人,离开了社会人也无法生活。社会犹如一个有生命、有活力的有机体,个人犹如这个有机体中的细胞。只有有机体的所有细胞都充满活力,这个有机体才能是生气勃勃和生长旺盛的;细胞如果脱离了有机体,也将失去赖以存在的必要条件。社会成员素质的不断提高是社会发展的重要基础,人的社会价值的创造是推动和实现人的全面发展的重要源泉。人生价值的本质是对人的全面发展的正向效应和积极意义,如果自身发展的实现是以损害社会进步为代价的,那么必然会形成负价值,最终导致自我价值的无法完全实现或根本不可能实现,自身也就不能发展。反之,社会进步的实现是以自身发展的实现为基础,社会的进步也就有赖于个人自身的发展。人生价值本质是个人自身发展和社会进步相统一的现实依据。

案例二 医德风范,大爱人生

案例

1974年的10月9日,电影《辛德勒的名单》中主人公的原型奥斯卡·辛德勒逝世。"二战"期间,他曾保护1200名左右犹太人的生命,占当时波兰全部存活犹太人数量的一半左右。时至今日,每年仍有许许多多幸存的犹太人及其后代来祭奠他。

"中国的辛德勒",却极少有人知道。

这个人是一位外科医术全才,在"二战"期间冒死解救犹太人,被犹太人称为"中国神医"!

新时代医者的形塑
——《思想道德修养与法律基础》
（2018年版）教学案例集

"拯救一个人的生命，也就是在拯救全世界。"达豪集中营，1945年4月。此时，距离德国投降还有1个月的时间。纳粹分子对大势已去的现实心知肚明，开始大规模地虐杀集中营里关押的犹太人。当时，纳粹党卫军获知美军正在慕尼黑周边活动，便强令达豪集中营的6000多名犹太人离开此地，徒步前往南部。行进过程中，不少人因为无力继续前行而死于毒打和枪杀，所以，队伍到达巴伐利亚时，犯人仅剩下一半，这就是历史上有名的"达豪死亡行进"。就在这支死亡行进队伍里，40多个人奇迹般地被救下，这得益于一位中国医生——裘法祖！从德国慕尼黑大学医学院毕业后，裘法祖留在德国从事外科医生的工作。在一个普通的早晨，裘法祖听到一名护士一声尖叫，他一眼望到街对面，就被眼前的惨象惊呆了。几十个血肉模糊的人，七倒八歪地躺在地上，羸弱待毙，身上的集中营条纹囚服脏陋不堪。持枪的德国士兵包围着他们，大声吆喝着："快起来！"虽然裘法祖对纳粹的恶行有所耳闻，但看到这样的景象，愤怒一下子涌上心头，顾不上恐惧，他迎着纳粹士兵走了过去。看到黄皮肤的中国人出现在救护队伍中时，纳粹士兵瞪大了眼。裘法祖大胆地迎上前去，鼓足勇气，大声喊道："他们全都感染上伤寒，我们必须把他们带走！"他疯了吗？周围的人们惊恐地看着纳粹士兵举着枪来到这个中国医生面前。然而，裘法祖并没有后退。纳粹士兵也知道自己的军队大限将至，于是无奈地挥挥手，居然妥协了！就这样，40多名犹太人被裘法祖带进了医院，在几名医生、护士的帮助下，犯人们被藏进了医院地下室。尽管条件艰苦，外面危险重重，但在裘法祖的悉心治疗和照料下，40多名犹太人全部存活下来，直到战争结束，终于重获自由。而据说，当时集中营的其他犹太人大都没有生还。"Whoever saves one life, saves the world entire."这是《辛德勒的名单》里的经典台词，意思是，拯救一个人的生命，也就是在拯救全世界。据统计，达豪集中营在其存在的最后6年中，有31393人被折磨至死。40多人，在这其中算不上多大的数字，但是这个貌不惊人的中国年轻医生，却用医者的良知和胸怀，用超越国界的人性力量，焕发出震撼人心的光辉。一双手，改变了这40多个家庭的命运。这个历史的谜团直到现在才慢慢解开。裘法祖因在拯救德国"二战"大轰炸受害者、救助集中营犹太人的过程中具有突出贡献，1985年，联邦德国政府授予他"国家大十字勋章"。裘法祖也因此成为德国这项传统荣誉制度史上第一位获得勋章的亚洲人！

"以生命相托的信任，理应赢得医生亲人般的赤诚。"裘法祖做手术有个特殊规矩：术前一定要亲自清点每一件手术器械、每一块纱布。一直以来，他的手术台被认为是最安全的。极致严谨的医风，与他从医之初的经历有很大的关系。1940年，裘法祖为一位中年妇女做阑尾炎手术，术后第5天，这位病

人突然死去。尽管尸体解剖没有发现手术方面有什么问题,但导师的一句话却让他记了一辈子。导师说:"裘,这是一位4个小孩儿的妈妈。"裘法祖说,导师的这句话影响了他此后60年外科生涯的作风和态度。裘法祖的学生、我国著名肝胆外科专家吴孟超曾见过这样一幕:裘法祖不顾自己年迈,跪在病床旁边,通过观察病人导尿管中的小便流量,来诊断病情。虽然他一生获奖无数,但在众多的奖项中,他最为认可的是2001年中国医学基金会授予的"医德风范终身奖"。现实中"中国的辛德勒"(约翰·贝拉)说:"医生治病,是将病人一个一个背过河去的。一个病人愿意在全身麻醉的情况下,让医生在他肚子上划一刀,对医生是多大的信任啊。""以生命相托的信任,理应赢得医生亲人般的赤诚",这一希波克拉底誓言在裘法祖心中重于生命——从现在起获得从医许可,用我的良心和威严布施医术,我将超越任何种族、宗教、国籍、政党,以及社会地位,只对病人履行我的义务,即使受到威胁,也绝不利用我的知识去做违背人道的事,即使受到威胁,在任何困难面前也绝不退缩,在任何枪口面前,也要保卫这片土地的和平!

案例出处

杨月、石倩颖《中国人的故事:他演绎了中国版的〈辛德勒的名单〉》,见中国青年网2016年10月9日(http://news.youth.cn/gn/201610/t20161009_8728170.htm),有删改。

案例解析

如何在纷繁复杂的现代生活中,找寻支撑生命活动的价值资源和意义归宿,超越自身有限性和现实物质的纷扰,追求生命的永恒,是值得每个人认真思索的问题。谈论人生,重要的不是评论他人的人生,而是要使自己的一生活得有价值。有位哲人说得好:如果你不能成为大道,那就当一条小路;如果你不能成为太阳,那就当一颗星星。决定成败的不是尺寸的大小,而在于做一个最好的你。

大医精诚,既是对医者职业精神的弘扬、赞赏和肯定,也是对医者人生价值的激励和鞭策。大医精诚强调医者应具备高尚的道德情操、职业操守和精湛的医术,以此赢得社会对医者的评价、崇敬与依赖。外科鼻祖裘法祖前辈曾说过:"德不近佛者不可为医,才不近仙者不可为医""医者父母心,在医学实践中,医德比任何医疗技术都来得重要。"裘法祖院士在近一个世纪的传奇人生中,悬壶济世,桃李满天下,给我们留下了一条医界的大河,一座医界的大山。裘法祖也用自己的实际行动在医学实践中生动地表达了医者所应必备的素

质和涵养；只有德才兼备者才有能力悬壶济世。新华网对裘老有如下评价：大医、大师、大爱！他不骄不矜，平淡自然，用一生诠释了爱的含义。他的科学态度、技术特色、道德情操和人格风范影响了几代人。

医生的职业特性在于与人的生命打交道，救死扶伤，这就需要医生具有高尚的职业道德和敬业精神。医生在漫长的成长过程中，首先要敬业，才能乐业。敬业当中包含着奉献，敬业当中包含着责任心，医生只有具备强烈的责任心，对自己分管的病人做到心中有数，才能依据每一个病情的细节变化做出正确的分析和判断。一个医生真正的幸福是用自己的才智辛劳换来病人的康复。真正的医者，拯救生命就是最大的人生价值。"舍与得的唯一标准，是看能否医治更多的患者。"

人生价值目标是人们在社会生活中，为了实现人生价值所追求的最终目的，它贯穿于人生社会实践活动的始终，规定着人生社会实践活动的方向、内容及方式，从根本上体现着行为主体的人生价值观，直接或间接地影响着人生的一切行为，在人生价值实现过程中起着导向的重要作用，对人生社会实践活动的成败具有特别重要的意义。科学的人生目标，应该符合社会的价值目标，着眼于个体的自身条件，这样才能减少人生价值活动的盲目性，增强自觉性，创造出更大的价值。一个人制定的目标越科学，其人生价值就越容易实现。一个人只有确立了服务人民、奉献社会的人生追求，才能清楚地把握他的生命历程和奋斗目标；才能不为狭隘私心所扰，不为浮华名利所累，不为低俗物欲所惑；才能自觉用真善美来塑造自己，不断培养高洁的操行和纯朴的情感，努力使自己成为一个高尚的人。

案例启思

（1）人为什么活着？
（2）大学生应该树立怎样的人生目标？

教学建议

本案例可用于第一章第二节"正确的人生观"的教学。教师可引导学生理解"中国外科之父"裘法祖如何用一生践行着"医学必须要有人的温度"的人生命题，引导学生思考人生为了什么、该如何对待人生、怎样的人生才有意义以及如何处理个人与社会的辩证关系等人生最基本的问题。重点帮助学生理解个人与社会的辩证关系。人是社会的人，总是生存和活动于各种各样的社会关系当中，并受到一定社会关系的制约。在实际生活当中，人们会选择自己的人生道路，通过一定的方式实现自己的人生目的，以独特的思想和行为赋予

第一章 人生的青春之问

生活实践以个性特征。不过，任何个体的人生意义只能建立在一定的社会关系和社会条件基础之上，并在社会中得以实现。离开一定的社会基础，个人就不能作为人而存在，当然也无法创造人生价值。人的社会性决定了人生的社会价值是人生价值的最基本内容。一个人的生活具有什么样的价值，从根本上说是由社会所规定的，而社会对一个人的价值评判，也主要是以他对社会所做的贡献为标准。因此，大学生思考人生问题，应该正确处理个人与社会的关系，把小我和大我更好地统一起来，把自己的人生追求同社会的发展进步紧密结合起来，在为社会做贡献的过程中成长进步，实现自己的人生价值。树立正确的人生观，明确人生目的，端正人生态度，认识人生价值，为创造有意义、有价值的人生奠定良好的基础。本案例也可用于第一章第一节"人生观是对人生的总看法"的案例教学。

▶ 案例三　无名英雄，无悔人生

案例

2017年11月17日，在全国精神文明建设表彰大会上，习近平总书记请一位老人坐在自己身边的暖心举动，感动了全国人民，同时也让大家记住了黄旭华这个名字。

"从1958年开始到现在，我没有离开过核潜艇研制领域，我的一生没有虚度。"习近平总书记的亲切会见，让黄旭华又一次感受到党和国家赋予的使命与荣光，他激动地说："我做梦也没想到，总书记竟然把我请过来坐到他身边，还问了我的健康状况。总书记对我们科技工作者的关怀，我要回去传达，要让所有同志认识到我们任重道远，要再铸辉煌。"

自力更生研制核潜艇靠的是坚定信念

20世纪50年代，面对超级大国的核威胁，毛泽东说："核潜艇，一万年也要搞出来！""正是毛主席的这句话，坚定了我和我的同事献身核潜艇事业的人生走向。"黄旭华回忆，1958年，他光荣地被选中参加研究。为确保国家机密不泄露，此后的30年，黄旭华隐姓埋名，孜孜不倦地战斗在核潜艇研制

一线。我国自行研制核潜艇，是在一穷二白的基础上起步的，面对国外的技术封锁，技术攻关步履维艰。回忆起研制初期的情景，黄旭华感慨地说："如果我们的研究人员有谁见过核潜艇长什么模样，也许都会大大缩短研制过程。""没钱、没人、没资料、没技术"，所有研究只能全靠自力更生、摸索推理。黄旭华和同事靠着两个核潜艇玩具模型，靠着简陋的算盘和计算尺，靠着笨重的磅秤，靠着不可动摇的坚定决心，靠着笨拙的土办法"骑驴找马"，逐步攻克一系列关键技术难题。1970年，我国第一艘鱼雷攻击型核潜艇终于顺利下水试航。核潜艇形成战斗力的关键，在于极限深潜试验。1988年，我国一代核潜艇首次进行深潜试验。当时，美国"长尾鲨"深潜试验的失败引起了试乘人员的情绪波动。黄旭华为了稳定人心，决定亲自参与这次重要而危险的试验。作为世界上首位亲自参加核潜艇极限深潜试验的总设计师，黄旭华挥笔写下了四句诗："花甲痴翁，志探龙宫。惊涛骇浪，乐在其中！"一"痴"一"乐"，尽显其对核潜艇事业的痴迷、报效祖国的赤子之心。

作为我国核潜艇总体设计研究专家，黄旭华为我国第一代核潜艇的从无到有、第二代核潜艇的跨越发展和第三代核潜艇的探索赶超做出了卓越的贡献。他主持制定了一代核潜艇与核动力协调总体方案；主持完成了一代艇现代化改装；主持开展了二代艇预研工作；作为战略科学家，为我国未来核潜艇发展战略目标的制定、装备的持续创新提出了建设性意见和建议。1994年，黄旭华当选中国工程院院士。先后获得全国科学大会奖、国家科技进步特等奖、何梁何利基金"科学与技术成就奖"、"十大海洋人物"、"感动中国"2013年度人物、"中国好人"、全国道德模范……

与惊涛骇浪作伴30年没有回过家

"当祖国需要我冲锋陷阵的时候，我就一次流光自己的血；当祖国需要我一滴一滴地流血的时候，我就一滴一滴地流。"这是黄旭华对祖国的承诺，也是他一直以来的坚守。1957年至1986年这30年间，黄旭华与家人亲友彻底断绝了联系。他的兄弟姐妹埋怨他是"不孝子"；他的父亲直到去世都没再见到他，也不知道他在做什么；他的母亲从63岁盼到93岁才盼来团圆；他从外地回家，女儿问他："爸爸，你到家里出差了？"黄旭华对此深感内疚，但他并不后悔。他说："我这辈子没有虚度，一生都属于核潜艇、属于祖国，我无怨无悔！"1987年，上海《文汇月刊》刊登了一篇题为《赫赫而无名的人生》的长篇报告文学，详细介绍了中国核潜艇总设计师的人生经历。文章通篇只说"黄总设计师"，并未提及具体名字，但文中提到了黄总设计师的夫人李世英，这让黄旭华的母亲喜极而泣。30年不回家，怨言是有的，但又感到自豪。她

第一章 人生的青春之问

把黄旭华的弟弟妹妹们召集到一起，告诉他们："三哥（黄旭华在兄弟姊妹中排第三）的事情，大家要理解，要谅解。"黄旭华得知家人的理解，他哭了，他说："对国家的忠就是对父母最大的孝。"家人的理解和支持，成了他继续核潜艇事业的动力。

现在，93岁高龄的黄旭华依然精神矍铄，不仅每天坚持上班，为祖国新一代核潜艇的研制殚精竭虑，献计献策，而且经常不辞劳苦四处奔波，到校园、科研院所做讲座，为了国家和地方的科技发展与人才培养奔走操劳，贡献余热。在今天的核潜艇总体研究所，对于年轻一代的科研设计人员，黄旭华会送给他们"三面镜子"。他说，核潜艇科研人员必须随身带上"三面镜子"：一是"放大镜"——扩大视野，跟踪追寻有效线索；二是"显微镜"——放大信息，看清其内容和实质；三是"照妖镜"——鉴别真假，吸取精华，为我所用。他传授给年轻人的是一个老知识分子的真知灼见，是一代核潜艇总设计师渗透骨子里的对国防事业的热爱和忠诚。作为核潜艇技术领域的带头人，黄旭华率领团队开展了一系列重点型号研制工作，培养锻炼了一大批优秀的科技人才，其中包括中国工程院院士1位、船舶设计大师2位、中国船舶重工集团公司首席技术专家2位、核潜艇工程总设计师1位、型号总设计师7位、型号副总设计师30余位。

黄旭华一生都在为我国核潜艇事业呕心沥血，与惊涛骇浪做伴。他默默奉献的一生，就像深海中的核潜艇——无声，但有无穷的力量。

案例出处

夏静、刘平安：《黄旭华：无怨无悔的核潜艇人生》，见《光明日报》2017年11月26日（http://news.gmw.cn/2017-11/26/content_26906700.htm），有删改。

案例解析

在这个大千世界，因为每一朵花的存在，世界才变得多姿多彩；因为每一个人的存在，世界才变得丰富多彩。因此，我们需要绽放自己。绽放自己需要执着。自从《时间简史》在中国翻译出版后，知道霍金的人越来越多。对于霍金能写出如此经典著作的精神，我们在充满深深的敬意的同时也被他的毅力所折服。他凭着自己的才华和毅力，为人类做出杰出的贡献。因为他懂得，人生的价值在于绽放自己。

做好自己的份内之事，本身就是一件值得赞扬的事情，也是自己独特的绽放方式，这种绽放不仅使自己的价值得到彰显，而且这种对执着的坚守是每个

11

人不容推辞的使命。更好地绽放自己需要执着的拼搏、奋斗和努力。"只有奋斗的人生才称得上幸福的人生。"幸福是一个总体性范畴，它意味着人总体上生活得美好，家庭和睦、职业成功、行为正当、人格完善等都是幸福的重要因素。不同的人有不同的幸福标准。追求幸福的过程就是不满足于现状、不断追求和创造更美好生活的过程。幸福不是毛毛雨，幸福不是免费午餐，幸福不会从天而降，幸福都是努力奋斗的结果。人世间的一切幸福都需要靠辛勤的劳动来创造。实现幸福离不开一定的物质条件，物质需要的满足、物质生活的富足是幸福的重要方面，但人的幸福不能仅仅局限于物质方面，精神需要的满足、精神生活的充实也是衡量幸福的重要尺度。在追求物质生活水平提高的同时，要更加注重追求德性和人格的高尚，注重追求健康向上的精神生活。在追求幸福的过程中，我们不能把自己的幸福建立在损害社会整体和他人利益的基础上。相反，只有在为社会做贡献、为他人服务的过程中，我们才能获得幸福所需要的环境和条件，产生更大的幸福感，实现个人幸福与社会进步的相互促进。黄旭华为铸大国重器隐姓埋名30年，他用自己的勤奋与汗水创造实现了自己的社会价值，这是人生最大的快乐与幸福。这种幸福源于黄旭华的内心追求和内心情怀。在黄旭华办公桌上的玻璃板下，压着一张他指挥大合唱的照片。从2006年开始，连续几年所里文艺晚会的最后一个节目，都是由他指挥全体职工合唱《歌唱祖国》。记者问："在您的心中，爱国主义是什么？"黄旭华答："把自己的人生志向同国家的命运结合在一起。"中国的兴盛与繁荣，离不开像黄旭华那样的无名英雄的默默牺牲和付出，也许我们不知道他们的故事，甚至不知道他们的名字。今天仍然有很多无名英雄还在中国的国防第一线上隐姓埋名。所谓的岁月静好，只不过是有人在为我们负重前行罢了。

案例启思

（1）幸福是什么？人生应该追求什么样的幸福？
（2）如何创造有价值的人生？

教学建议

本案例可用于第一章第三节"创造有意义的人生"的教学。教师可引导学生思考什么是人生的真正幸福，人生应该追求什么样的幸福，通过什么样的方式实现幸福美好的人生目标。教师可引导大学生要在科学高尚的人生观指引下，选择并追求高尚的人生目标，在服务人民、奉献社会的人生实践中完善自我、创造人生的美好价值。正确对待人生矛盾，努力提升人生境界，成就出彩人生。正所谓心中有信仰，脚下有力量。一旦一个人把工作当成事业和信仰，

第一章 人生的青春之问

就会把职业视为自己一生的追求,从而坚守在平凡的岗位上做出不平凡的事情。不管工作多么难多么艰苦,都会排除万难,千方百计地把工作做好,这样自然会体会到人生价值,进而以更饱满的热情对待工作。所以说,人生幸福是人们追求和向往的境界。人生幸福也是一种生活的态度。当一个人意识到自己所处的社会角色的意义和价值,即使身上背负着责任,他也会将这份责任发扬光大。因为他已经知道自己生存的意义,所以他能坦然面对任何挑战。那些追求生命意义的人,会在奉献社会和他人时享受到愉悦,超越自我。黄旭华一生都在为我国核潜艇事业呕心沥血,与惊涛骇浪做伴,30年没有回过老家。他默默奉献的一生,就像深海中的核潜艇——无声,但有无穷的力量。

▶ 案例四 绝境奋起,创造奇迹

案例

2005年12月8日,位于美国加州硅谷地区的帕默脊柱矫正专科学院(Palmer Chiropractic College),正在举行隆重的博士毕业典礼,来自中国安徽池州的盲人青年李雁雁,在双目失明20年、留学苦读10年后,如愿获得博士学位,成为这所著名学府里唯一获得医学博士的盲人学生,也是中国第一个赴国外留学的盲人,是获得中国首批自费留学生奖学金的唯一残疾学生。他创造了盲人生命的奇迹。

大三突然失明

1982年,17岁的李雁雁以优秀的成绩,考取了湖南大学环境工程系空调专业,在大学里,他被班上同学公认为"聪明勤奋优异"的学生。然而天有不测风云。1985年秋天,正读大三的李雁雁突然发现视力下降得厉害,他去医院检查,被确诊患了青光眼,并已发展成为视神经萎缩,最终导致双目失明。这个消息犹如晴天霹雳,李雁雁欲哭无泪。面对突如其来的灾难,李雁雁不得不办理了退学手续,学校发给他一张专科毕业证书。

不甘命运　绝境奋起

失明后的两年里，李雁雁整天将自己关在房间里，为明天而忧虑。没有了视力，如何生存？难道一辈子依靠老母和兄长？他的心底慢慢发出了倔强的声音："我不应该就此消沉，我的眼睛虽然失明了，但心智没有失明。我该用双手去努力，使自己成为一个有用的人，赢回生命的尊严！"他想到学习按摩，先掌握一项谋生的技能。可是由于家里实在拿不出钱来送他到外地盲校学习，他就靠听收音机学习盲文。那段日子，除了吃饭、睡觉就是摸盲文。学习，让他重新找回了自信。

赴日留学　创造奇迹

1994年6月底，他通过面试成为中国第一个获得全额奖学金去日本留学的盲人。在日期间，李雁雁为了锻炼自己的能力、获取更多的知识，经常利用节假日勤工俭学。凭着那根须臾不离的手杖探路，他自费到大阪、名古屋、横滨等地考察了7所日本盲校，参观了50多家博物馆。3年后他以优异成绩毕业并顺利通过了日本国家执照考试，获得针灸、按摩、指压师3份执照。接着李雁雁又和正常人一起参加了日本竞争激烈的"物理疗法"专业考试，成为在日本获得学习物理疗法奖学金的第一位外国盲人。李雁雁在日本边学习边打工可以生活得很好，物理疗法师在日本是个很好的职业。但是他感到日本和中国一样，更重视盲人技能学习，没有学历教育。即使通过国家职业技能认证，也无法获得学位。他渴望深造，渴望通过自己的努力，来证实盲人也能和正常人一样受教育，有能力完成高学历的教育。

挑战极限　赴美读博

因为没有盲人的托福考试，也没有相关的资料，李雁雁先后在日本参加过四次托福考试。由于几乎没有人使用过盲文来考试，开始他受到托福考试中心的拒绝，但最终被他所感动，第四次考试达到了美国大学所要求的托福考试成绩。1999年6月，带着留日经验和打工得来的近5万美元的积蓄，李雁雁只身一人来到美国加州硅谷，先就读于美国两所公立大学，补修博士学位先修课程所需学分。一个全盲的人要完全适应美国的学习生活谈何容易。首先是语言关，虽然他有一定的英语基础，但来到美国，那点英语无法与人沟通，更不要说听有机化学课了。开始，化学老师也担心他英语不行，让他选用中文、日文教材。他说："我能行。"入学后一个月，李雁雁不但能听懂课，化学考试居然得了93分，同学们立马对他刮目相看。如今李雁雁上街购物、烧火做饭如

第一章 人生的青春之问

常人般娴熟，但刚来时吃了不少苦。为了节省房租，他租居距学校 13 千米外的郊区，卧室兼工作室约 8 平方米，他每天上学早出晚归：清晨 6 点准时从家里出发，途中费时一个半小时，他挂着手杖先要摸索着穿过一段车水马龙的街道，再乘公共汽车，然后改乘轻轨电车，从轻轨电车下车离学校尚有 5 分钟的路程，可李雁雁却要花 3 倍的时间，因为眼睛失明，他经常"碰壁"。放学时别的同学十几分钟后就已经开车回家了，而他常常一个人孤独地在公车站等公车，有时晚间的公车要等很长时间，碰到刮风下雨，天气酷热，心里真不是滋味……2002 年 7 月，李雁雁考取国际著名的加利福尼亚帕默脊柱矫正专科学院脊椎神经矫正专业的博士，成为这所百年老校第一位盲人读博学生。

填补盲人教育空白

许多人听到李雁雁一个盲人和正常学生同班就读且名列前茅的故事，感到难以置信。如果说以社会科学为主的文科类高学历教育尚有可能的话，那么理工类确实难以想象，然而李雁雁却填补了这一教育空白。

李雁雁在就读的 3 所美国大学都是首位使用盲文点字学习的学生。没有现成的盲文教材，李雁雁 4 年博士学习期间必读的教科书及参考书籍的目录就有 30 多页厚，其中只有两本书在英国和加拿大有盲文版。李雁雁无力购买，他必须通过上课录音，课后把这些录音抄成盲文笔记记录下来。他的房间里到处都是盲文，有 600 多盒录音带，数百张光碟，还有上万页的盲文笔记。因为图像的内容太多，李雁雁经常是课后留在学校争取一切可能和别的同学一起学习。为了挤出时间，他每天只能睡三四个小时，有时通宵达旦。当博士帽戴到他头上时，戴着墨镜的李雁雁嘴角有了一丝笑意，他的眼眶湿润了。一个家境贫寒的盲人青年，从中国到日本，从日本到美国，10 年留学艰辛路，为的是圆心中的一个梦，一个盲人的博士梦，一个盲人实现自我价值的梦。

案例出处

①池州市成功举办残疾人自强和助残先进事迹巡回报告会（http：//www.chizhou.gov.cn/openness/detail/5278567c8b9226414d07ece4.html），有删改。

②百度百科·李雁雁（https：//baike.baidu.comitem%E6%9D%8E%E9%9B%81%E9%9B%81/5121128），有删改。

案例解析

人生的道路曲折漫长。人生既是丰富多彩的，也充满着成功与失败、顺境与逆境、幸福与不幸等矛盾。如工作上的失败、生活的穷困、家庭的离散、身

体的疾病伤残等。只有热爱生活的人，才能真正拥有生活。乐观豁达，热爱生活，对人生充满自信，体现了对自己、对生活、对社会的积极态度，这种态度是人们承受困难和挫折的心理基础。人生实践是一个创造的过程。适应历史发展的趋势，就要以开拓进取的态度迎接人生的各种挑战，如此才能不断领悟美好人生的真谛，体验生活的快乐和幸福。逆水行舟，不进则退。李雁雁 1965 年 2 月出生于安徽省池州市。他的父母是湖南益阳人。1982 年，他考上了湖南大学。1986 年大学毕业那年，李雁雁突然患了青光眼，很快便发展成视神经萎缩，最后导致双眼失明，母亲带着他开始了漫长的求医问药之路。他们的足迹遍布了大半个中国，但李雁雁的眼睛仍见不到半点光明，他感觉到无比的绝望和无助。他孤独地辗转日本、美国学医，克服难以想象的艰难险阻，最终成为中国第一个赴国外留学的盲人，成为中国和亚洲第一个盲人医科博士。他的名字已经被写进 2005 年版《美国大学生世界名人录》。追寻他的人生足迹，我们看到的，是一部抗击逆境、激励斗志的高亢生命的宣言。

大学生处于人生特定的成长阶段，面对学习、就业、恋爱等各种实际问题，许多事情不会总是尽如人意、一切顺遂，也可能有失望和暂时的困难、挫折，因此，更要始终保持乐观向上的人生态度，不能因为没有满足自己的期望或者遇到困难和挫折，就消极悲观、畏难退缩，甚至颓废堕落、自暴自弃。要相信生活是美好的，前途是光明的，遇事要想得开，做人要心胸豁达，在生活实践中不断调整心态，磨炼意志，形成乐观向上的人生态度。没有积极进取的人生态度，再崇高的人生目标也难以真正实现。世界上的一切事物都是相对的，挫折也一样，它能给人以打击、使人痛苦，也能使人奋进、成熟。走好人生之路，需要大学生正确认识、处理生活中各种各样的困难和问题，保持认真务实、乐观向上、积极进取的人生态度。要相信挫折是生活对我们的磨炼，那是我们走向成功的一条必经之路。要相信自己的能力与毅力，失败是成功之母，挫折可以让我们从中得到想要的经验。这就是挫折的收获。人生之路，机遇与挑战并存，成功与失败相连。我们所应做的就是善待人生，向往追求成功，但丝毫不惧怕失败。我们不能确保人生路上都是美丽的风景，但完全可以创造一个美好的心境，以此去努力和追求，那么在我们的前方将会有坦荡的旷野和蔚蓝的天空。

案例启思

（1）如何理解人生观的主要内容？

（2）为什么要树立正确的人生观？

第一章　人生的青春之问

教学建议

本案例可用于第一章第二节"正确的人生观"的教学。教师在分析李雁雁的典型案例的同时,引导学生明白人生哲理,树立正确的挫折观。世界上的一切事物都是相对的,挫折也一样,它能给人以打击,使人痛苦,它也能使人奋进、成熟。面对人生的挫折我们不能消极地忍耐或回避,而应直面正视,积极寻求克服和战胜挫折的有效途径,抚平伤痕,为实现人生目标而奋斗。古今中外一切杰出人士,他们在走向人生成功的道路上给我们树立了典范。在失败和不幸面前,他们无一不是选择了发愤图强之路,一个个奋起与人生的逆境抗争,紧紧扼住命运的咽喉,做生活的强者,通过自己的艰苦奋斗,最终赢得命运的青睐。在这方面,他们为我们提供了诸多有益的借鉴和启示。大学生是国家、民族的未来和希望,更要积极进取,不断丰富人生的意义。不能贪图安逸、满足现状、因循守旧、故步自封,否则人生就会失去光彩;要发扬自强不息、敢为人先、百折不挠、坚忍不拔的精神,始终保持蓬勃朝气、昂扬锐气,充分发挥创造力,在创新创造中不断书写人生的新篇章。

案例五　蹒跚行医,服务乡村

案例

"艾起,来一下!"电话中,周月华用方言大声喊着自己的丈夫。话不多,但夫妻间的信任已跃然眼前。2013年2月19日晚,在"感动中国"2012年度人物颁奖典礼上,周月华说:"年轻的时候,艾起背我,我跟他说:'跑快些,跑快些。'现在他背我,我跟他说:'我下来走一会儿吧,你喘粗气了。'他就说:'再走两步吧,再走两步。'"今年(2013年)43岁的周月华,是重庆市北碚区柳荫镇西河村的乡村医生,先天性小儿麻痹症让她左腿残疾,必须挂拐才能行走;而她的丈夫艾起,既是村里的会计,又是周月华的"专职司机"和"第二条左腿"。

周月华：在追梦的道路上不气馁

"我作为最基层的医务工作者，就是要全心全意为患者服务，发挥救死扶伤的优良传统。这是个崇高的职业，它的使命光荣，责任也很大。我必须做到忠于老百姓，兢兢业业为群众服务。"在接受中国青年网记者的电话采访时，周月华深情地说。周月华告诉记者，她服务的村民有四五千人，他们不仅仅来自自己所在的西河村，来自邻村和外村的也有很多，"村民进行治疗，有时候会到诊所来，不过来的话就给我打电话，然后艾起就带我去。现在国家政策好，村村通，有乡村路、便民道，艾起骑摩托车载我去，没法骑车的地方他就背我"。1969年出生的周月华，8个月大时就被诊断患有先天性小儿麻痹症，左腿因此残疾。然而身体上的不便，没有让周月华对生活失去信心和希望。"我就是想做一个公认的好医生，治病救人。病人的健康就是我的幸福快乐。我们乡村医生，就是从小事做起，从一点一滴做起，做好农村居民的健康服务工作，提高农村居民整体的健康水平。这样，'健康中国'的梦，就能快点实现。"在电话里，回想起过去20多年的行医历程，周月华作为一名医生的责任感和荣誉感，溢于言表。1987年，18岁的周月华几经波折，终于如愿进入一所卫校，迈出实现梦想的第一步。但是等到两年后从卫校毕业时，她却再次遭遇困难：行动不便，身体残疾，让她难以找到一份正式的工作。"这年头，身体健康的人工作都安排不过来，何况你一个残疾人！"有人这么对她说。委屈，但没有气馁，一颗医者的仁心仍在周月华体内跳动，她对梦想的追寻没有放弃。周月华所在的西河村，跟柳荫镇有近5千米的距离，加上山路崎岖、地形复杂，村民们看一次病路上就要好几个小时。"何不自己开一间诊所，服务乡亲父老？"周月华想到做到。在家人的支持下，1990年11月，"柳荫镇西河村卫生室"正式挂牌营业，那时她21岁。起初的几年，周月华左手拄着拐杖，右肩背着药箱，独自一人在山间小路上，奔走于村民家与卫生室之间，其中的冷暖甘苦，并非常人可以想象，也非常人可以坚持。"很难坚持下去"，周月华并不是没有这样的感觉，只是后来的际遇却让她不再有顾虑。

艾起：背她一辈子不放弃

"我要背她一辈子的，我不会放弃。"2013年2月19日晚，当艾起说出这句话时，他已经背着周月华和她的梦想，在西河村的山路上行走了18年。当中国青年网记者电话采访周月华、艾起夫妇时，两口子正准备出发前往江苏。"江苏一家医院愿意免费给月华的小儿麻痹症后遗症提供治疗。这么多年了，她右腿一直承担压力，之前有专家来诊断，说脊柱都有一点变形。现在去治

疗,不是想着根治,就是希望能锻炼左腿的力量,减少右腿的负担。他们说,月华一直在基层做实事,他们也想为月华做实事。"艾起言语间充满感激。第一次看到周月华,艾起的目光就无法从那个拄着一根拐杖、背着药箱的女孩身上移开。在他眼中,她自强自立,乐观向上。"我很想和你一起去追寻美好生活。"当周月华问艾起为什么会向自己这样身体有残缺的人提亲时,艾起说道。1995年,艾起与周月华喜结良缘。婚后,周月华和艾起将卫生室搬到邻近西河村小学的一套三层旧楼房里,而这里也成为他们的家。从这以后,艾起正式成为周月华的"专职司机":无论风雨,无论路况如何,有周月华的地方,就有艾起,有路的地方他骑着摩托载着她,没路的地方他背着她,一步步前行。艾起是村里的会计,平日里说话不多,做的事情却不少。除了本职工作外,他也承担起家务活,洗衣做饭。周月华忙碌起来,出诊探病、接待病人,不得不连轴转,有时深夜要出急诊,她也是立刻摇醒熟睡的艾起,收拾妥当马上出发。背起妻子的同时,艾起也为妻子做好一切后勤工作:周月华忙得没时间吃饭,艾起就把热饭端到她面前;周月华列出诊所需要的药品清单,艾起骑着摩托出发,一定保证完成任务。"没有他,这么多年,我做不到的。"感念丈夫的所作所为,周月华说道,"他是我这辈子的第二条左腿。"当被问起现在梦想是什么时,艾起告诉中国青年网记者:"以前我们一直把心思花在工作上,孩子没管好,成绩落下了。我想'健康中国'首先是要'健康家庭'。所以现在我就希望孩子能有好成绩,月华这次治疗能顺利。在工作上,我希望能尽一个村干部的能力,为实现中国梦努力。"

在周月华追梦的道路上,艾起背着她,一起前行。正如"感动中国"2012年度人物评选颁奖典礼上的解说词一样,"她背起药箱,他再背起她。他心里装的全是她,而她的心里还装着整个村庄。一条路,两个人,20年。大山巍峨,溪水蜿蜒,月华皎洁,爱正慢慢地升起"。

案例出处

朱琪红《周月华、艾起:背起梦想 一起前行》,见《中国青年网》2013年3月26日(http://chinadream.youth.cnsyrwzhouyuehuaaiqi/201303/t20130326_3025804.htm),有删改。

案例解析

人生的意义和价值在于个人"贡献取向"的社会成功度、认可度和自我满意度;社会认可度越大,人生的意义和价值越大!例如雷锋和爱因斯坦等。一个人只有确立了服务人民、奉献社会的人生追求,才能清楚地把握人的生命

历程和奋斗目标，深刻理解人为了什么而活、应走什么样的人生之路等道理。一个人的能力有大小、职业有不同、职位有高低，但只有自觉把个人之小我融入社会之大我，不为狭隘私心所扰，不为浮华名利所累，不为低俗物欲所惑，才能够在推动社会进步中创造不朽的业绩。周月华出生后8个月被诊断患有先天性小儿麻痹症，左腿残疾。身体的残疾是人生的一种遗憾，但周月华又是幸运的，在人生旅程中，她遇到了她的第二条"腿"——丈夫艾起。丈夫的不离不弃、无微不至的照顾，让她的济世梦想得以实现，更让她收获了爱，学会了坚强。周月华以医者仁心悬壶济世。在"残缺"的人生中，她以自己的医技、自己的医德、自己的崇高品质和奉献精神，实现了自己的人生价值，也感动了社会，赢得了尊重。她的人生是"残缺"的，她的身体不完美，但她的品格是高贵的，她的性格是坚强的。她用残缺的身体托起了沉甸甸的责任，用自己的那一颗爱心、责任心赢得了当地老百姓的尊重和爱戴。她被当地老百姓誉为心目中的"活菩萨"。周月华趴在丈夫艾起的背上，"爬"遍了方圆13平方千米的大小山岭，为辖区近5000名村民服务。她用坚持和坚守、用意志和奉献诠释了什么是身残志不残。她失去了健康的身体，奉献了自己的人生，却收获了人间大爱。她奉献的是自己的智慧、自己的青春、自己的人生，赢得的是世人的感动。所以在人生的道路上我们要学会用辩证的观点、发展的眼光看待自身和周围的变化。关键是要树立信心，希望之桥就是从"信心"开始的，如果没有自信心的话，我们就永远不会有快乐。希望青年大学生都能结合自己的实际，从中悟出一些道理来，记住并相信这么一条：未来不在命运中，而在我们自己的手中。

个人自身素质作为提升与实现人生价值的内在条件，是实践最优化人生道路，达到人生科学目标，提升与实现人生价值的现实需要。人生价值正是在社会实践的特定平台与空间中，通过每个人的人生追求、奋斗过程以及体现在其中的奉献精神表现出来的。人生的真正价值在于对社会的责任和贡献。实现人生价值需要在社会提供的客观条件的基础上充分发挥主观能动性，着重从主观方面努力，在个人与社会的统一中、在劳动和奉献中实现自己的人生价值。

案例启思

（1）如何正确认识人的本质？
（2）大学生应该树立怎样的人生价值观？

教学建议

本案例可用于第一章第二节"正确的人生观"中的案例教学。教师应注重引导学生正确理解人生价值的实现条件。人生的真谛就在于最大限度地提升与实现其自身价值。马克思指出:"人的本质不是单个人所固有的抽象物,在其现实性上,它是一切社会关系的总和。"爱因斯坦则强调:"人只有献身于社会,才能找出那短暂而有风险的生命的意义。"可见,人的本质在于人的社会性,人生价值的实现在于人对社会的奉献和创造性活动。人在实现人生价值的过程中不可避免地要受到客观条件的约束和限制,但这并不是说,人的主观努力就不起作用。事实上,个人自身素质作为提升与实现人生价值的"内在条件",其提高不仅是社会和人全面发展的要求,也是实践最优化人生道路的重要途径。个人的主观努力,在相当大的程度上也决定着人生价值实现的程度。正如人们经常说的,没有条件可以创造条件。人的能力具有累积效应,能够通过学习、锻炼而得以提升。大学生可塑性强,可以通过各种方式和途径,根据自身素质条件和社会变化发展的要求,不断进行动态调节,修正误差,全面提高自身的综合素质和能力,努力创造实现人生价值的良好条件。

▶ 案例六　坚守岗位,奉献一生

案例

叶惠方已经100岁了。

这位百岁老人的家里,到处都是"宝贝"。进门桌边的几把椅子,用了几十年了;书桌的玻璃板底下,压着许多老照片,有叶教授和她的导师——中国妇产科奠基人林巧稚的合影;还有一架木质钢琴,叶惠方的女儿王泽鸣颇为感慨,"那是我母亲在我五六岁的时候买的,50多年了"。王泽鸣还拿出厚厚几本剪报,如数家珍地介绍着母亲的珍藏。除此之外,还有不在场的,比如叶惠方教过的几代学生以及她几十年医生生涯中救治过的病患。这位多年退而不休的老专家,如今因为身体原因终于回家颐养天年。出身医学世家的她,在谈及当下医患关系时,不假思索地表示:"医生和病人的关系很简单,医生就是给病人看病的,我父亲当年就是这么说、这么做的。"

"医生就是给病人看病的"

中国著名妇产科专家林巧稚曾说过：医生要永远走到病人床边去，做面对面的工作。单纯地或仅仅依赖检验报告做医生是危险的，离床医生不是好医生。

叶惠方正是林巧稚的学生和助手，也是301医院妇产科创始人，她在国内开创了"无痛分娩法"，推行了产房一切为了病人的"无声运动"，并创下剖宫产率在当时北京所有医院妇产科最低的纪录。她还在国内率先开展妇产科免疫学及遗传学研究。1917年，叶惠方出生于广东的医学世家。1934年，17岁的叶惠方如愿考入燕京大学医学院。但抗日战争很快爆发，叶惠方在回忆文章中说："我们刚刚把考卷交上去，卢沟桥的炮声响了。学校失去了宁静与秩序，老师和同学被迫离校。"直到1938年7月复课后，叶惠方返校，她回忆那段岁月时称："我们每次走进实验室，都视之为深入临床，对每个实验操作都力求尽善尽美；直面患者时，更是丝毫不敢懈怠，务必精益求精。这些努力，为后来当好临床医生打下了坚实基础。"毕业、实习结束后，叶惠方先后在重庆中央医院妇产科、天津中央医院妇产科任临床医生。直到1949年，她和陆维善、黄宛等许多同学重新回到协和医院，并顺利通过考试留院工作，后来又到301医院建立起妇产科并在此工作到退休。

1992年，中国开始实行专家门诊制度后，作为全国知名的专家，叶惠方坚持出普通门诊，因此被称为"不看专家号的专家"。301医院妇产科主任孟元光也称，叶惠方其实1988年就退休了，但是一直在门诊看病人，而且一直看普通号，"真正做到了当临床医生，而不是离床医生"。1999年春天，已是八旬高龄的叶惠方，接诊了一位从苏北赶来的患有先天性肛门闭锁的小患者。患者家贫无钱治疗，叶惠方就把患者和家人接到自己家里。孩子做完第一期手术后，由于是假肛，常常大便失禁，在她家里一住就是两个多月。一年之后，孩子做第二期手术，全家三口再次住进叶惠方家，直到完全康复。十几年后，年已过百的叶惠方谈起这件事表示，"他们从农村过来，又没有钱，总不能让他们自己去找旅馆住，所以就住在我这儿了"。

捐献遗体、不搞告别仪式、不留骨灰

"离世后，不搞告别仪式，不留骨灰，遗体捐给协和医学院做医学研究用。"几张泛黄的旧信纸上写着叶惠方的遗嘱，相关手续已经办好。叶惠方已经准备好了自己的最后一次捐献，一如以往。1987年，叶惠方退休时，将自己积累的上万册书籍、资料和积蓄的15000元以及亲友寄来的2000美元捐给

科室作为发展基金，资助骨干出国留学。1995年，老伴去世后，她从简办理丧事，仅在婆婆坟后挖个小坑埋葬骨灰，却将抚恤金加上积蓄，凑够了一万元捐给"希望工程"。王泽鸣则回忆起了另一件往事。2000年，84岁高龄的叶惠方独自乘车到广州，代表在海外的亲戚，将祖上留下的住宅，捐给家乡的培正中学。退休后，除了依然开设日常门诊，叶惠方给自己找了一份新工作——为医院的年轻医务人员开设英语学习班和研究生学员英语补习班。到后来，医院的勤务人员及其子女、医护人员的子女也开始随她一起上课。到现在，她免费教授英语的学生至少有5代人。1987年考到叶惠方门下做研究生的汪龙霞则表示，就在前两年，叶惠方还帮着她修改在国际学术交流会上的发言材料，"我们那时候英语不是很扎实，后来国家学术交流增多，跟不上；不仅自己，女儿也跟着叶老学英语"。总医院技术员许运想在叶惠方上了年龄后陪护其多年，三个孩子也是跟着她一直学英语。"我1998年接触叶老，在医院做清洁工作，搬了很多次家，后来叶老就让我到她家住。"叶惠方表示，"不收学生，不教学生，活着就没什么意义"。

案例出处

王文秋、齐思蕾、蒋晨悦、谢匡时《百岁军医丨叶惠方：医患关系很简单，医生就是给病人看病的》，见《澎湃新闻》2016年12月16日（https://www.thepaper.cn/newsDetail_forward_1580196），有删改。

案例解析

辩证唯物主义认为，人和人类社会是自然界长期发展的产物，人的一切认识都来自实践，并在实践中不断发展。在这样的世界观指导下，人们才能更好地立足现实，客观地对待人生，在人生道路上勇于拼搏，在社会实践中寻找解答人生问题的正确答案。社会实践是科学理论、创新思维的源泉，是检验真理的试金石，也是个人锻炼成长的有效途径。美好的人生目标要靠社会实践才能转化为现实。

人生之所以有价值，是因为人能够自觉地、有意识地认识和改造客观世界与主观世界，创造物质财富和精神财富，通过创造性的社会实践把人生提升到一个更高的境界。因此，社会实践是实现人生价值的必由之路，同时，人生价值终究要通过自己所从事的事业展现出来。不是每个人都能成为杰出人物，但是只要每个人都能在自己的岗位上脚踏实地、埋头苦干，发挥聪明才智，为社会做出贡献，就可以实现自己的人生价值。好高骛远，畏惧劳苦，贪图安逸，最终只能虚度年华，抱憾终生。叶惠方是林巧稚的学生和助手，也是301医院

妇产科创始人,她在国内开创了"无痛分娩法",推行了产房一切为了病人的"无声运动",并创下剖宫产率在当时北京所有医院妇产科最低的纪录。她用实际行动践行了"医生要永远走到病人床边去,做面对面的工作。单纯地或仅仅依赖检验报告做医生是危险的,离床医生不是好医生"这句导师曾经留下的教导和承诺。这种职业精神的践行源于敬业、乐业、无私奉献的高贵品格。

马克思指出:"人的本质不是单个人所固有的抽象物,在其现实性上,它是一切社会关系的总和。"人的本质在于人的社会性,人生价值的实现在于人对社会的奉献和创造性活动。人生的真谛就在于最大限度地提升与实现其自身价值,奉献社会、勇于创造的前提是人生主体有远大的志向和高尚的情操。人的价值在于奉献而不在于索取。奉献是一种责任,奉献是一种境界,奉献是一种能力。奉献能显示出一个人的力量和才干;奉献能显示出一个人的智慧和聪敏;奉献能显示出一个人的美好心灵和高尚情操。我们这个时代需要千千万万个奉献者,我们这个社会需要弘扬无私奉献的精神。只要在实现中华民族伟大复兴的实践中甘于付出,勇于奉献,就能够实现我们的人生价值。我们应该为懂得奉献而骄傲、自豪,应该为懂得奉献的人送去鲜花和掌声,把世界上最美好的赞美之词奖赏给他们。

案例启思

(1) 如何正确评价人生价值?
(2) 如何理解人生价值实现的条件?

教学建议

本案例可用于第一章第二节"正确的人生观"中的案例教学。教师通过分析人生价值的内涵要素,使学生理解并掌握人生价值的评价标准和根本尺度。人生价值是一个具有丰富内涵的概念,是由不同层次的价值关系构成的。从人生价值的主体需求对象讲,分为物质价值和精神价值;从人生价值需要主体看,分为自我价值和社会价值。人生的社会价值和自我价值、人生的物质价值和精神价值是相互联系、辩证统一的。它们都是人的能动创造力实现的结晶,也是对人生目的和行为表现所做出的一种社会评价。一方面,自我价值是个体存在和发展的必要条件;另一方面,社会价值是实现自我价值的基础,没有社会价值,人的自我价值就无法存在。人生价值是价值的属概念,也是客体与主体需要之间的特定关系。在人生价值关系中,价值客体是人生,指的是一个人的生命过程的一系列实践活动;而价值主体则是人。人生价值不同于其他

第一章 人生的青春之问

客体的价值，一方面，人生价值必须体现为能够满足社会的需要；另一方面，人生价值又必须表现为满足个人全面发展的需要。因此，人生价值是个具有多维性的价值系统。既要看一个人的实践活动是否符合社会发展的客观规律，也要看一个人的实践活动是否促进了历史的进步。归根结底，衡量人生价值的标准，最重要的就是看一个人是否用自己的劳动和聪明才智为国家和社会真诚奉献，为人民群众尽心尽力做服务。叶惠方用自己的实际行动诠释了人生意义的真正内涵。

▶ 案例七 潜心研究，专治一病

案例

2011 年 9 月 20 日，哈尔滨医科大学（简称"哈医大"）附属第一医院教授张亭栋从北京捧回了生命科学杰出成就奖，全院医护人员的目光再次聚焦到了这位已经退休 20 年的老教授身上。在黑龙江省医学界几乎无人不知，张老是全国使用民间偏方——砒霜治疗白血病的第一人，他和科研人员发明的使用三氧化二砷注射液治疗白血病的疗法取得的成效让世界震惊。北京大学生命科学院院长饶毅曾撰文说，张亭栋教授做出的贡献"值得获得诺贝尔医学奖"。

教师节迎来"大奖"

张亭栋生于 1932 年，毕业于哈医大，曾任哈医大一院中医教研室主任、教授，现任中国中西医结合学会副会长、黑龙江省中西医结合医药学会理事长。退休之后，给患者诊病依然是张亭栋的工作，如今，79 岁高龄的他每周仍要出诊两次。他终身重点研究血液病，是用砒霜治疗白血病的奠基人，他研制出的三氧化二砷注射液对急性早幼粒白血病（APL）的临床治愈率达到 91%，20 世纪 90 年代发表的相关论文轰动世界，他的医学成就给全球的白血病患者带来了福音。对于此次获得的生命科学杰出成就奖，张亭栋以前从未听说过，也没申请过。"9 月 10 日教师节上午，我突然接到一个电话，说让我 19 日去北京领奖。"张亭栋回忆说，"我问了半天才弄明白是怎么回事儿。"19 日上午，颁奖大会在北京大学举行，张亭栋按时出席。北京大学生命科学院院

长饶毅在颁奖词中说:"三氧化二砷,堪称中国过去一个世纪最重要的一项来自中药的药物发现。在以个体科研小组模式研究中药抗癌的过程中,张亭栋是三氧化二砷对白血病治疗作用的主要发现者。"

"灵丹妙药"来自民间偏方

1950年,张亭栋从哈医大毕业,此后他曾参加过"西医学中医"的训练班,起初学西医的他从那以后便步入了中西医结合的研究之路。20世纪70年代初,黑龙江省林甸县民主公社出现了一大批癌症患者。省卫生厅派出哈医大一院的5人专家小组前往调研,致力于研究血液病的张亭栋是组长。在公社卫生院住院的多位食道癌、子宫癌、胃癌患者纷纷向省城来的专家诉说病情。其中,一位曾被医院"判死刑"的食道癌老人说,他的病好多了,不仅能喝水,一顿还能吃两个馒头。经检查,这位老人果然癌肿萎缩,食道不再堵塞。是什么带来的奇迹?原来,此地一位老中医有个秘方,就是用中药砒霜、轻粉、蟾蜍等配制验方,治疗淋巴结核。起初,这位老中医是用药捻子,后来被一位下乡巡回医疗的药师改为针剂,这位药师还在老中医的指点下把药涂在自己母亲身上治好了她的皮肤癌。1973年1月,民主公社卫生院开始用它给病人进行肌肉注射以治疗癌症,命名为"713"针剂。砒霜能治癌?经询问,大肠癌患者不便血了,宫颈癌患者的分泌物减少了,肝癌患者不疼了……于是,这个偏方被带回了哈医大一院,张亭栋和他的同事们开始了漫长的探索研究。

一辈子潜心研究白血病治疗

20世纪八九十年代,张亭栋和他的同事们在哈尔滨对白血病的治疗研究不断深入。同样研究该课题的上海第二医科大学、上海血液学研究所王振义教授和他的团队邀请张亭栋前往合作攻关。张亭栋等人发现了三氧化二砷可以治疗白血病,但其治病机理还难以表达清楚;而王振义等专家发现砷剂对急性早幼粒细胞有诱导分化作用,并使癌细胞凋亡,这一研究成果表明,砷剂对胰腺癌、胃癌、肝癌、肺癌等也显露出可喜疗效。1996年12月,全美血液学大会在美国召开,张亭栋和时任上海血液学研究所所长的陈竺受邀参加。陈竺发言时详细介绍了砷剂治疗复发的白血病症15例,其中14例获得完全缓解,当时,会场轰动了。那之前的8月,国际著名学术刊物《科学》介绍了我国科学家张亭栋等人的试验研究,该研究证明砷剂可以选择性地诱导肿瘤细胞凋亡。1998年之后,国际医学界广为接受三氧化二砷对急性早幼粒白血病具有治疗作用。

给患者治好病最重要

在砷剂治疗白血病的课题研究上,张亭栋探索了一辈子。目前,张亭栋和他的同事们开创的研究课题依然被哈医大一院的后继者们继续创新着;张亭栋等人所发现并研制的三氧化二砷注射液全世界只有两个地方能生产,一个是美国,一个是中国的哈尔滨。我国每年生产的20多万支三氧化二砷注射液挽救了大量白血病患者的生命。国家自然科学二等奖、美国科学技术创新奖、中国优秀专利奖、黑龙江省政府评选的改革开放30年十项科研成果奖……这些足以让一名科学家引以为豪的荣誉在张亭栋看来都不重要,他说:"给患者治好病才是最重要的。"

案例出处

刘凤梧《专访张亭栋———一辈子专治一个病》,见《生活报》2011年9月21日(http://hlj.people.com.cn/GB/15720148.html),有删改。

案例解析

人们常对"人活着为了什么?活着有什么意义"这样的问题感到困惑,找不到人生的坐标,碌碌无为地结束自己的一生。这样的人生是平庸的人生。衡量一个人的价值,应当看他贡献了什么,而不应当看他取得了什么。人生之所以有价值,是因为人能够自觉地、有意识地认识和改造客观世界与主观世界,创造物质财富和精神财富,通过创造性的社会实践把人生提升到一个更高的境界。不是每个人都能成为杰出人物,但是只要每个人都能在自己的岗位上埋头苦干,发挥聪明才智,为社会做出贡献,就一样可以实现自己的人生价值。

人生的意义,需要从人生价值的角度进行审视和评价。正确认识人生价值及其相关问题,是人们自觉朝着选定的目标努力,以全部的情感、意志、信念去创造有价值的人生的重要前提。但是,人们的实践活动从来都不是随心所欲的,任何人都只能在一定的主客观条件下去实现自己的人生价值。因此,正确把握人生价值实现的条件至关重要。黑龙江省医学界几乎无人不知,张老是全国使用民间偏方——砒霜治疗白血病的第一人,他和科研人员发明的使用三氧化二砷注射液治疗白血病的疗法取得的成效让世界震惊。在砷剂治疗白血病的课题研究上,张亭栋探索了一辈子。张亭栋等人所发现并研制的三氧化二砷注射液全世界只有两个地方能生产,一个是美国,一个是中国的哈尔滨。我国每年生产的20多万支三氧化二砷注射液挽救了大量白血病患者的生命。北京大

学生命科学院院长饶毅曾撰文说，张亭栋教授做出的贡献"值得获得诺贝尔医学奖"。张老通过自己的探索和研究，通过自己的职业平台造福患者，在赢得社会声誉的同时也创造和实现了自己的人生追求。

人生的社会价值是实现人生自我价值的基础，评价人生价值的大小应主要看一个人对社会所做的贡献，但这并不意味着要否认人生的自我价值。人的自我完善和全面发展、人生自我价值的实现，是社会发展的根本目标；而人生自我价值的实现，又有助于个体为社会创造更大的价值。人生的社会价值是社会存在和发展的重要条件，人生社会价值的实现是个体自我完善、全面发展的保障。没有社会价值，人生的自我价值就无法存在。人是社会的人，这不仅意味着个体物质和精神的需要必须在社会中才能得到满足，还意味着以怎样的方式和在多大程度上得到满足也是由社会决定的。

案例启思

（1）何谓人的自我价值和社会价值？
（2）如何理解人生目的、人生态度和人生价值的关系？

教学建议

本案例可用于第一章第二节"正确的人生观"的案例教学。教师分析并引导学生理解并掌握人生价值的评价方法。在实际生活当中，人们会选择自己的人生道路，通过一定的方式实现自己的人生目的，以独特的思想和行为赋予生活实践以个性特征。不过，任何个体的人生意义只能建立在一定的社会关系和社会条件基础之上，并在社会中得以实现。离开一定的社会基础，个人就不能作为人而存在，当然也无法创造人生价值。人的社会性决定了人生的社会价值是人生价值的最基本内容。一辈子潜心研究白血病，一辈子专治一个病。张亭栋的经历告诉我们，幸福源于奋斗和对职业的坚守。只有奋斗才能够成就美好的明天，只有奋斗才能更好地成就自己。每个人的职业不同、能力大小不同，对社会贡献的绝对量也不同，考察一个人的人生价值，要把个人对社会的贡献同他的能力以及与能力相对应的职责联系起来。任何人只要在自己的岗位上尽职尽责，兢兢业业，我们就应该对他的人生价值给予积极肯定的评价。

第一章 人生的青春之问

▶ 案例八 忠诚担当，创价人生

 案例

从医60年，作为新中国神经外科创始人之一、神经外科手术多项世界纪录保持者、唯一获得世界神经外科联合会"最高荣誉奖章"的中国人、北京天坛医院名誉院长、中国神经外科研究所名誉所长、中国工程院院士，84岁的王忠诚就像他的名字一样，忠诚地坚守在自己的工作岗位上，为中国医学创造了一个又一个奇迹。

20世纪50年代初，中国神经外科事业落后国际先进水平近30年。致力于开拓这个事业的王忠诚，手中甚至连一个颅脑实体标本都没有，是他和同伴们到郊外的乱坟岗里寻找头骨，消毒后制成了头颅标本。当时医院的防护设备非常简陋，就连防护用的铅围裙也很少，有时他们完全暴露在放射线之中。王忠诚做一次脑血管穿刺的X光验证，所吃放射线的剂量就相当于做胸透大夫几个月吃线的总和。由于反复多次接触超大剂量的射线，王忠诚的白细胞数量降到了4000以下。不仅脱发、牙龈出血、体质大为减弱，还先后6次患肺炎，其中有一次两侧肺炎、胸腔积液、呼吸困难，险些丢掉性命。至今，王忠诚的白细胞数量仍低于正常值。7年间，王忠诚共积累了2500多份脑血管造影资料，于1965年出版了第一部医学专著《脑血管造影术》。这本书的问世，使中国的脑外科检测技术一步跨越了近30年。

一次次创造出世界神经外科史上的奇迹

神经外科是世界医学领域中最活跃、最年轻的学科。1985年7月30日，河南省新乡市17岁的颅内动脉瘤患者赵拴柱被抬上手术台时，出现了预想不到的瘤体破裂出血的险情。按照国内外医学惯例，遇到这种情况就要放弃手术。可王忠诚不甘心，他要用百分之百的努力去找回百分之一的希望。他果断地说："立即开颅！"颅骨打开了，鲜血喷涌而出，王忠诚一惊，按常规手段无法止住这样的大出血。他镇定了一下，出人意料地将两个手指伸进颅脑，凭着经验和手感，准确地探询到破裂处，堵住了出血点。五个半小时后，世界上直径最大（9厘米）的颅内动脉瘤被摘除了。1997年秋，一位偏瘫患者需要做小脑血管吻合术，这是一项难度很大的手术，国内尚无先例。它的难度在于要用很细的针将两根比火柴棍还细的血管缝好，而且针距要均匀。为了掌握这门技术，他曾多次在小鼠颈部和兔子耳朵上做试验，通过大量动物试验，他熟练地掌握了这门技术。手术那天，王忠诚端坐在手术台前的圆凳上，透过老花镜和10倍的外科显微镜注视着手术部位。病人手术部位很深，通道狭窄，要吻合的血管比火柴棍还要细，血管壁薄如蝉翼，又很滑，极易破裂。王忠诚钳起比绣花针还细的缝合针，憋住气，校准进针点，果断进针，一针、两针、三针……10针竟缝了好几个小时！1981年，王忠诚选择了当今世界最前沿的课题——脑干肿瘤进行研究，开始攀登新的高峰。1994年春天，王忠诚再次创造出了成功切除脑干多发性肿瘤手术的奇迹！

"国内首例""世界首创"的手术，王忠诚成功地做了一例又一例，他凭着扎实的理论基础、娴熟的技巧，大胆创新，不断地对威胁人民健康的疑、难、重症进行探索。

作为新中国第一代国际著名神经外科专家和我国神经外科事业的创始人之一，王忠诚是目前世界上唯一完成开颅手术上万例的人，至今仍是世界神经外科手术历史上5项世界纪录的保持者。20世纪80年代是中国神经外科发展史上最为重要的时期，在这一阶段里，王忠诚为发展神经外科呕心沥血，创办了《中华神经外科杂志》和"中华神经外科学会"。此后，他牵头统一全国神经外科的病历和疾病诊断及疗效评定标准，先后两次领导和组织了全国神经系统流行病学调查，摸清了我国神经系统疾病的流行情况，为国家制定卫生政策提供了详细的依据，填补了我国在这方面的空白，受到国际学术界的关注和好评。王忠诚的医学成就，受到了党和人民的高度重视。这位神经外科的医学巨匠，在60多年从医生涯中全力以赴、全心全意为患者服务。拥有学术和医德、医风等百余种荣誉的他，于2000年3月2日，获得了中国卫生界的最高奖励——"白求恩奖章"。

他的成就也受到国际神经外科界的高度称赞和承认。西方人称他的技术是艺术的杰作，日本人说他的技术代表了亚洲最高水平。他先后被美国、日本、加拿大、瑞士等33个国家邀请进行学术交流和访问，他的学术报告一直为世人所瞩目。如今，不再拿手术刀的王忠诚，依然每天上班，带带学生，做做咨询，参与各种疑难杂症的诊断。他说："人的中枢神经系统太复杂，我们目前所知道的仍是微乎其微，学无止境。希望抓紧时间，再多做些有益的工作，为病人多解决点问题。"

站上了国家科学技术奖励巅峰的王忠诚，在代表获奖者发言时难掩内心的

激动,他说:"我的成长经历也印证了这样一个道理:作为科技工作者,只有将个人的理想融入国家发展、民族复兴的伟大事业中,才能在为人民服务、为社会尽责的过程中实现自己的科学追求和人生价值。以自己的知识和能力服务国家和人民,这是人生最美好的享受!"

案例出处

王建柱《王忠诚:我站在塔尖,希望有人超越我》,见人民网《大地》2009年2月9日(http://scitech.people.com.cn/GB/8767677.html),有删改。

案例解析

古往今来,人们对人生目的的探索从未停止过,思想家们孜孜以求,留下了难以计数的答案。在各式各样的关于人生目的的思想中,高尚的人生目的总是与奋斗、奉献联系在一起。大学生只有把自己的人生目的与国家前途、民族命运、人民幸福联系在一起,才能自觉自愿地把自己的一生奉献于利国利民的事业。

王忠诚,就像他的名字一样,忠诚地坚守在自己的工作岗位上,为中国医学创造了一个又一个奇迹。王老的人生目的彰显了他为医学发展做贡献、为患者造福的仁爱之心和高尚医德,较好地实现了职业与责任的融合,体现了一种具有明确的目的性、自觉性和坚定性的职业选择,为未来的医学生树立了崇高的典范和榜样。

品味人生的每一处细节,才能领会到人生中每一个美丽的瞬间。在品味人生的同时,也要懂得树立正确的价值观。因为价值观对我们每个人来说,都是尤为珍贵的,涉及许多方面。比如,人生价值观、社会价值观、个人价值观等。其中,人生价值观和社会价值观更能体现出一个人的道德和素养等方面的品质。价值观为人们在人生道路上的判断、选择提供前行的方向。人来到世上,会面对各种各样的选择,是为他人还是为自己,是选择奋斗还是贪图享受,往往体现出不同的价值追求,而不同的价值追求,最终会有不一样的人生归宿。王忠诚选择了奋斗,选择了奉献,从而在奋斗中实现了人生价值,在奉献中得到了全社会的承认。不论居庙堂之高还是处江湖之远,不论是走上社会的人还是学生,面对他崇高的品质,都不约而同洒下了感动的泪水。一个人只有明确了自己的人生目的,才能清楚地把握他的生命历程和奋斗目标,深刻理解人为了什么而活、应走什么样的人生之路等道理。只有树立服务人民、奉献社会的人生目的和人生追求,才能以正确的人生态度对待人生,解决实际生活中的各种问题,才能在纷繁复杂的社会生活中明确应当坚持和提倡什么,反对

和抵制什么，从而为自身判断行为得失，做出道德选择，确定价值取向，提供基本的价值准则和行为规范。以人民利益为重，始终对祖国和人民具有高度的责任感，在服务人民、奉献社会中实现自己的人生价值。不断培养高洁的操行和纯朴的情感，努力使自己成为一个高尚的人。当一个人把自己的人生与人民的事业紧密相连时，他所创造的就是多彩的人生。

案例启思

（1）如何理解积极进取的人生态度？
（2）大学生如何创造有意义的人生？

教学建议

本案例可用于第一章第三节"创造有意义的人生"中的案例教学。人活着为了什么？什么样的人生才有价值、有意义？人活着的目的和意义是每个人都应该思考的人生问题，也是哲学的终极问题。从本质上来说，人生目的在人生实践中具有重要的作用。人生目的是从现在出发对将来的一种叩问，是对自身命运的一种叩问。人生目的一经确定就居于人生观的核心，对人生道路、人生态度、人生价值等具有决定作用。正确的人生目的会使人懂得人生的价值在于奉献，从而在工作中尽心、尽力、尽责；错误的人生目的则会使人认为人生价值在于向社会或他人进行索取，从而只顾着追逐个人私利。人生目的是人们所处的历史条件和社会关系的产物，是人们的社会物质生活、精神生活条件的反映，是在社会实践过程中形成的。王忠诚用他的事迹告诉我们：只有将个人的理想融入国家发展、民族复兴的伟大事业中，才能在为人民服务、为社会尽责过程中实现自己的科学追求和人生价值。以自己的知识和能力服务国家和人民，这是人生最美好的享受！教师分析并引导学生理解人生目的和意义。大学生只有深刻理解人生目的对人生发展的定向作用，才能准确地把握人生，树立正确的人生观。

第一章 人生的青春之问

▶ 案例九 研究医史，矢志不渝

王吉民（1889—1972），又名王嘉祥，号芸心，广东东莞虎门人，是我国第一部英文版医学专著《中国医史》撰写者之一，我国首家医史博物馆创始人、国际科学史研究院院士、中华医史学会创办人之一、中华医史学会首届副会长、第二三第四届会长、《中华医学杂志》创办人之一、中国近现代著名医史学家、防疫专家。近代，我国长期致力于医学史研究并做出较多贡献者，王吉民教授是少数几位中之一。

撰《中国历代医学之发明》，为祖国医学歌功争声誉

为了"保存国粹，矫正外论"，王吉民对自己历年所收集的我国古代文献与中医古籍，连同其祖父遗留之各种文献共400余种，进行学习钻研，用了10多年时间，从医学的各方面探索我国古代的发明创造。自1925年起，王吉民以中文与英文陆续撰写论文和文章，发表在一些刊物上。1928年，他将上述文章汇集成为《中国历代医学之发明》出版。他在该书自序中写道，若认为中医"绝无所发明，不值于世界医学史上留一位置，则不可"。他举例说出对人体血液循环的认识、麻醉法、灌肠术、按摩、水疗以及动物脏器疗法等，有人以为这些是当今的新发明，其实我国"古代多有之，时去西医萌芽之时代尚远也"。《中国历代医学之发明》的出版，对帮助读者正确认识中国医学历史上的发明创造及成就，产生了积极的作用。

王吉民在撰写上述著作之初，还同伍连德商定，尽力收集有关我国医学发展的沿革与成就的史料，同时注意收集近代西方医学传人在我国的资料，两人以英文合作撰写《中国医史》专书。经过10多年的辛勤耕耘，终于在1932年完稿出版，1936年再版。限于作者当时的水平，这部书在选材及论述方面，虽有某些欠妥及错误之处，但其写书的出发点是为了介绍我国历代之医学成就。总的来说，该书有一定的参考价值，在国际医史界有一定的影响，迄今仍被许多国家医史界列为参考书。

发起组织中华医史学会,推动医史学术探讨与研究

王吉民通过自己多年对祖国医学史的研究,深感"吾国医学虽具悠久之历史,而曩昔医士鲜注意及之,致使丰富之史料乏人整理"。他认为"医史研究早感需要"。因此,1935年冬,当中华医学会在广州举行第三届全国会员代表大会时,王吉民与伍连德、李涛等几位热爱医学史的会员,商议发起并组织了"医史委员会",其宗旨明确定为"促进医史学术之探讨与研究"。王吉民被推举为该委员会主席。

1937年4月,中华医学会在上海举行第四届全国会员代表大会,"医史委员会"进行了改组,更名为"中华医史学会",王吉民被选为会长。为了积极推动医史工作,发挥医史学会应有的作用,他代表中华医史学会明确地宣告:"对于医史之倡导与推进,本会负有极大的使命。"因此,中华医史学会成立后,有计划地组织中、西医学界人士撰写医学著作,一年举行若干次医史学术交流会,并且每隔一年分别编辑出版一期中文版与英文版《中华医学杂志》"医史专号"。正是由于王吉民等人的努力推动,中华医史学会能够及早组织成立,从而成为中华医学会最早组成的12个分科学会之一,在促进医史学术活动上起到了很大的作用。

创立医史博物馆,珍藏文物益研习

1937年4月,中华医学会第四届全国会员代表大会在上海召开时,王吉民负责筹备举办了一个"医史文献展览会",这可以说是创立我国医史博物馆的先声。各界人士参观后,对此展览会产生了很大兴趣,上海有几家报刊曾有过报道,反响颇大。

在此期间,王吉民发表了《筹设中国医史博物馆刍议》一文,其中他明确地谈到筹建医史博物馆的三个目的:第一,收集历代医史文物,"妥为保存,以免散失",并使"国粹不致外流"。第二,将所收藏的文物,"供学者研究,借以考察医学之变迁,治疗之演进"。第三,"对学生为有效之教授方法,对民众可作宣传医药常识之利器。"上述目的无疑是很正确的。

王吉民上述建议发表后,得到了中华医学会和一些热心人士的支持与赞助。虽然当时上海被日本侵略军所占,环境、条件与经费都很困难,但是由于王吉民的努力与多方筹划,在一些热心人士的支持下,我国历史上第一个医史专业博物馆——中华医学会医史博物馆,1938年7月终于在上海诞生,并且正式对外接待参观。王吉民不仅重视医史文物之收集与保存,同时也很重视对医史文献资料的征集与研究。

温文沉静热心公益，研究医史矢志不渝

中华医学会创立之初，王吉民即加入该会，在其后 30 多年里，他贡献了很多力量。抗日战争时期，上海被日本侵略军占领，考虑到所收藏的中医学珍本与文物的安全，王吉民会同侯祥川等会员，将上述珍本与文物分别转移保存于一些会员家中，因此得以安然无失。

王吉民致力于医学史研究达 50 年之久，自 1938 年至 1966 年，一直担任医史博物馆馆长，1941 年起被接收为国际医史学会会员。他除了撰写出版《中国历代医学之发明》《中国医史》专著外，还主编了《中华医学杂志医史专号》《中文医史论文索引》《中国医学外文著述书目》《中国医史外文文献索引》等，并先后用中、英文写作发表论文与文章 100 余篇，其中包括对医药事物的考证、医事制度、中外医药史话、中外医家传记、中西医药发明、中医中药流传国外以及西医传入我国的情况等多方面的内容。王吉民不仅自己进行研究和写作，也很乐意帮助他人从事医学史的研究，热情地指导青年医史工作者获得更扎实的医史知识和研究能力。

案例出处

《影响中国的东莞人：中国医学史研究开拓者王吉民》，见《东莞阳光网》2013 年 10 月 17 日（http://culture.sun0769.com/city/guyun/history/201310/t20131017_2877988.shtml），有删改。

案例解析

山草的价值是为世界带来一片绿色的生机，向人们报告春天的来临；太阳的价值是播洒多彩的阳光，为每一个角落的人们带来温暖和希望。每个人都具有自己的价值，就看我们能否将其释放出来。个体生命价值所呈现的深度与广度是通过个体的社会行为来权衡和度量的。

王吉民先生是广东东莞虎门镇人，生于基督徒家庭，其祖父和父亲均有著作传世。王吉民先生家族中有不少人习法律、医学、教育、政治等，其中几位同辈在医学领域均有造诣。王吉民先生 7 岁赴港读书，在那里完成小学和中学学业后，大学就读于香港西医大学堂，熟悉多国语言，尤精通英语。此外，王吉民先生汉语功底深厚，虽然接受的是西学，但很好地汲取了中华文化精华，致力于中国医学史研究。王吉民先生经历清朝、民国和新中国三个时期，他把一生都奉献给了中国医学史研究，把中国医学史的研究作为自己的终身事业，为我国医学史的发展做了很多奠基性的工作。他曾语重心长地对他的学生说，

研究医学史没有什么名利可图，为此，要付出大量的精力，默默无闻地平凡劳动。这门学科是为他人作嫁衣，是为各临床学科、教学、科研工作铺路、架桥，让人们以最少的时间、最准确快捷的方法，得到最全面的信息，所以要有献身的思想和精神准备。

科学史是人类文明史中最重要也是最精彩的一个篇章，但是长期以来，科学发展历程中非西方文明的源流往往被忽略，科学被解释成西方文明的特有产物。王吉民先生致力于中国医学史研究，为总结和汲取优秀的传统医学做出了重大贡献，既让世人了解和认识中国医学的可取之处，也为宣传和普及医学知识尽心尽力。通读《王吉民中华医史研究》，我们可以感受到字里行间洋溢着的王吉民先生伟大的人格。王吉民先生勤奋的工作态度，以及不计名利、心系国家人民福祉的高尚品格令我们深深敬佩。大学生在思考自己的人生问题时，应该正确认识和处理个人与社会的关系，把小我和大我更好地统一起来，把自己的人生追求同社会的发展进一步紧密结合起来，在为社会做贡献的过程中成长进步。青年只有自觉将人生目标同国家和民族的前途命运紧紧联系在一起，才能最大限度地实现人生价值。

案例启思

（1）如何辩证对待人生矛盾？
（2）大学生如何成就出彩人生？

教学建议

本案例可用于第一章第三节"创造有意义的人生"中的案例教学。教师通过结合分析王吉民先生的案例，帮助学生思考并理解如何创造有价值的人生。每个人在人生长河中都承担着一定的社会角色，履行一定的社会责任和义务。正如马克思所说："作为确定的人、现实的人，你就有规定，就有使命，就有任务。至于你是否意识到这一点，那都是无所谓的。这个任务是由你的需要及其与现存世界的联系而产生的。"要创造有价值的人生，需要正确处理人生遇到的各种矛盾，比如人生的得与失。教师可以结合案例，引导学生正确认识和对待人生发展过程中的得与失这对矛盾，帮助学生走好人生之路、实现人生价值。只有追求高尚的人生意义，跳出对狭隘利益的计较，才能赢得他人和社会的尊重。新时代成就新使命，当代大学生应勇于担当新时代赋予的历史责任，与历史同向、与祖国同行、与人民同在，在服务人民、奉献社会的实践中创造有意义的人生。

第一章 人生的青春之问

▶ 案例十 不忘初心，大医人生

案例

牟善初，我国老年医学的奠基人和开拓者，学贯中西的内科专家、药理学家，我国超声波早期应用的倡导者，我国血吸虫病防治工作的开拓者之一……此刻，他从医者变成了患者。记者悄然离开病房，走近他的战友同事，聆听大家讲述这位百岁军医的故事。

定海神针，大将风范——可信的"牟组长"

那是一场惊心动魄的抢救。一位87岁的患者因肺炎入院，病情危重。当时，会诊专家组集中了全国几十位专家，由牟善初主持救治。

按常规，专家组给患者使用了抗生素，炎症得到了一定的控制，患者此时却出现了严重的腹泻。持续腹泻对高龄患者是致命的威胁。如果停用抗生素，一旦肺炎加重同样会危及生命。

专家们各抒己见，见解各有道理，意见却大相径庭。病情不等人，该怎样决断？

牟善初反复分析了两种不同意见，认为危及患者生命的主要矛盾是严重腹泻，至于肺炎，可采用非抗生素疗法进行控制，建议停用抗生素。

此言一出，立即遭到了不少专家的反对。停用抗生素导致肺炎恶化，风险谁敢承担？平时性格温和的牟善初在至关重要的时刻表现出特有的果断和冷静：他坚持停掉抗生素。

那一刻，专家们的目光一齐投向牟善初，没有人再说话，这也意味着他将承担起一切责任。史无前例的方法实施后，牟善初住进了病房。经过几天几夜的临床观察，在查阅大量资料后，他认为可能是抗生素造成了一种新的细菌感染，从而引起腹泻。为了找到这种细菌，他和医护人员一连几天收集患者的大便送检。

经过细菌培养，最终发现"罪魁祸首"是一种新的罕见的难辨的梭状杆菌，抗生素的使用造成了菌群失调，这种细菌繁殖引起持续腹泻。他们根据试

验结果果断停掉了抗生素，患者的病情果然开始好转，牟善初却由于连续工作体力消耗极大，加上精神极度紧张，倒在病床旁。

在接下来的救治中，专家组解决了一个又一个堪称国内史无前例的难题，经历了种种突如其来的险情，每一次救治都是牟善初做出最后的决策。40天后，患者奇迹般地可以下床活动了。此时此刻，所有在场的人对牟善初的佩服和敬重油然而生。

躬身临床，视患如亲——可亲的"牟大夫"

40多年前，牟善初被下放到某军马场劳动。有一天，军马场职工程惠骑马时不慎从马上摔下来，当场昏迷，造成严重的脑震荡。牟善初紧急施救，在程惠的床前整整守护了三天三夜，直到她转危为安。

程惠一家一直记着牟大夫的救命之恩。调到北京后，程惠还经常和牟善初一家联系。尽管从牟大夫变成了名专家，但牟善初一直关注着他们一家的健康，像当年的牟大夫一样亲。

这段绵延了40多年的医患情，见证了牟善初对患者的大爱。调到解放军总医院工作后，牟善初虽然不出门诊，但不少医护人员都知道，疑难病例的会诊他随叫随到，无论是医护人员还是普通职工，只要有需要找到他，他都会耐心诊疗、热情服务。

那一年，牟善初接到新疆一家医院紧急会诊的邀请：一名病情复杂的少数民族患者生命危在旦夕，急需指导抢救。

经院里批准后，83岁的牟善初和呼吸科医生刘长庭乘坐当天的航班直飞新疆。经过4个小时的飞行到达当地后，牟善初立即驱车赶到病房。

仔细问诊查体，认真听取病情介绍，现场研究病历资料，患者被诊断为哮喘、呼吸衰竭、肺部感染、心功能不全和酸碱失衡等多种疾病并发，病情危重。牟善初和大家认真研究后，制订了详细的治疗方案。第二天，患者的部分急性症状就有所缓解。他在详细交代了后续治疗事项后，才飞回北京。

回京后，他一直牵挂着边疆这名患者的病情，不时通过电话指导治疗。过了半年，患者的病情又出现反复，牟善初放心不下，再次飞赴边疆调整治疗方案，直至患者最终康复。

患者们说，让牟老看病是一种幸福：脚穿布鞋，巡诊查房悄然无声；听诊器在手里焐热，再轻轻放到患者胸前；碰到身体虚弱说话无力的患者，他躬下身子，把耳朵贴近患者细心倾听……

经过牟老诊治康复的患者，纷纷对老专家的高尚医德、高超医术表示敬意。

大爱无疆，公私分明——可爱的"牟爷爷"

谈起牟善初，大家说他一点没有架子，就像一位可爱的"邻家爷爷"。

牟老是"学霸"。当年他以优异成绩考入医学院，并成为8名最终完成学业毕业的学生之一。牟老还有一个绝活：背字典。

那年，青年医生曾强看到牟老整天随身带着本外文词典，有空就拿出来背，感到很新鲜。牟善初说，科里新引进不少先进医疗设备，上面的说明全是外文，求人不如求己，自己背词典掌握新名词，救治的时候操作起来就能得心应手，工作起来更方便。那年，他已年近古稀。

老年心内科主任医师李小鹰说，牟老就是本"活字典"。一次，她遇到一个疑难病例拿不准怎么处置，只好夜里打电话请教牟老。牟老说，到他办公室找《呼吸疾病进展》一书，在书中多少页找图表和夹着的两篇复印文献，先参考制订方案，他马上过来。李小鹰按图索骥，很快找到施治指导意见。

牟善初爱学习，而且是活到老、学到老。90多岁高龄，他依然喜欢到图书馆看书，经常一坐就是三四个小时。医院的讲座，他经常参加并认真记笔记。每次看到他坐在那里，年轻的医护人员都赞叹不已："超级学霸"非牟老莫属！

牟老是"潮人"。20世纪50年代，医学超声波技术问世不久，应用领域还很有限。牟善初最早受造船厂一个检测钢板质量的探测超声仪器启发，敏锐地意识到这项新技术在医学检查诊断中应用前景广阔。他从厂家借来仪器率先将其用于检测患者肝脏的质地波形，检测肝炎病人有无异常图形出现。1958年，他又开研究应用先河，在第四军医大学率先创建超声波室。此后，他还利用超声心动图开展老年心血管病研究，取得了一系列新成果并将其应用于临床救治。

创新我国血吸虫病治疗方法，最早发现庆大霉素肾毒性，组建全军首个老年医学研究室，较早倡导对人体进行骨密度检测……这一个个"最早""首个""倡导"，为我们勾勒出一位在医学前沿追踪弄潮的医学大家的探索脚步。

案例出处

高志文、徐叶青、郭晶、罗国金《牟善初：善怀如初》，见《解放军报》2016年12月14日（http://www.mod.gov.cn/education/2016-12/14/content_4766583.html），有删改。

新时代医者的形塑
——《思想道德修养与法律基础》（2018年版）教学案例集

案例解析

牟善初这位解放军总医院百岁军医的世纪人生厚重而辉煌，是不忘初心、赤诚奉献，将毕生心血倾注于祖国的医学事业的生动诠释；是共产党员、共和国军人一心向党、信念如磐的杰出典范。牟老视患如亲，大爱仁心，言传身教，其大忠、大医、大爱、大师的形象让世人敬仰和钦佩。

20世纪70年代，牟老从第四军医大学调入解放军总医院。在担负多位开国老帅医疗保健任务的同时，他开始推动我国老年医学研究和学科建设。而在那个年代，糖尿病、动脉硬化、骨质疏松等，对许多人来说都还是陌生的新名词。牟老说，医学是不断进步的，有好多问题，过去没有人认识到。一些难点，需要人去钻研，去解决！这样才能够把水平提高……我国老年医学研究的每一个分支领域，关键病例数据的采集整理研究，都凝聚了他的心血和汗水。如今，牟老和他的团队的研究成果，造福了中国庞大的老年人群体。解放军总医院健康管理研究院主任曾强说，牟老实际上开创了一个全新的领域。现在进入老年化社会，如果不注意把老年病弄好的话，整个社会会被拖垮，这是一定的。如果我们回过头来看，我们更会觉得，这是战略家的眼光！解放军总医院政委袁安升说，牟老他们的精神，值得代代传承。牟老身上体现出来的优秀品格，如对医术精益求精的不懈追求、对病人大义仁爱的医道精神、视名利淡如水的高尚品格，对弘扬优秀文化、矫正社会风气、引领社会风尚、培养年青一代具有重要的意义。牟老从医75年，救治过多少垂危生命，培养了多少医学人才，数不清也说不完；他撰写的许多学术论文和医学专著，早已成为国内外不少同行学习的经典。百年淬炼，牟善初初心不改志更坚，尽心守护黎民苍生，对党和人民忠心不渝，堪为解放军总医院这艘"医学航母"上的一面旗帜。

"治病救人不是索取，更不是交易。知识和技能是人民培养的，解除病人的痛苦是我应尽的责任。"牟善初在回忆文章《暮年忆旧》里说。"我和患者的关系好似大树离不开泥土。"在90岁生日和从医65周年纪念会上，牟善初感慨道。在医患关系迫切需要重塑的当下，无论是医者、患者，都应该从这位百岁军医的事迹中进行一些思考：医者不改从医誓言，治病救人的同时也要对患者多一些同情之心和关爱之情，治病更要治心；患者更应信任和理解医者，尊重医者的劳动与奉献。对于每个人来说，这位百岁军医对信仰的坚定、对事业的执着、对社会的奉献，是喧嚣浮躁的环境中宝贵的精神财富。

第一章 人生的青春之问

🧠 案例启思

（1）如何理性看待人生中遇到的挫折、困境和矛盾？

（2）为什么要确立科学高尚的人生追求？

🎤 教学建议

本案例可用于第一章第二节"正确的人生观"中的案例教学。教师通过案例分析使学生明白如何评价一个人的人生价值，人生价值评价的科学方法及根本尺度。人生价值作为一种特殊的价值，是人的生活实践对社会和个人所具有的作用和意义，是人们从价值角度考虑人生问题的根据。人生的价值和意义在于对社会所尽的责任和所做的贡献，人生的最大价值和意义，在于努力为人民服务。人生价值是人们站在一定的理性高度概括和总结人生的各种问题，从而形成的对人生的主要问题的观点。归根结底，人生价值的大小，由人生价值目标的境界及实现程度来决定。评价人生价值的根本尺度，是看一个人的实践活动是否符合社会发展的客观规律，是否促进了历史的进步。

第二章　坚定理想信念

▶ 案例一　心怀民族，弃医从文

案例

鲁迅（1881—1936），中国近现代著名文学家、思想家和革命家，中国现代文学的奠基人。浙江绍兴人（祖籍河南省正阳县），原名周樟寿，字豫山，后改字为豫才，1898 年去南京求学时改名周树人。鲁迅是他 1918 年为《新青年》写稿时开始使用的笔名，从此成为世人最崇敬的笔名。

鲁迅生长在一个官僚地主的家庭里。幼年时，他过着颇富足、热闹的生活。他常在私塾里读书，熟读"四书五经"等儒家经典，并阅读了许多文学名著。但在他 13 岁那年，他原来在京城做官的祖父因故入狱，此后他的父亲又长期患病，终至死亡，家境败落下来。家庭的变故对少年鲁迅产生了深刻的影响。他是家中长子，上有孤弱的母亲，下有幼弱的弟弟妹妹，他不得不同母亲一起承担起生活的重担。天真活泼的童年生活结束了，他过早地体验到了人生的艰难和世情的冷暖。他经常拿着医生为父亲开的药方到药店去取药，拿着东西到当铺去变卖。在过去家境好的时候，周围人是用一种羡慕的眼光看待他这个小"公子哥儿"的，话语里包含着亲切，眼光里流露出温存。但后来他家穷了，周围人的态度就都变了，话语是凉凉的，眼光是冷冷的，脸上带着鄙夷的神情。周围人这种态度的变化，在鲁迅心中留下了深刻印象，对他的心灵打击很大，这使他感到在当时的中国，人与人之间缺少真诚的同情和爱心。

1898 年，18 岁的鲁迅，怀揣着母亲多方设法筹措的 8 块银圆，离开家乡进了南京水师学堂，后来又转入江南陆师学堂附设矿务铁路学堂。这两所学校

都是洋务派为了富国强兵而兴办的,其中开设了数学、物理、化学等传授自然科学知识的课程。其间,鲁迅阅读了外国文学和社会科学方面的著作,开阔了视野。特别是严复翻译的英国人赫胥黎著的《天演论》,更给予鲁迅以深刻的影响。《天演论》是介绍达尔文进化论学说的一部著作,这使鲁迅认识到现实世界并不是和谐完美的,而是充满了激烈的竞争。一个人、一个民族,要想生存,要想发展,就要有自立、自主、自强的精神,不能甘受命运的摆布,不能任凭强者欺凌。

鲁迅在学堂学习期间成绩优异,这使他在毕业后获得了官费留学的机会。1902年,他东渡日本,开始在东京弘文学院补习日语,后来进入仙台医学专门学校。他选择学医,意在救治像他父亲那样被庸医所害的病人,改善被讥为"东亚病夫"的中国人的健康状况。鲁迅想通过医学启发中国人的觉悟。但他的这种梦想并没有维持多久,就被严酷的现实粉碎了。在日本,作为一个弱国子民,鲁迅经常受到具有军国主义倾向的日本人的歧视。在他们眼里,凡是中国人都是"低能儿"。据说,鲁迅的解剖学成绩是59分,就被他们怀疑是担任解剖课的教师藤野严九郎把考题泄露给了他,这使鲁迅深感作为一个弱国子民的悲哀。有一次,在上课前放映的幻灯片中,鲁迅看到一个中国人被日本军队捉住杀头,一群中国人却若无其事地站在旁边看热闹。鲁迅受到极大的刺激,这使他认识到,精神上的麻木比身体上的虚弱更加可怕。要改变中华民族在世界上的悲剧命运,首要的是改变中国人的精神;而善于改变中国人的精神的,则是文学和艺术。于是鲁迅弃医从文,离开仙台医学专门学校,回到东京,翻译外国文学作品,筹办文学杂志,发表文章,从事文学活动。

鲁迅把个人的人生体验同整个中华民族的命运联系起来,这奠定了他后来作为一个文学家、思想家的基本思想基础。在当时,他和二弟周作人共同翻译了两册《域外小说集》,他个人单独发表了《科学史教篇》《文化偏至论》《摩罗诗力说》等一系列重要论文。在这些论文中,他提出了"立国"必先"立人"的重要思想,并热情地呼唤"立意在反抗,指归在动作"的"精神界之战士"。1909年,他从日本归国,先后在杭州浙江两级师范学堂(今杭州高级中学)和绍兴府中学堂任教员。这个时期,是鲁迅思想极其苦闷的时期。1911年的辛亥革命也曾使他感到一时的振奋,但接着是袁世凯称帝、张勋复辟等历史丑剧的不断上演,辛亥革命并没有改变中国沉滞落后的现实,社会的混乱、民族的灾难、个人婚姻生活的不幸,都使鲁迅感到苦闷、压抑。五四运动之后,他压抑已久的思想感情像熔岩一样通过文学作品猛烈喷发出来。在那时,他已经在教育部任职,并且随教育部一同迁居北京。

"文化革命"勇士

1918年,鲁迅在《新青年》杂志上发表了他的第一篇白话小说《狂人日记》,这也是中国最早的现代白话小说。这篇小说,凝聚了鲁迅全部痛苦的人生体验和对中华民族现代命运的全部思索。他通过"狂人"之口,把几千年中国封建专制的历史痛斥为"吃人"的历史,向沉滞落后的中国社会发出了严厉质问。这是文学革命的第一声春雷。

《狂人日记》之后,鲁迅连续发表了多篇短篇小说,后来编入《呐喊》《彷徨》两个短篇小说集,分别于1923年和1926年出版。

鲁迅的小说作品数量不多,意义却十分重大。鲁迅把目光集中到社会最底层,描写这些底层人民的日常生活状况和精神状况,并且从事翻译工作,支持青年的文艺创作活动。五四运动之后,革命的中心逐渐移向南方,鲁迅感到了北方文化界的荒凉。1926年8月,他因为支持学生爱国运动,被反动当局通缉,遂离开北京,到厦门大学任教。1927年1月,又前往当时的革命中心广州,在中山大学任教。鲁迅一生写了《坟》《热风》《华盖集》《华盖集续编》《三闲集》《二心集》《南腔北调集》《伪自由书》《准风月谈》《花边文学》《且介亭杂文》《且介亭杂文二集》《且介亭杂文末编》等杂文集。

鲁迅把笔触伸向各种不同的文化现象、各种不同阶层的不同的人物,其中有无情的揭露,有愤怒的控诉,有尖锐的批判,有辛辣的讽刺,有机智的幽默,有细致的分析,有果决的论断,有激情的抒发,有痛苦的呐喊,有亲切的鼓励,有热烈的赞颂,笔锋驰骋纵横,文采飞扬,形式多样,变化多端。他自由、大胆地表现代人的情感和情绪体验,为中国散文的发展开辟了一条更加宽广的道路。他领导、支持了"未名社""朝花社"等文学团体;主编了《国民新报副刊》《莽原》《语丝》《奔流》《译文》《萌芽》等文艺期刊;热心关怀、积极培养青年作者;大力翻译外国进步文学作品并介绍国内外著名的绘画、木刻;收集、研究、整理大量的古典文学,编著《中国小说史略》《汉文学史纲要》,整理《嵇康集》,辑录《会稽郡故书杂集》《古小说钩沉》《唐宋传奇集》等。

1936年10月19日,鲁迅病逝于上海,葬于虹桥万国公墓。上万名上海民众自发举行公祭,为其送葬。

编者小语:

鲁迅是中国现代文学史上第一位也是最杰出的中国传统与西方文学观和现代派的调和者之一。他以俯瞰人类文明的目光关注灾难深重的民族,以欧化的艺术改造传统,他不像前几年的"现代派"那样只重皮毛外壳,他在适度照

顾中国读者的同时显示出自己思想与美学的先锋性。鲁迅是不朽的战士,他的作品和思想,是鼓舞人民从事新的历史创造活动的永具生命力的精神遗产。

案例出处

《鲁迅弃医从文的故事》,见"百家号"2018年3月20日(https://baijiahao.baidu.com/s?id=1595447725621611285&wfr=spider&for=pc),有删改。

案例解析

第一,从鲁迅专业的转变与选择中,准确把握个人理想选择时的社会性。

鲁迅先生最初选择学医,意在救治像他父亲那样被庸医所害的病人,改善被讥为"东亚病夫"的中国人的健康状况,想通过医学启发中国人的觉悟。后来基于对当时的社会条件和国民精神面貌的深刻洞察,认识到精神上的麻木比身体上的虚弱更加可怕,要改变中华民族在世界上的悲剧命运,首要的是改变中国人的精神,于是决定"弃医从文"。我们由此可以看到应当把个人理想融入社会理想之中。

在理想的选择过程中,每个人的自主选择在具有鲜明的个体性的同时还具有深刻的社会性。因为任何个人都是生活在社会中的,都不可能脱离社会而单独存在,所以,个人理想的选择必然受到社会客观历史条件的制约,正确的理想选择应该是个体性与社会性的有机结合。个人的理想选择是自由的,但背离社会前进方向、违反社会发展规律的理想选择必定会使人误入歧途。

第二,从鲁迅先生信仰的选择变化中,掌握信仰选择的复杂性和确立信仰的必要性。

信仰是人生的需要。心理学家荣格说:"尽管大多数人并不知道为什么身体需要盐,但每个人都出于一种本能的要求而摄取着盐分。……大部分的人从记忆难及的洪荒时代起就感受到了一种信仰的需要,需要信仰是一种生命的延续性。"信仰具有重要的人生价值,在人生中发挥着重要的作用。信仰在人生价值或在人生中的作用是赋予人生以意义。一个有着坚定的人生信仰的人,会感到人生是有意义、有价值的;而没有人生信仰或失去了人生信仰的人,会感到空虚,从而对人生有无意义产生疑问。要有天下兴亡、匹夫有责的担当精神,讲求奉献,实干进取。青春至美是担当,青年的担当是决定人生价值的最大砝码,是影响时代发展进程的重要力量。"历尽天华成此景,人间万事出艰辛。"我们越接近中华民族伟大复兴的目标,越需要付出更为艰巨、更为艰苦的努力。作为实现中华民族伟大复兴的生力军,大学生的担当精神体现为尽心尽力服务人民,为祖国做贡献,自觉树立国家意识、民族意识、责任意识,把

个人的前途命运与国家、民族的前途命运紧紧地联系在一起。

第三，从鲁迅先生信仰的选择变化中，把握个人理想与社会理想之间的辩证关系。

个人理想是指处于一定历史条件和社会关系中的个体对自己未来的物质生活、精神生活所产生的种种向往和追求。社会理想是指社会集体乃至社会全体成员的共同理想，即在全社会占主导地位的共同奋斗目标。个人理想与社会理想的关系实质上是个人与社会关系在理想层面的反映。个人与社会有机地联系在一起，二者相互依存、相互制约、共同发展。同样，社会理想与个人理想也不是彼此孤立的，它们之间相互联系、相互影响、相互制约。

个人理想以社会理想为指引。追求个人理想的实践活动都是在社会中进行的，正确的个人理想不是依个人主观愿望随意确定的，从根本上说它是由正确的社会理想规定的。同时，个人理想的实现，必须以社会理想的实现为前提和基础。因此，在整个理想体系中，社会理想是最根本、最重要的，而个人理想则从属于社会理想。换句话说，个人理想的确立要以社会理想为引导，个人理想的实现依赖于社会理想的实现。个人理想只有同国家的前途、民族的命运相结合，个人的向往和追求只有同社会的需要和人民的利益相一致，才可能变为现实。

社会理想是对个人理想的凝练和升华。社会是个人的联合体，社会理想与个人理想密不可分。社会理想不是凭空产生的，也不是外在力量强加的，而是建立在众人的个人理想基础之上。强调个人理想要符合社会理想，并不是要排斥和抹杀个人理想，而是要摆正个人理想同社会理想的关系。社会理想归根到底要靠全体社会成员的共同努力来实现，并具体体现在每个社会成员为实现个人理想而进行的实践中。当社会理想同个人理想有矛盾冲突的时候，有志气、有抱负的人可以做出最大的自我牺牲，使个人的理想服务于全社会的共同理想。

案例启思

（1）人生理想的意义和价值是什么？
（2）新时代大学生应该树立什么样的人生理想？

教学建议

第一，结合教材第二章的相关内容，引导学生理解信仰的选择和确立是一个严肃复杂的事情。信仰的选择对于大学生来说是至关重要的。每个人在选择信仰的时候都要理性地思考、慎重地选择。具体而言，首先要学习和了解自己所选择信仰对象的相关理论是否科学，并在学习和了解过程中，逐渐确立信

仰。要在理解的基础上产生深刻的情感认同，既不能盲目相信也不能随波逐流。理想信念的坚定源于理论上的清醒。科学的信仰不可能来自朴素的、自发的情感或意识，而是建立在对社会发展规律深刻认识的基础上，建立在对人民群众，乃至人类命运的深刻思考和深切关怀的基础上。

第二，结合现实生活中学生的思想困惑，引导学生准确理解社会理想与个人理想不是彼此孤立的，它们之间相互联系、相互影响、相互制约。教导学生继承和弘扬中华民族"为天地立心，为生民立命，为往圣继绝学，为万世开太平"的志向和传统。个人理想以社会理想为指引。社会理想是对个人理想的凝练和升华。现在在高校学习的大学生都是20岁左右，到2020年全面建成小康社会时，很多人还不到30岁；到21世纪中叶基本实现现代化时，很多人还不到60岁。也就是说，实现"两个一百年"奋斗目标，千千万万的青年将全过程参与。有信念、有梦想、有奋斗、有奉献的人生，才是有意义的人生。当代青年建功立业的舞台空前广阔、梦想成真的前景空前光明，希望大家努力在实现中国梦的伟大实践中创造自己的精彩人生。

第三，结合深入学习新时代中国特色社会主义思想的要求，引导学生透过鲁迅先生的案例理解追寻个人理想与担当民族历史使命之间的关系。习近平总书记在2014年北京大学师生座谈会上的讲话中指出，建设富强民主文明和谐的社会主义现代化国家，实现中华民族伟大复兴，是鸦片战争以来中国人民最伟大的梦想，是中华民族的最高利益和根本利益。今天，我们13亿多人的一切奋斗归根到底都是为了实现这一伟大目标。中国曾经是世界上的经济强国，后来在世界工业革命如火如荼、人类社会发生深刻变革的时期，中国错失了与世界同进步的历史机遇，落到了被动挨打的境地。尤其是鸦片战争之后，中华民族更是陷入积贫积弱、任人宰割的悲惨状况。这段历史悲剧决不能重演！建设富强民主文明和谐的社会主义现代化国家，是我们的目标，也是我们的责任，是我们对中华民族的责任、对前人的责任、对后人的责任。我们要保持战略定力和坚定信念，坚定不移地走自己的路，朝着自己的目标前进。

案例二　敬畏生命，忠于职守

案例

一把解剖刀使疑难案件迎刃而解

2016年12月4日晚，"2016年度法治人物"颁奖礼在中央电视台播出，湖北同济法医学司法鉴定中心司法鉴定人刘良当选2016年度法治人物。

作为华中科技大学的教授、博士生导师，对于自己的当选，刘良称"很意外"。他说："往年都是颁给司法系统，把这个荣誉给予高校的教授，还是头一回。"原来，湖北省司法部门2016年没有把上报材料的范围局限于司法系统，而是把刘良的事迹也上报了相关部门。

央视给刘良的颁奖词是：一把解剖刀，他使疑难案件迎刃而解；30年法医生涯，他的鉴定结论无懈可击；让事实说话，让证据说话，他用忠诚与智慧维护职业尊严。

对此，昨天（2016年12月7日）刘良告诉记者，法医的工作就是让死者"说话"，为公平正义的审判提供真实的情况，提供的鉴定意见要对得起历史、对得起未来，"让生者和死者在各自的空间，明白地活着"。

秦明称他为老师

网络电视剧《法医秦明》让安徽法医秦明成为网红，拥有大量粉丝。2016年，他当选为央视"年度最具网络影响力的法治人物"，与刘良一起登上领奖台。

秦明在接受央视采访时，自称自己是刘良的学生。

刘良真是秦明的老师？事实上，刘良没有真正带过秦明。不过，秦明的两个师兄，确实在读刘良的博士生。但为什么秦明直呼刘良为老师呢？

原来，秦明读大学时，所用教材的编写者正是刘良。2014年，刘良应邀到安徽做关于法医培训的讲座，邀请人正是秦明。秦明和众多法医一起认真听了刘良的报告，觉得很有收获。

和同学换工作成就大法医

1982年，刘良正在武汉医学院（华中科技大学同济医学院前身）医疗系念大四，学的是临床医学。当时，国内绝大多数高校都没有开设法医学课程。

一天，他从学校图书馆借到了一本书——《法医学》，这本苏联法医学家阿夫杰耶夫的著作引起了他强烈的兴趣，从此对法医学产生了浓厚的兴趣。于是，他想考这方面的研究生，然而，班上的另一名同学也想考这个专业的研究生，名额有限，刘良把机会让给了对方。

五年级毕业时，他被分配到了武汉协和医院神经内科搞临床医学，但他对此很不感冒。两周后，他回校拿行李，在路上他遇到了同样对工作不满意而垂头丧气的另一名同学，原来他被分配到了武汉医学院法医病理学教研室。对方第一次见到尸体，就剧烈地恶心呕吐，实在干不下去了，心里正发愁。

刘良立即提议与这位同学调换工作，两人去学校找领导，经过半个多月的软磨硬泡，两人如愿以偿。

刘良主持和参与检案4000余例，许多大案要案都由他和他的团队参与鉴定。

"尽管这么多年了，但还是很恐怖，尤其是高度腐烂的尸体。"回想起第一次接触尸体，刘良现在仍觉得凉飕飕的。

1983年9月17日，他第一次在解剖间看尸体。晚上9时，尸体被搬运过来。这是一起杀人抛尸案，尸体被截掉四肢，随后被抛入水。夜里的解剖室，静悄悄的。以前上解剖课时见到的尸体，都是在福尔马林液里长期浸泡的，不像眼前的这具。"那一刹那的触摸，终身难忘。"

2011年6月4日，湖北利川市原反贪局局长冉建新"双规"期间在巴东县检察院审讯室身亡。5日，刘良带领法医系师生，半夜赶到巴东，6日就进行了尸检。5日至9日，在利川市政府大楼和巴东县检察院陆续出现群体性聚集事件。16日，由刘良等专家组成的法医鉴定组宣布鉴定意见，并接受家属的讯问和质证，做出了令人信服的专业解答，平息了家属和民众的种种猜测。

要敬畏生命，敬畏事实

刘良告诉记者："法医就是死人的'翻译'，我们一定要有职业道德，告诉真相。任何生命都值得尊重，我们要敬畏生命，敬畏事实。"

他说，每一次的鉴定，都要求得心安理得。他告诉他的学生们："我们走了以后，是拥抱他们（指鉴定对象），还是被他们所恨，就在于是否坚守了职业道德，是否告诉了真相。"

案例出处

屈建成《法医刘良，敬畏生命的"福尔摩斯"当选 2016 年度法治人物》，见《武汉晚报》2016 年 12 月 8 日（http://www.changjiangtimes.com/2016/12/553408.html），有删改。

案例解析

第一，从案例主人公刘良的故事中，我们可以看到，理想信念的强大力量。理想和信念是一种强大的精神动力。理想信念是人类特有的精神现象。人既需要物质资料来满足生存需要，也需要理想信念来充实精神生活。信念是人们在一定的认识基础上确立的对某种思想或事物坚信不疑并身体力行的精神状态。信念是认知、情感和意志的有机统一体，为人们矢志不渝、百折不挠地追求理想目标提供了强大的精神动力。当一个人抱有坚定的信念时，他就会全身心投入到为实现目标而努力奋斗的事业中去，精神上高度集中，态度上充满热情，行为上坚定不移。坚定的信念使人们具有强大的精神定力，不为利益所动，不为诱惑所扰，不为困难所惧。"志之所趋，无远弗届，穷山距海，不能限也。志之所向，无坚不入，锐兵精甲，不能御也。"志存高远的人，再遥远的地方也能达到，再坚固的东西也能攻破。理想和信念总是相互依存的。理想是信念所指的对象，信念则是理想实现的保障。离开理想这个人们确信和追求的目标，信念无从产生；离开信念这种对奋斗目标的执着向往和追求，理想寸步难行。

第二，从案例主人公刘良的故事中，我们可以看到，理想信念与人生奋斗目标之间的关系。理想信念昭示奋斗目标。人生是一个在实践中奋斗的过程。要使生命富有意义，就必须在科学的理想信念指引下，沿着正确的人生道路前进。理想信念是人的思想和行为的定向器，一旦确立就可以使人方向明确、精神振奋，即使前进的道路曲折、人生的境遇复杂，也能使人看到未来的希望和曙光，永不迷失前进的方向。只有理想信念坚定的人，才能始终不渝、百折不挠，不论风吹雨打，不怕千难万险，坚定不移地为实现既定目标而奋斗。人的理想信念，反映的是对社会和人自身发展的期望。因此，有什么样的理想信念，就意味着以什么样的期望和方式去改造自然和社会，塑造和成就自身。只有树立起崇高的理想信念，才能够解答好人生的意义、奋斗的价值以及做什么样的人等重要的人生课题。

第三，从案例主人公刘良的故事中，我们可以看到，对道德理想的追求，是人的一种自我超越的精神力量。道德本身虽然离不开人的日常伦理，但人对

道德理想的追求却可以超越人日常生活中功利性的低级境界,不仅可以协调现实生活中人与人的社会关系,而且也使人得到精神境界上的提升。我们中国人在内心中找到了文化的立足点,为中国人的精神追求提供了支撑点,也为中国人的社会行为提供了正向的引领。注重对道德理想的追求,在当代社会中尤其具有启发醒世的作用。在人自身中寻求理想境界,人的道德追求集中体现了这一点。中国人对理想世界的追求,往往不是向外探求,而是反身向内寻求,更多地体现为对理想人格的追求。追求高尚的道德品格,追求高超的人生修养。"治国平天下"应该算是一种治世的理想,但这种理想的追求和实现,是从"格物致知、诚意正心"开始。

第四,从案例主人公刘良的故事中,我们可以看到,人是需要信仰的。随着社会主义市场经济体制的建立,随着国外各种思潮的涌入,各种新观念、新事物不断涌现,当代社会价值取向呈现出多元化发展的趋势,传统的价值观面临挑战。因此面对理想信念的选择和确立时会产生很多的困惑,甚至不知所措。哲人说,未经思考的人生,不值得一过。而人的终极思考,就是信仰。

案例启思

(1)理想信念在个体成长中发挥什么作用?
(2)如何理解理想与现实的关系?

教学建议

第一,结合教材第二章的相关内容,引导学生准确理解理想信念的重要性及作用。理想信念提高精神境界。理想信念是衡量一个人精神境界高下的重要标尺。理想信念作为人的精神世界的核心,一方面能使人的精神生活的各个方面统一起来,使人的精神世界成为一个健康有序的系统,避免精神空虚和迷茫;另一方面又能引导人们不断地追求更高的人生目标,并在追求和实现理想目标的过程中提升精神境界、塑造高尚品格。在追求理想和实现理想的过程中,人们要不断面对各种挑战,抵御各种诱惑,突破各种局限,克服各种困难。这个过程是人的精神世界从狭隘走向高远、从空虚走向充实、从犹疑走向执着的过程,也是一个人沿着自我成长和完善的阶梯不断攀登、逐步提升精神境界的过程。

第二,结合现实生活中学生的思想困惑,引导学生理解理想信念是人的精神世界的核心,是人精神上的"钙"。没有理想信念,或理想信念不坚定,精神上就会"缺钙",就会得"软骨病"。一个人精神上"缺钙",就容易精神空虚甚至陷入"精神荒漠",既不可能感受到精神生活的丰满充实,更不可能

承担时代所赋予的历史重任。大学生只有树立崇高的理想信念,才能激发起为民族复兴和人民幸福而发愤学习的强烈责任感与使命感,掌握建设祖国、服务人民的本领。不论今后从事什么职业,大学生都要把个人的奋斗志向同国家和民族的前途命运紧紧联系在一起,把个人的学习进步同祖国的繁荣昌盛紧紧联系在一起,使理想信念之花结出丰硕的成长成才之果。

第三,结合深入学习习近平新时代中国特色社会主义思想的要求,引导学生理解青年人树立理想信念的重要性。现在,我们比历史上任何时期都更接近实现中华民族伟大复兴的目标,比历史上任何时期都更有信心、更有能力实现这个目标。行百里者半九十。距离实现中华民族伟大复兴的目标越近,我们越不能懈怠,越要加倍努力,越要动员广大青年为之奋斗。展望未来,我国青年一代必将大有可为,也必将大有作为。这是"长江后浪推前浪"的历史规律,也是"一代更比一代强"的青春责任。广大青年要勇敢肩负起时代赋予的重任,志存高远,脚踏实地,努力在实现中华民族伟大复兴的中国梦的生动实践中放飞青春梦想。

案例三　不懈防艾,甘于清贫

 案例

高耀洁,河南中医学院第一附属医院退休教授。1996年始,她自费印刷"防艾"宣传品,给艾滋病人送医送药,救助"艾滋孤儿"。2001年5月,全球卫生理事会将"乔纳森·曼恩健康与人权奖"颁予高耀洁,旨在表彰她"提高公众健康,防止艾滋病所做出的贡献"。前联合国秘书长安南称高耀洁是"一位在中国农村从事艾滋病预防、宣传、教育的女性活动家"。2002年8月,高耀洁获"亚洲拉蒙·麦格塞公共服务奖"。2003年,被中央电视台、《南方周末》等媒体评为"感动中国人物""年度人物"。

有"中国民间'防艾'第一人"之称的高耀洁,3月25日来到上海,到上海大学、复旦大学以及上海市社科院做演讲、交流。

这位年近八旬、身材矮小的老太太,戴着黑边眼镜,一副深沉思考的样子。让人隐约感觉到她的巨大勇气和力量的是:不管面对官员、记者还是学

生，她都直奔主题、畅所欲言，为防治艾滋病大声呼吁。

"和艾滋病打了8年交道"

"我是一个妇产科医生，较早接触艾滋病。"高耀洁的演讲没有丝毫的虚言应酬，说的都是大实话。

"我一直在农村里转，和艾滋病打了8年交道。"1996年4月，高耀洁在一次偶然会诊中发现了一名因输血感染艾滋病的妇女，自此开始了她无尽坎坷的"防艾"道路。"我认为国内艾滋病的特点是'血'。"她快言快语地说。高耀洁曾经走访过几十个乡镇、几百个村庄。在一个2000多人的村子里，竟有1000多人卖血，800多人感染艾滋病，到现在，留下了80多个艾滋孤儿。

高耀洁说："艾滋病并不是哪一个省的专利，不少省区都有相似的地区。"迄今为止，高耀洁收到了来自全国各地的9920封信。无数患者向高耀洁求助，这使她了解到：许多地方的情况基本一样，往往是因"血"生祸。高耀洁曾调查了很多艾滋病患者的家庭，发现性传播的概率远没有人们想象的那么高。

"我自己生活得很累"

"我觉得非常痛苦，常常有不想活下去的念头。"夜晚去采访高耀洁，忙碌了一天的老人脸上掠过几许疲惫。

直面艾滋病问题的高耀洁，在为防治艾滋病奔走的同时，心里常常感觉压力巨大。

"家人都说跟我倒霉，但艾滋病人更无辜，更倒霉。"不久前，由于高耀洁的原因，原本在医院工作的女儿失去了工作，无奈之下去了加拿大。她也无能为力，转而又说："女儿现在一个月拿400加元救济，就算是在那儿要饭，也总比艾滋病人好。"

由于在民间防治艾滋病做出贡献，高耀洁近年获得了几项国际性的奖励。这些荣誉和奖金，没有改善老人和她丈夫俭朴的生活。

最近，高耀洁刚从国际上获得了5万美元的奖金，却因此和外孙闹翻。"外孙说要买轿车，我说'不行'！"说到这里，老人很实在地和记者算账：买车要多少钱，养车又要多少钱，还不如拿这笔钱来印防治艾滋病的宣传材料呢。

好在高耀洁的老伴郭明久对她的"事业"还比较支持——"那可能也是出于无奈吧"，高耀洁说。她布满皱纹的脸上，第一次浮现出温柔的笑容。

"我不停地写啊，编啊，印啊，讲啊。"几年来，高耀洁编印了六七十万张防治艾滋病的宣传材料和3万多本书。最近，让高耀洁感到欣慰的是：她已

将自己 8 年来收到的近 1 万封信汇编起来,这本 30 万余字的书即将付印。"到时候你们看看这本书,就知道艾滋病问题有多严重。"在这本书里,高耀洁还绘制了一张艾滋病分布情况的示意图,力图说明"各个角落"的问题。

"'艾滋孤儿'是一个社会问题"

"我的时间不多了,最怕别人来浪费我的时间。"高耀洁为此而焦虑。

就在去年(2003 年),由于高耀洁挺身而出,揭露了一些诈骗艾滋病病人钱财的游医,一名自诩为"气味学"创始人、创制了号称"艾滋病病毒杀伤率 100%"的"神药"的游医李德敏将她告上法庭。官司虽然已经了结,法院一审判决原告败诉,但高耀洁在诸多波折中感到了许多无奈和苦涩。

在本该安享天伦之乐的年纪,高耀洁却要直面种种人间惨剧,以巨大的勇气与艾滋病魔以及顽固的保守势力做斗争,其内心承受的压力,常人难以想象。

此外,"艾滋孤儿"的问题也格外让高耀洁心焦。

2001 年 3 月,高耀洁到河南一个农村走访,刚进村就碰到一个小男孩。他握着拳头说:"我长大要杀他哩!"高耀洁问他要杀谁,孩子瞪大了眼睛说:"抽我爸爸血的那个人……"

高耀洁深深地感到心疼和忧虑:这些孩子是被艾滋病夺去生命的人的遗孤,他们本身健康无恙,却无法过上正常儿童的生活。以前,高耀洁认为他们最需要的是钱,便通过各种渠道筹集,给孤儿们寄送了近 8 万元,但后来发现,这些钱大多被亲戚拿走,根本用不到孩子身上。而集中办孤儿院,不利于他们成长。于是,高耀洁开始说服自己家乡的亲友来接养艾滋孤儿,让他们在温暖的家庭里健康成长,迄今为止,她一共带出 5 个孩子到自己的家乡。"孩子们到了那里,都特别勤快、懂事。"不过,这件事在当地已经遇到越来越大的阻力,当地有官员认为,这有损地方形象。在上海演讲时,邀请方为高耀洁摆了丰盛的饭菜。高耀洁吃得很卖力,胃切除了四分之三的她,将一碗面全部吃下。她老实地说,从来没有吃得这么饱过。这是因为吃饭时想起了"艾滋孤儿",有的孩子连馍都没得吃……

🔍 案例出处

包蹇《感动中国 2003 年度人物高耀洁:不懈防艾路》,见人民网 2004 年 4 月 9 日(http://news.sina.com.cn/o/2004-04-09/03032260931s.shtml),有删改。

第二章 坚定理想信念

案例解析

第一，从案例主人公高耀洁的故事中，我们可以看到，理想具有崇高性。理想的实现需要无私奉献的牺牲精神。中国梦是国家的梦、民族的梦，也是包括广大青年在内的每个中国人的梦。"得其大者可以兼其小。"只有把人生理想融入国家和民族的事业中，才能最终成就一番事业。当代大学生应当珍惜韶华、奋发有为，勇做走在时代前面的奋进者、开拓者、奉献者，努力使自己成为祖国建设的有用之才、栋梁之材，为实现中国梦奉献智慧和力量。

第二，从案例主人公高耀洁的故事中，我们可以看到，理想的实现是一个渐进的、艰辛的过程。理想需要在点滴之中逐渐实现。"我一直在农村里转，和艾滋病打了8年交道。"高耀洁曾经走访过几十个乡镇、几百个村庄。为了自己的理想和目标，高耀洁不仅要忍受各种误解和委屈，还需要面对各种压力和危险，这需要巨大的勇气和力量。这种勇气和力量则体现了理想信念的动力作用。实现理想、创造未来，必须有战胜种种艰难险阻的坚定不移的信心和坚忍不拔的毅力。理想信念能为人生实践提供动力和毅力，是人生的力量源泉。理想变为现实的过程不是一帆风顺的，往往会遭遇波澜和坎坷。人生如逆水行舟，不进则退，因此必须有足够的动力才能不断前进。一方面，任何人都会在人生中遇到各种各样的阻碍，必须克服各种各样的苦难才能前进，这就必须有动力和毅力，有勇气。另一方面，任何人都有一定的惰性，都需要不断地挑战自己，超越自我，为此也需要有动力做助推器。

第三，从案例主人公高耀洁的故事中，我们可以看到，当代医学生要坚持学以致用，深入基层，深入群众，在改革开放和社会主义现代化建设的大熔炉中，在社会的大学校里，掌握真才实学，增益其所不能，努力成为可堪大用、能担重任的栋梁之材。一个人有了自觉的理想和信念，就会立场坚定，方向明确，意志坚强，热情高涨。虽然推动人生自觉活动的力量可能来自外部或内部的许多方面，但其中最根本、最持久的是来自人生的理想和信念，这是人生内部的恒久的动力系统。作为新时代的医学生，我们应当看到：祖国的富强、民族的繁荣、人民的幸福，需要每一个社会成员尽其才、奋其志。中国梦是中华民族的振兴之梦，也是每一个大学生的成才之梦。将个人的理想融入社会发展的大潮流中，与祖国人民共享人生出彩的机会，共享梦想成真的机会，共享同祖国和时代一起成长与进步的机会。当代大学生应当坚信青春只有在为祖国和人民的真诚奉献中才能更加绚丽多彩，人生只有融入国家和民族的伟大事业才能闪闪发光。

案例启思

（1）如何才能坚守自己的理想信念？
（2）理想具有什么属性？

教学建议

第一，结合教材第二章的相关内容，引导学生理解理想与现实之间的矛盾，充分认识到实现理想的艰巨性和长期性。教师应通过案例向学生阐明青年大学生要矢志艰苦奋斗。"宝剑锋从磨砺出，梅花香自苦寒来。"人类的美好理想，都不可能唾手可得，都离不开筚路蓝缕的艰苦奋斗。我们的国家、我们的民族，从积贫积弱一步一步走到今天的发展繁荣，靠的就是一代又一代人的顽强拼搏，靠的就是中华民族自强不息的奋斗精神。当前，我们既面临着重要发展机遇，也面临着前所未有的困难和挑战。梦在前方，路在脚下。自胜者强，自强者胜。要实现我们的发展目标，需要广大青年锲而不舍、驰而不息地奋斗。使学生牢记"空谈误国、实干兴邦"，立足本职、埋头苦干，从自身做起，从点滴做起，用勤劳的双手、一流的业绩成就属于自己的人生精彩。要不怕困难、攻坚克难，勇于到条件艰苦的基层、国家建设的一线、项目攻关的前沿，经受锻炼，增长才干。要勇于创业、敢闯敢干，努力在改革开放中闯新路、创新业，不断开辟事业发展新天地。

第二，结合现实生活中学生的思想困惑，引导学生理解实现理想与扎根基层的关系。作为新时代医学生应热爱基层、扎根基层，增长见识、增长才干，促农村发展，让农民受益，让青春无悔。"同人民一道拼搏、同祖国一道前进，服务人民、奉献祖国，是当代中国青年的正确方向"；希望青年人"到基层和人民中去建功立业，让青春之花绽放在祖国最需要的地方，在实现中国梦的伟大实践中书写别样精彩的人生"。扎根基层就意味着要笃实，扎扎实实干事，踏踏实实做人。道不可坐论，德不能空谈。于实处用力，从知行合一上下功夫，核心价值观才能内化为人们的精神追求，外化为人们的自觉行动。《礼记》说："博学之，审问之，慎思之，明辨之，笃行之。"有人说："圣人是肯做功夫的庸人，庸人是不肯做功夫的圣人。"青年有着大好机遇，关键是要迈稳步子、夯实根基、久久为功。心浮气躁，朝三暮四，学一门丢一门，干一行弃一行，无论为学还是创业，都是最忌讳的。"天下难事，必作于易；天下大事，必作于细。"成功的背后，永远是艰辛努力。青年要把艰苦环境作为磨炼自己的机遇，把小事当作大事干，一步一个脚印往前走。滴水可以穿石，只有坚韧不拔、百折不挠，就能离理想越来越近。

第二章 坚定理想信念

第三，结合深入学习习近平新时代中国特色社会主义思想的要求，引导学生深刻理解把人生理想融入国家和民族的事业中的重要意义。习近平总书记在2013年同各界优秀青年代表座谈时的讲话中指出，广大青年一定要练就过硬的本领。学习是成长进步的阶梯，实践是提高本领的途径。青年的素质和本领直接影响着实现中国梦的进程。古人说："学如弓弩，才如箭镞。"说的是学问的根基好比弓弩，才能好比箭头，只要依靠厚实的学识来引导，就可以让才能很好地发挥作用。青年人正处于学习的黄金时期，应该把学习作为首要任务，作为一种责任、一种精神追求、一种生活方式，树立梦想从学习开始、事业靠本领成就的观念，让勤奋学习成为青春远航的动力，让增长本领成为青春搏击的能量。

▶ 案例四　万婴之母，专精一职

 案例

她，是首届中国科学院唯一的女院士，收到开国大典的邀请函，却拒绝参加。

因她一己之力，中国婴儿死亡率、产妇死亡率大幅度降低。2009年，她被评为100位"新中国成立以来感动中国人物"之一。

她，就是林巧稚！

在网络上曾有人提出一个问题："如果人民币上印一位女性，应该印谁？"网友们众说纷纭，然而有一个答案却得到了高票赞同，那就是"林巧稚"。

林巧稚是谁？林巧稚有何伟大之处？为什么我们很少听到这个名字？

1901年12月23日，林巧稚出生于福建厦门鼓浪屿的一个基督徒家庭。她是家中的第三个女儿。林家信奉基督教，林巧稚的父亲将这个美丽灵秀的女儿视为上帝的礼物，因此，给她取名为"林巧稚"，意思为灵巧而又天真。

林巧稚5岁时，母亲因患子宫癌病故。林巧稚永远不能忘记母亲去世时，那极端痛苦的一幕，她朦胧地意识到，做女人是多么不易。父亲对她疼爱有加，送她进入英国传教士所办的幼儿园读书。林巧稚10岁时进入由牧师创办的新式学堂——厦门女子学校读书。林巧稚在厦门女子学校学习了10年，其

间她成了一名虔诚的基督徒,笃信基督教中"爱人如己"的信条,并用自己的一生加以践行。

1919年,林巧稚从厦门女子师范学院毕业,并留校任教。但她的初心是进一步深造,成为一名医生,在传福音拯救人的灵魂的同时医病救人,以解除病人精神和肉体上的痛苦。

1921年7月下旬,在家人和卡琳的支持下,林巧稚和女伴余琼英来到上海,参加协和医学堂(今北京协和医学院前身)的考试。在考英语时,由于天气酷热难耐,余琼英中暑晕倒在考场,林立即中断考试,与另一女生将余琼英迅速抬到阴凉处,仅用十来分钟,便迅速地处理完了这起突发事件。然而,回到考场时,考试时间已过。

那一年,在150名全国各地的优秀考生中,只录取25名,再加上她的试卷没答完,她对考试结果不抱任何希望。然而,万万没想到一个月后,她惊喜地收到了录取通知书!

因为,考官发现她具备优秀医生应该具备的优良品质:第一,会一口流利的英语,这对在协和学习至关重要。第二,处理突发事件沉着果断有序,这是当医生不可缺少的。第三,她的各科总成绩并不低。同时,在考场之外,主考官被她沉着冷静的舍己精神所感动,破格录取她入学。

为了给病人最好的医术,她苦学了8年

协和医学堂规定学生在预科期间,要完成四大类课程。一是语言学习:中文192学时、英文192学时。二是第二外语:须从法语或德语中选修一门。三是社会科学:经济学、社会学等。四是自然科学:数学96学时、生物384学时、物理384学时、化学544学时。

可是,林巧稚在厦门女子师范学校读书时,那里没有开设物理、化学课,而这两门课程,在协和医学堂的3年预科中所占学分最多。

开学伊始,老师就告诉学生,学习跟不上、考试不合格的人,学校主张尽早去别的学校就读,免得浪费时间,越往后会越吃力。在协和医学堂,75分的考试成绩才算及格。一门主课不及格者,留级;两门主课不及格者,就得离开这里另找出路。但林巧稚是个认准目标就不回头的人。学生宿舍每晚10点半拉闸熄灯,但过了12点就会重新合上电闸。摸清这个规律后,她总是10点半上床休息,过了12点再起来学习。期末考试成绩公布的时候,林巧稚门门优秀,生物还考了全班第一。凭着苦学和聪慧,林巧稚在8年的学习和残酷的淘汰竞争中,学习成绩一直高居榜首,并获得协和医学堂最高荣誉的"文海"奖学金(在此之前,从未有女生获过该奖学金)。1929年,林巧稚毕业,8年

第二章　坚定理想信念

前入学时的 5 名女生，只有 3 名坚持到了最后。

没有孩子的"万婴之母"

毕业后，林巧稚收到协和医院的聘书，聘书中这样写道：

"兹聘请林巧稚女士，任协和医院妇产科助理住院医师……聘任期间凡因结婚、怀孕、生育者，作自动解除聘约论。"在老协和，如果女大夫选择内、外、妇产科这样的大科，是不允许结婚的，如要结婚，必须先辞职。老协和的管理者坚信，一个女人不可能同时扮演贤妻良母和职业女性两种角色，只能选其一。

林巧稚接下了这张光荣的聘书。她一生没有结婚，却亲自接生了 50000 多名婴儿，被尊称为"万婴之母"。每一个由她亲手接生的孩子，出生证上都有她秀丽的英文签名："Lin Qiaozhi's Baby"（林巧稚的孩子）。傅作义的小儿子，冰心和吴文藻的三个孩子，梁思成和林徽因的子女梁从诫、梁再冰，都是由林巧稚引领到人世间。

林巧稚说过："生平最爱听的声音，就是婴儿出生后的第一声啼哭。"

将一件件善事，做在一个个不起眼的人身上

北平沦陷后的一个雨夜，有一个产妇因胎儿横位难产。林巧稚顾不得自己被淋得浑身湿透，麻利地做着准备工作，撤去草木灰袋，铺上干净被单，轻缓而坚定地一下下正着胎位，一次次地倾听胎心音跳动，嘴里小声地安慰着产妇。终于胎儿的头进入了产道，产妇诞下了一个男孩，母子平安！林巧稚看着这个一贫如洗的家，默默地打开出诊包在炕头放下几张钞票，对女人的丈夫说："她太辛苦了，给她补补身子。"

1941 年，日军侵华期间，协和医院被迫关闭，一些医生都离开了。林巧稚却拒绝回老家避难，她要留在北平为那些患病的妇女看病。她在北平东堂子胡同 10 号开设了妇科门诊。前来看病的妇女络绎不绝，林巧稚都一视同仁。无论是穿金戴银，还是衣衫褴褛，林巧稚都谦和温柔地为她们排忧解难。穷人如果掏不起医药费，林巧稚就自己掏钱给她们付医药费。有时候，为了方便那些农村的贫苦妇女，林巧稚甚至骑着毛驴到乡村去，亲自登门为她们诊治。

1949 年，人民解放军兵临北平城下，北平城防总司令傅作义的夫人，给林巧稚送来一张傅将军亲笔签名的机票，可以搭乘任何一次航班去任何一个城市，傅太太特别说："这是多少人用金条换不来的。"林巧稚谢绝了傅太太的好意——她要在协和医院守着她的病人。她性格单纯倔强，对政治毫无兴趣，她心中只有治病救人的使命。

新中国成立前夕,林巧稚收到了开国大典的邀请函,但她没有去。

她跟身边的同事说:"我是个医生,去做什么呢?我的病人更需要我,我需要守护在她们身旁。"似乎只有妇产科的工作,才是她与这个世界建立联系的真实通道。她自谦道:"我愿为上帝做一辈子的值班医生。"

周恩来当时问林巧稚对入党的看法如何,林巧稚是这么回应周恩来的:"一个诚实的人不能欺骗组织,也不能欺骗自己。我是基督徒,入党恐怕不便。"周恩来宽慰她:"不必介意这个问题,在党外一样可以工作。"

治学:严字当头,精字当先

在北京协和医院的医生中,一直流传着这样一个关于林巧稚的故事:一次考试中,林巧稚要求每个学生完成10例初产妇分娩全过程的观察,并用英文写出完整的产程报告,以此来评定他们的临床能力。大家丝毫不敢松懈,都仔细观察病人,认真思索后写下了自己认为满意的病历。然而,结果却出乎大家的意料,仅有一份病历被评为"优",其他均为"不及格"。学生们左思右想不得其解,硬着头皮向林教授请教。林巧稚严肃地说:"你们的记录没有错误,但不完整,漏掉了非常重要的东西。"

"漏掉了重要东西?那到底是什么呢?"学生们又仔细查看自己的病历,觉得记录已经挺全面了呀,实在是想不出漏掉了什么,又不敢多问,于是偷偷地去看那份优秀病历,结果发现,各项记录都没有区别,只是病历里多了这么一句话:"产妇的额头有豆大的汗珠⋯⋯"

"你们不要以为这句话无关紧要,"林巧稚看出了他们的不以为意,严肃地说,"只有注意到了这些细节,才会懂得怎样去观察产妇。在产妇生产过程中,常常会发生个体的、种种预料不到的变化。"林巧稚注意在细节处要求学生,所有的检查、治疗都不过是方法和过程,它指向的目的只有一个,就是对病人的关爱和呵护。

这不是后门,是正门

在林巧稚弥留之际,邓颖超的秘书赵炜来看她,林巧稚刚从昏迷中清醒过来。

认清来人后,她想起了一件心事。她断断续续地说:"⋯⋯我从不愿意走后门。但有些事想走邓大姐的⋯⋯后门,请她关心一下建立妇产科研究中心⋯⋯的事情。"说这些话时,她集中已经不听指挥的思维神经、语言表达神经,累得有些透不过气来。

赵炜不由得一阵辛酸,她贴近林巧稚,捧着她的一只手说:"林大夫,这

不是'后门',这是正门。您放心,我一定代您转达……"

1983 年 4 月 22 日,林巧稚在协和医院逝世。根据她的遗嘱,她个人的毕生积蓄 3 万元人民币被捐给医院托儿所,骨灰撒在故乡鼓浪屿的大海中。

案例出处

溪水旁《"万婴之母"林巧稚:只看病,不看人》,见健康界 2017 年 11 月 29 日(https://www.cn-healthcare.com/article/20171129/content-497725.html),有删改。

案例解析

第一,从案例主人公林巧稚的故事中,我们可以看到信仰选择的多样性,以及从一般意义上把握信仰的作用。凡是信仰,都能向信仰者提供一种终极性的关怀和永恒的意义。个体是有限的,都有追求永恒、实现不朽的愿望和倾向。人们平常可能意识不到,但它确实潜藏在每一个人的心灵之中。这件事情具有深刻的哲学意义。有限源于无限,从无限中获得生命,最后归于无限。这样一种归属感在自然物那里是自发的,而在人这里则被自己所意识到。所以很多宗教都利用这种终极归属的需要来论证宗教的必要性。林巧稚信仰基督教,是虔诚的基督徒。但这并不影响林巧稚为自身医学领域的发展和国家做出贡献。

第二,从案例主人公林巧稚的故事中,我们可以看到,为人民服务一种最高的价值追寻。尽管林巧稚选择信仰基督教,但正如周总理所说"在党外一样可以工作"。信仰可以不一样,我们国家实行宗教信仰自由政策,每个公民都有选择自己信仰的权利。宗教信仰自由与奉献社会往往存在一致性。林巧稚身上所体现出来的济世救人、医者仁心的品格早已将自己的宗教信仰提升到一种更高的境界,并将它具体化到自己的工作中去,落实到实实在在地为人民服务中去。从这个意义上看,林巧稚的故事从更高的层面凸显了"为人民服务"作为一种价值选择、道德规范,也具有信仰的意义和作用。

第三,从案例主人公林巧稚的故事中,我们可以看到追求真理对医者的意义。要准确理解人为什么要追求真理,首先应该确定,在社会中是存在着人们对真理的追求的。李大钊说过,人生的最高理想在于追求真理。现实生活中,也许并不是所有都会为了追求真理而奋斗牺牲,但确实有一部分人是为了追求真理而甘愿自我牺牲,甚至献出生命。但在林巧稚的身上我们可以看到其对医学知识的极致追寻和探索,作为新时代医者应当以信仰的姿态来学习和追寻真理。

第四,从案例主人公林巧稚的故事中,我们可以看到,新时代医者应当具备对专业素养的精益求精、对患者的医者仁心、对职业的敬畏之心。从理想信念的角度来看,就是要自觉地意识到,在理想信念的选择过程中,既要看到信仰的个体性和实践性,又要看到信仰的社会性和超越性,努力地把主观愿望与客观现实统一起来,把个人自主选择与社会发展趋势有机结合起来,把个人兴趣和社会需要结合起来,超越小我而达大我,超越利己而达利他,超越物欲而达精神,从而选择理性的、科学的、崇高的信仰。

第五,从案例主人公林巧稚的故事中,我们可以看到,理想信念不是拿来说、拿来唱的,更不是用来装点门面的,只有见诸行动才有说服力。新时代医者要把敢于吃苦、勇于奋斗的精神落实到日常的学习、生活和工作中。学习林巧稚身上认准目标就不回头的专一精神。正如案例中描述的那样,"学生宿舍每晚 10 点半拉闸熄灯,但过了 12 点就会重新合上电闸。摸清这个规律后,她总是 10 点半上床休息,过了 12 点再起来学习。期末考试成绩公布的时候,林巧稚门门优秀,生物还考了全班第一。凭着苦学和聪慧,林巧稚在 8 年的学习和残酷的淘汰竞争中,学习成绩一直高居榜首,并获得协和医科大学最高荣誉的'文海'奖学金"。作为新时代医者,我们要在学习上刻苦钻研,不畏艰难,孜孜不倦地学习理论和专业知识,不断提高思想道德和专业知识水平;在生活上,艰苦朴素,勤俭节约,抵制和反对铺张奢华的思想和生活作风;在工作上,发奋图强,不怕困难,不避艰险,努力完成各项任务。

案例启思

(1)如何才能坚守自己的理想信念?
(2)为什么人应当树立远大理想?

教学建议

第一,结合教材第二章的相关内容,引导学生准确理解信仰选择的多样性,了解信仰的作用,掌握实现理想与脚踏实地、刻苦学习专业知识之间的辩证关系。正面回应现实生活中大学生能不能信教,为什么要引导大家树立马克思主义信仰等现实问题。

第二,结合现实生活中学生的思想困惑,引导学生理解坚定理想信念与严谨的专业态度之间的关系。作为新时代的医学生,在追求自身理想的过程中,要大力弘扬优良学风,养成严谨治学、注重诚信、讲求责任的优良品格;在学习专业技能的过程中培养良好的学术道德,自觉遵守学术规范,讲究博学、审问、慎思、明辨、笃行,崇尚"士以弘道"的价值追求,真正把做人、做事、

做学问统一起来。要有"板凳要坐十年冷,文章不写一句空"的执着坚守,耐得住寂寞,经得起诱惑,守得住底线,立志做大学问、做真学问。要把社会责任放在首位,严肃对待学术研究的社会效果,自觉践行社会主义核心价值观,做真善美的追求者和传播者,以深厚的学识修养赢得尊重,以高尚的人格魅力引领风气,在为祖国、为人民立德立言中成就自我、实现价值。

第三,结合深入学习习近平新时代中国特色社会主义思想的要求,引导学生理解扎实的专业素养与实现人生理想之间的关系。习近平在2015年北京大学师生座谈会上的讲话中指出,要勤学,下得苦功夫,求得真学问。古希腊哲学家说,知识即美德。我国古人说:"非学无以广才,非志无以成学。"大学的青春时光,人生只有一次,应该好好珍惜。为学之要贵在勤奋、贵在钻研、贵在有恒。鲁迅先生说过:"哪里有天才,我是把别人喝咖啡的工夫都用在工作上的。"大学阶段,"恰同学少年,风华正茂",有老师指点,有同学可与之切磋,有浩瀚的书籍引路,可以心无旁骛地求知问学。此时不努力,更待何时?要勤于学习、敏于求知,注重把所学知识内化于心,形成自己的见解。既要专攻博览,又要关心国家、关心人民、关心世界,学会担当社会责任。学习就必须求真学问,求真理,悟道理,明事理,不能满足于碎片化的信息、快餐化的知识。要通过学习知识,掌握事物发展规律,通晓天下道理,丰富学识,增长见识。

▶ 案例五 抗非英雄,为公殉职

广东抗"非典"战斗中第一位因公殉职的医生

2003年4月21日下午5时40分,冲锋在抗击"非典"最前线的被传染的中山大学附属第三医院传染病科党支部书记邓练贤不幸逝世,终年53岁。邓练贤是广东省在抗击非典型肺炎战斗中第一位因公殉职的医生。邓练贤生前任中山三院党委委员、传染病科党支部书记、副主任。

凌晨3点回家，早上7点又到了医院

2002年除夕晚上9点钟，邓练贤在家接到医院电话，称由外院转入两个危重的非典型肺炎病人，由于大多数人员已回家探亲或外出旅游度假，突发事件人员配置相对紧张，各辅助科室人员也匮乏，给事件处理增加了相当大的难度，邓练贤以传染病科党支部书记和副主任的身份，积极地挑起传染病科人员调配、组织协调和物品落实等担子。作为传染病科主任医师的他十分清楚地知道这个工作的风险，但他没有推脱，而是一马当先，每一个病人他都亲自询问病史，认真进行体格检查，每一个救治过程都亲力亲为，全程参与，与科室医务人员共同战斗在抢救病人的第一线。

突然间失去丈夫的朱女士是医院的护士，在悲痛之余她还清楚地记得丈夫为了救治病人而忘我工作的过程：2003年1月31日晚9点接到电话便立即赶到医院抢救病人，直到2月1日凌晨3点才回到家；睡了不到4个小时，早上7点又接到电话，他二话不说又赶到医院，直到下午3点才拖着疲惫的步伐回到家吃午饭；刚想多休息一会儿，晚上8点电话又来了，他又工作到深夜12点才回到家。2月2日早上8点，他又准时来到了病房，此时，战斗已进入了第三天。2月3日晚上7点，他感觉到全身酸痛、乏力、头痛，发烧至38℃，但他仍坚持工作，不言休息。2月5日下午，他高热不退，肺部出现炎症阴影，证明他确实病了，这才住进了医院。邓练贤的好友告诉记者，他常说：既然选择了做一名医生，就意味着付出，病人的需要就是我们的需要。

身上沾满"毒王"带着血的痰液

2003年2月1日救治被称为"毒王"的患者，可谓惊心动魄。病人周先生进院时剧烈咳嗽，咯血丝痰，呼吸困难，高热，烦躁，神志模糊，大部分肺野被炎症浸润。邓练贤清楚地知道，这是一个难治的高危病人，大量带血的痰液排出意味着他具有高度的传染性。在确定病人病情之后，他和同事们进行了积极的处理，短时间内，各种相应的诊断与治疗措施相继到位，吸氧、抗炎、建立静脉通道、镇静、止咳……但是，常规治疗不足以维持病人的生命，症状未改善，血氧饱和度继续下降，生命体征不稳定，至此，他和专家们决定对该病人进行气管插管、呼吸机辅助呼吸。严重的缺氧使病人明显烦躁，插管过程极度不合作，为了配合麻醉师的工作，邓练贤只好与其他医生一起按住病人的头和四肢，管被插入又脱出，脱出了再插入，终于使这位病人插管成功。这过程中，病人剧烈咳嗽使大量痰液带着血从插管处喷出，在场的医护人员从头到脚都被污染，病房中霎时充满病菌，邓练贤和同事们都清楚，自己正处在危险

之中。他们没有中途退缩,来不及更换衣帽,继续争分夺秒地进行抢救,直至病人情况终于稳定下来,而时间已过去了几个小时。

在抢救一位 11 岁呼吸衰竭并心力衰竭的儿童的过程中,他和其他 4 位专家轮流上阵进行徒手胸外心脏按压长达 4 个小时,曾使病人停跳的心脏 3 次恢复跳动。全国著名病毒性肝炎专家姚集鲁激动地说:"他不是惊天动地的大英雄,但绝对是一名踏实的好医生、一名无私的好党员。"

"我的丈夫是我心中的英雄"

一个个病人被救活了,可一个个医护人员却倒下了,传染科的医护人员无一幸免地染上了非典型肺炎,而病得最重的邓练贤在与病魔坚强战斗了两个多月后离开了人世。

"我的丈夫是我心中的英雄!"朱女士流着眼泪说,"他是为了抢救病人而献出自己的生命的,我为他感到骄傲!"朱女士告诉记者,2003 年 2 月 18 日丈夫因病情严重而转到广州呼吸研究所的重症监护室抢救,后来病情一度好得很快,他的家人已经准备接他回家了,不想前几天病情突然恶化,到 4 月 21 日中午病情已十分严重。"我每天坚持去看他,他不能说话,我们就写纸条,可能他已经感到自己不行了,那天他什么也没写,我看见他流泪了……我真有一种想随他而去的感觉……"

1973 年,邓练贤投身中山三院传染病科,一做就是 30 年。1990 年起,他出任传染病科党支部书记,至此他领导的党支部连续 13 年获得先进党支部称号,他本人则连续 13 年被评为先进共产党员。邓练贤的一位同事告诉记者,邓练贤是个好人,传染病科经常有穷得连饭都吃不起的病人,他就自己掏钱买饭给他们吃。而他那种善于与人沟通的能力,让全科室的人十分服他。在去邓练贤家里慰问时,医院的王院长禁不住流泪了,说:"他是我们医院管理和专业人才中的中坚分子,他的去世是我们医院的重大损失,我真的很悲痛!"

一份时间表

2003 年 1 月 31 日晚上 9 点:邓练贤接到电话立即赶到医院抢救"非典"病人

2 月 1 日凌晨 3 点:回到家

2 月 1 日早上 7 点:又接到电话赶到医院

2 月 1 日下午 3 点:回家吃午饭

2 月 1 日晚上 8 点:接到电话赶到医院

2 月 1 日晚上 12 点:回到家

2月2日早上8点：准时来到病房

2月3日晚上7点：感觉到全身酸痛、乏力、头痛，发烧至38 ℃，仍坚持工作

2月5日下午：高热不退，肺部出现阴影，住进医院

4月21日下午5时40分：不幸逝世，终年53岁

后来，在2003年4月23日，时任中共中央总书记、国家主席胡锦涛亲笔批示，对邓练贤同志的不幸逝世表示沉痛悼念，对他的亲属表示亲切慰问。他被广东省政府追认为革命烈士，被中组部追授为"全国优秀共产党员"。

案例出处

曾文琼《广东中山三院主任医师邓练贤殉职非典前线》，见《南方都市报》2003年4月24日（http://news.sina.com.cn/c/2003-04-24/10171013899.shtml），有删改。

案例解析

第一，从案例主人公邓练贤的故事中，我们可以看到，在理想信念的选择过程中，既要看到信仰的个体性和实践性，又要看到信仰的社会性和超越性，作为新时代的医学生要学习案例主人公邓练贤身上那种"一马当先，每一个病人他都亲自询问病史，认真进行体格检查，每一个救治过程都亲力亲为，全程参与，与科室医务人员共同战斗在抢救病人的第一线"的奉献精神，坚持学而信、学而思、学而行，把学习成果转化为不可撼动的理想信念，转化为自己工作的精神动力。

第二，信仰为人提供一种现实的生活目标和生活秩序，从而把人的认知、情感和意志统一起来，这样不仅可以保持个体心理健康，避免精神分裂，而且可以向人提供生活内容本身，使生活具有实实在在的内容，从而使生活充实。在现实生活中，一种信仰，总体现着一种独特的生活方式和生活秩序，接受一种信仰，就意味着接受一种对生活内容的安排。人对生活秩序的需要是一个基本的需要。信仰深刻影响人生的行为和生活方式。一个人的信念发生变化，就同时意味着他的行为和对生活方式的选择也发生变化。

第三，作为一名医者应当具备的职业信仰。正如邓练贤选择的那样，"既然选择了做一名医生，就意味着付出，病人的需要就是我们的需要"。对职业的敬畏，使得邓练贤忘我地工作，不畏惧任何风险和困难。在他的身上体现了信仰对人生价值的规范和引领作用。信仰为人生提供一个最高的价值观念，提

第二章 坚定理想信念

供一个关于人生行为善恶的最高标准，从而将人的各种零散的信念和价值观念统一起来，形成一个有序的价值观念的系统，成为规范一个人全部人生活动和行为的基本框架。在社会生活中，一个人往往形成和接受一些自发的信念和价值观念，它们大都是零散的，往往并不一致，甚至相互冲突，使人无所适从。信仰作为一个最高的价值观念和价值核心，其作用就在于把这些零散的信念和价值观念在不同层次上组织起来，使之成为一个有序的价值系统。这一价值观念系统不仅有利于人对外来的大量杂乱信息进行选择接收，减轻人的精神压力，节省判断的精力，而且能使人更明确地和不受干扰地去行动，提高人生活动的自觉性和一贯性。对于新时代医者而言，有信念、有梦想、有奋斗、有奉献的人生，才是有意义的人生，每个人都有机会在实现中国梦的伟大实践中创造自己的精彩人生。

第四，共产党人坚定理想信念的品格。真正的共产党人是有信仰的，这不是由党员个人的原因，而是由党的性质决定的。真正的共产党人具有优秀的品质，他们的优秀品质当然对他们坚定自己的信仰起了正向的作用，这是不能否认的。为人民服务的根本信念是共产主义信仰中的道德信念和要求。正如全国著名病毒性肝炎专家姚集鲁说的那样："他不是惊天动地的大英雄，但绝对是一名踏实的好医生、一名无私的好党员。"

案例启思

（1）如何理解坚守理想与无私奉献的关系？
（2）在追求理想的过程中应如何看待失败与挫折？

教学建议

第一，结合教材第二章的相关内容，引导学生掌握理想信念的选择与坚守，了解作为一名新时代医者应当具备的职业信仰，掌握共产党人坚定理想信念的重要意义。

第二，结合现实生活中学生的思想困惑，引导学生学习习近平的相关论述。忘记远大理想，不是合格的共产党员；离开实际工作空谈远大理想，同样也不是合格的共产党员。我们既要"顶天"，又要"立地"；既要志存高远，又要脚踏实地。共产党人是最高纲领和最低纲领统一论者，我们要头顶共产主义远大理想，为实现党在现阶段的基本纲领扎扎实实做好每一项工作，为实现我们的理想目标添砖加瓦。习近平提出是否具有理想信念是有客观标准的，而这一客观标准实际上主要就是指勤勉的工作、实实在在的行动。勤勉地为党工作，实实在在为人民群众办好事、办实事就是理想目标明确、信念坚定的具体

体现。

第三，结合深入学习习近平新时代中国特色社会主义思想的要求，引导学生理解并掌握习近平提出的衡量是否具有远大理想的客观标准。首先，是否具有理想信念是有客观标准的，即"能否坚持全心全意为人民服务的根本宗旨"。强调忠诚践行为人民服务的根本宗旨，是共产党人所特有的信仰行为，是信仰行动的鲜明标签。毛泽东曾讲过："我们看人的时候，看他是一个假三民主义者还是一个真三民主义者，是一个假马克思主义者还是一个真马克思主义者，只要看他和广大的工农群众的关系如何，就完全清楚了。只有这一个辨别的标准，没有第二个标准。"（《青年运动的方向》）邓小平也讲过世界观的重要表现是为谁服务，从而把为人民服务提高到世界观和信仰的高度。习近平总书记明确地把全心全意为人民服务作为判断有无共产主义理想信念的客观标准，是对毛泽东、邓小平相关思想、理论的继承和发展。

其次，"能否吃苦在前，享受在后"。这是共产党人的苦乐观，也是衡量一个人的精神境界的标准。这一标准具有很强的现实意义。习近平多次强调，信仰是抵御各种诱惑和腐败的强大精神力量，有的党员干部之所以走向腐败的深渊，从根本上讲还是由于理想信念出了问题。信仰的纯洁是根本的纯洁，信仰对提升人的精神境界、塑造崇高人格具有极其重要的作用。尤其在当前市场经济发展和物质条件改善的条件下，共产党人面临着物质享乐方面的极大考验，必须以信仰的意志加以超越，追求更高的目标。一个人有了崇高的理想信念，眼界就打开了，心胸就开阔了，生活趣味也提升了。

再次，"能否勤奋工作，廉洁奉公"。强调勤奋与廉洁是对党员干部的基本工作要求。马克思主义信仰者不仅要在思想上信仰马克思主义，更重要的是在行为和实践上表现出对马克思主义的真诚信奉。信仰是精神动力，有信仰的人就会努力奋斗、勤奋工作。清正廉洁是党员干部的履职底线，《党章》明确规定："中国共产党员永远是劳动人民的普通一员。除了法律和政策规定范围内的个人利益和工作职权外，所有共产党员都不得谋求任何私利和特权。"这是对共产党员本质的界定，也是共产党员先进性的表现。道德高尚是领导干部做到清正廉洁的基础，政治信仰与道德人格是紧密联系的，丧失道德人格就不是真正的共产党员，也不可能真正具有坚定正确的政治信仰。

最后，"能否为理想而奋不顾身去拼搏、去奋斗、去献出自己的全部精力乃至生命"。强调为实现理想而献身的崇高人格，是信仰所能达到的最高的标准和要求。不论怎样的信仰行为，最终都要体现在拼搏、奋斗和奉献上，不但要贡献出自己的全部精力，有时甚至需要献出自己的生命。在革命战争年代，为了阶级和人民的解放，为了党的事业的成功，无数革命先烈献出了自己宝贵

第二章 坚定理想信念

的生命。在和平建设时期，衡量一个人的价值，不在于其官位高低或财富多少，而在于其做了多少有益于国家、民族和社会的事情。先天下之忧而忧，后天下之乐而乐，心中装着人民，心中装着党的事业，是每个共产党人应有的品格。

▶ 案例六　以苦为乐，守护光明

干喜欢的事，就不会觉得苦

我为什么做眼科医生？我走上眼科医生这条路有些偶然。记得20世纪80年代末90年代初当实习医生时，曾在各科都轮转过。当时我觉得眼科的操作、检查、手术都比较精致，眼科的设备在当时也更为精密，当时已经有了电脑验光仪和其他眼科检查设备，感觉挺高大上，也挺吸引人的。别的科如内科，见得最多的一般就是听诊器、心电图仪，外科可能就是手术刀。"金眼科、银外科"，人们都这么说。这或多或少也会影响我们的选择。彼时的眼科手术可能比外科更精细、技术含量更高，更有挑战性。当然，从事这一行业的门槛也更高，对医生的要求包括心理、技巧或耐心程度等各方面都是更大的挑战。在临床上，我的长处一般是在操作方面。比如在中医科，我的号脉相比其他人更被老师认可；在妇产科，我估计胎龄也比较好，当时妇产科前辈们还曾劝我做妇产科医生，因为在妇科，孕妇扎针抽血是比较难扎的，我却能扎得很成功。我想我在技术操作方面，可能更有优势。对于专业分配，我们这代人还是比较幸运的，当时已经开始实施双向选择，可以选择自己感兴趣的专业。当时眼科的确是我最想去的科室。

每天24小时×3年，甘苦自知

要成为一名较为成熟的眼科医生，需要接受各种各样的培训，不光在知识层面，也包括技能、手术、看病技巧等各方面。同时，眼科设备、检查方法也都很多，需要较大的知识储备。我做住院医师是在北京友谊医院，当年的培训

传统还是按照苏联模式，住医院3年，每天24小时必须住在医院里，没有所谓的休息。有患者急诊，要招之即来。当年医院周边环境不是很好，打架或者其他外伤的急诊比较多，有时候还是比较严重的急诊。在急诊中，我的手术操作技能也慢慢磨炼了出来。做一个大的急诊手术需要好几个小时，有时半夜起来，做完手术天都快亮了。诊室里有那种四方的木头凳子，把七八张凳子拼在一起，在上面睡一会儿，天亮了就接着出门诊。既然是喜欢干的事，平常做起来可能并不会觉得那么辛苦。任何事情都不会白做，很多辛苦到最后都会有回报。经过几年的训练，不单是技巧方面，我在心理素质、对工作的态度等各方面，都慢慢得到训练。所谓的职业素养，并不是一天两天形成的，必然要经过长期的训练。在之后的从医过程中，也是有苦有乐，有挑战，当然，也有遗憾。

难得的体验：跳窗上厕所

2016年，在我们的指导下，西藏的藏医院独立完成了首例玻璃体视网膜手术，从此西藏患者遇到这种玻璃体积血的情况，在当地就能得到治疗。我们为什么要做这件事？玻璃体视网膜手术，从技术、设备、人员训练，门槛都比较高。很长时间以来，在国内很多其他地区也都没怎么开展。但在西藏，基于饮食习惯、地域、风俗等的原因，视网膜中央静脉阻塞、糖尿病视网膜病变等引起的致盲性眼底疾病的患者很多。条件允许的话，有些患者会到内地来治疗，但很多患者没有条件，就无法接受治疗。2015年，中国医师协会女医师分会组织我们去西藏藏医院义诊。我们从来没想到有那么多眼底疾病的病例，患者排队从医院里面一直排到了院门外。第一天我刚到时还有一些高原反应，下午也坚持出门诊。可患者太多了，从门口进来，看完病，再想从门口出去，根本不可能，只能跳窗。我们中途出去吃饭、上厕所也是跳窗。我们当时想，有这么多患者，但当地的玻璃体手术却是空白，应当帮他们开展。在这过程中我们也得到了几家药企的帮助。藏医院的央吉主任有很好的显微手术技巧，曾做过很多白内障病例。我们觉得他有潜力学习玻璃体手术，就把他请到我们医院进行了一段时间的培训。经过培训，玻璃体手术的基本操作她已经都能掌握。回去后就在当地开展起来。当时西藏自治区政府主席洛桑江村非常感动，专门接见我们，并请我们吃饭。他说："你们实实在在给我们做事情，虽然我们平常已经不再请客吃饭，但你们来要破例。"现在我们跟藏医院仍然经常有业务上的联系，他们遇到疑难病例，会转送过来或咨询我们。今年（2018年），我们还准备再去一趟，争取帮他们把小儿眼病的工作也开展起来。这方面他们还是空白。

不该发生的遗憾

行医多年来，我也碰到过一些让人感到惋惜和遗憾的病例。一个7岁多的小女孩，玩激光笔的时候，把右眼照了一下，黄斑就让激光给烧灼了，几乎失明。这个孩子最初因为害怕家长责骂，没跟家长说是因为用了激光笔。家长很着急，跑了好几个医院求诊。这种病早期通过眼底检查、造影等可能都看不出明显异常，但在眼科光学相干断层扫描（OCT）检查中会有一些表现，就是在黄斑位置有一个小的瘢痕。我们发现后，再三追问她，后来孩子才承认她是被激光笔烧到了。有一起病例更严重。也是一个小孩，玩激光笔玩得很高兴，就拿着看，先是一只眼睛直接对着光源看，一下子就看不见了，他就又用另一只眼睛看，结果两只眼睛视力都变成0.01以下，变成残疾人了。非常可惜。我接诊的患者中被激光笔灼伤的近半年已经有3起。不按国标生产的激光笔能量太高了，对眼睛有极大的损害。这种损害是不可能治愈的，会对眼睛造成永久性伤害。因此家长、学校和社会要加强这方面的宣教，相关部门对激光笔的生产也要加强监管。

我最近在门诊还遇到一件非常可悲的事：河南一个家庭，他们的第一个孩子患有视网膜母细胞瘤，去当地基层医院时已经是晚期，放弃治疗，孩子最终死亡。不过，就算要放弃，也有不少要做的事，比如要告诉他们，这种病是可能遗传的。就算你放弃这个孩子，今后再生第二个、第三个孩子都要注意一定要尽早检查。然而，他们没有得到这方面的知识教育，也许医生说了，他们没注意。这个家庭的第二个孩子没问题。这次带来的是第三个孩子，才出生不到两个月，有一只眼睛已经是视网膜母细胞瘤晚期。已经"白瞳"了，孩子父母发现后才知道大事不好。当地医院把他转到我们这里来治疗，那只眼睛可能还是保不住。然而，更大的悲剧是，孩子母亲受不了这样的打击，在来北京前几天自杀了。孩子爸爸说：母亲认为生了三个孩子，其中两个都得了这种病，第一个死了，这个孩子也会死掉，很愧对孩子和家人。其实，这种疾病的治疗成功率是很高的，存活率在95%以上，这个孩子的另一只眼睛还是能保住的。视网膜母细胞瘤与成人恶性肿瘤不同，治愈后，复发的可能性很小。如果孩子七八岁时还不复发，就几乎不会复发了。另外虽然孩子是母亲所生，但致病基因并非一定来自母亲，后经基因检测，这家孩子携带的肿瘤基因是源于父亲。如果孩子母亲有这方面的知识，就不会自杀了。如果能在孕期做基因筛查，悲剧也是完全可以避免的。我不敢想象，今后这个没有了母亲的家庭会是多么困难。知识普及不到位，这是非常令人遗憾的。

新时代医者的形塑
——《思想道德修养与法律基础》
（2018年版）教学案例集

为了治愈患儿，我愿意承担风险

眼部肿瘤、早产儿视网膜病变、遗传性疾病、家族性渗出性视网膜病变、先天性白内障等，都是最常见的儿童致盲性眼病，占到儿童常见致盲性眼病的近70%。在现有的技术条件下，只要及时诊治，儿童的防盲效果都是挺好的。早产儿视网膜病变的特点是发病比较急，治疗时间窗比较短，可能也就几天时间，一旦错过，病情就会迅速恶化。在治疗时间窗内及时处理，预后相当好，大多数情况都与正常人一样。然而，患儿由于早产，全身情况往往不太好，各个脏器发育也都不太好，处理这样的患者要担很大的风险。有些患者可能在治疗过程中就死亡了。血管内皮生长因子抑制剂对这种疾病的治疗效果很好，但并不在说明书和指南推荐范围，属于超适应证用药。这意味着即使经过常规的备案和书面告知，使用这种药物来治疗早产儿视网膜病变也并不完全合规，要承担很大的风险。但是，血管内皮生长因子抑制剂对早产儿视网膜病变是一个特效药，多数情况一次治疗80%～90%都可以控制，治愈的可能性非常大。我们用这一方案治愈了很多患儿。患者家属都很感谢我们，有的甚至说："您把孩子眼睛治好了，让孩子随您的姓。"一个来自偏远地区的患者家属，复诊时特意把一袋几十斤的小米扛过来，说是他们家产的，晾晒时仔细筛过小石子，一定要给我吃。还有一个山东的早产儿视网膜病变患者家属，虽然孩子多年前就已痊愈，每年春节仍然要过来送土特产。我并没见过他，因为每次来，他都送到办公室，都不见我，只是写个纸条说"祝您节日快乐"，放完就走了。

挑战极限，追求最好的结果

在诊疗过程中，有很多高风险的病例。在处理上会有不同的方法，有保守些的，也有比较有挑战性的。有挑战性的方法治疗效果可能更好，但也有更高的风险。其实，作为医生，我们的极限也需要不断突破。没有一步步突破极限的信心和理念，医学就无从发展，只能止步不前。不过，医学是高风险的工作，一旦失败会让人承担很多后果，突破极限也需要各方面的条件，不能头脑一热就去挑战。一要看医生的技术、知识储备，另外医患关系也很重要，甚至起决定性作用。沟通良好、对你非常信任的患者，医生就倾向于选择可能更富有挑战性的治疗，在承担风险的同时，往往治疗效果也不错。我曾做过一例超大葡萄膜黑色素瘤内切手术，肿瘤体积已经超出教科书或者常规手术能做的范围，已经累及眼球的一半，在既往报道中还没有出现过。一般来说，这样的手术都是无法保眼的。但患者很年轻，有非常强烈的保眼愿望。因为我们前期有

技术储备，有不少肿瘤切除已经超过教科书或适应证标准。另外，患者对我们也非常信任和理解，能够接受手术失败的风险，这是我们勇于挑战极限的前提。作为医生，也想追求最好的结果，帮患者保住眼睛。手术难度确实很大，进行了大约4小时。没想到结果出乎意料的好，患者视力达到0.3。两年多了，每次复查结果都很好。这也是医患互相信任的非常好的例子。

眼睛对一个人有多重要？

对普通人来说，光明是一件天大的事。我曾经接诊过一个小姑娘，刚刚工作视网膜就脱离了，这在我们眼里是非常常见的病症。我告诉她要做手术，刚说完，小女孩还没怎样，她父亲就瘫坐在旁边地上了，她母亲也非常紧张。作为职业眼科医生的我们，对疾病的感受，其实是有点淡漠了。当然，这也是职业素养的要求：不能每碰到一例患者，就产生情绪上的波动。职业要求你必须有这样的心理素养，每例患者都只是我们日常遇到的千千万万例患者之一，也不会造成我们心理上太大的起伏。心理起伏很大会失去客观判断，你可能也做不好这个工作，尤其是手术。但在外人看来，你就是冷漠。所以，在医患沟通中，还是存在心理落差的。这也是我常常思考的问题。虽然很难，我也希望尽可能换位思考，理解患者家属的心情。当然，也希望患者家属能给予我们最大的信任和理解。

案例出处

梁建宏口述，张丽丽撰《梁建宏：干喜欢的事，就不会觉得苦》，见微文库2018年11月8日（https://hk.wxwenku.com/d/109460912），亦见黎晓新、马志中主编《指尖上的光明》，人民卫生出版社2018年版，有删改。

案例解析

第一，信仰的选择很重要。科学的理想信念，既是指引人们穿越迷雾、辨识航向的灯塔，也是激励人们乘风破浪、搏击沧海的风帆。大学生坚定科学信仰，追求远大理想，在为实现中国特色社会主义共同理想而奋斗的过程中实现个人理想，是自身成长成才的现实需要，也是国家和人民的殷切期盼。价值多元是现代社会的重要特征。价值观念多元化是社会生活多样化的结果，是生活主体利益分化的结果，也是社会活动的自由空间增大的结果。一种信仰总是容纳和包含着一系列的价值，是一套核心价值体系，因此，一种信仰的选择也就包含着一系列的价值选择。信仰是一种价值整合，当一个人做出了信仰的选择时，他一系列的价值选择也就从根本上决定了。

第二，理想信仰在应对人生困境和职业挑战中具有积极作用。理想信念是人的精神世界的核心，是人精神上的"钙"。追求远大理想，坚定崇高信念，是大学生健康成长、成就事业、开创未来的精神支柱和前进动力。人的理想信念，反映的是对社会和人自身发展的期望。因此，有什么样的理想信念，就意味着以什么样的期望和方式去改造自然和社会，塑造和成就自身。同时要看到，实现理想、创造未来，必须有战胜种种艰难险阻的坚定不移的信心和坚忍不拔的毅力。正如案例中说的那样，梁建宏在诊疗过程中，遇到了很多高风险的病例。在处理上会有不同的方法，有保守些的，也有比较有挑战性的。作为医生，需要有勇气和能力不断突破自我。没有一步步突破极限的信心和理念，医学就无从发展，只能止步不前。医学是高风险的工作，一旦失败会让人承担很多后果，突破极限也需要各方面的条件，不能头脑一热就去挑战。因此，我们要清醒地意识到，理想变为现实的过程不是一帆风顺的，往往会遭遇波澜和坎坷。在现实生活中，人们对理想的美好有着充分的想象，而对理想实现的艰难则往往估计不足。渴望早日实现理想，希望顺利实现理想，这是人之常情。但是，如果把实现理想设想得过分容易，对前进道路上的困难缺乏思想准备，遭遇到一点困难、曲折或失败就灰心丧气、悲观失望，那就会影响理想的实现。

第三，只有通过踏实的行为，才能让理想照进现实。理想信念是一个思想认识问题，更是一个实践问题。如果说，现实是此岸，理想是彼岸，那么，唯有实践才是联系二者的桥梁。理想不等于现实，理想的实现往往要通过一条并不平坦的曲折之路，有赖于脚踏实地、持之以恒的奋斗。只有实践，才是通往理想彼岸的桥梁。

当代大学生应当学会辩证地看待理想与现实的矛盾。理想与现实是对立统一的。在日常生活中，人们在处理理想与现实的关系时，往往只看到二者对立的一面，看不到二者统一的一面。一种认识偏向是用理想来否定现实，当发现现实不符合理想预期的时候，就对现实大失所望，甚至对现实采取全盘否定的态度。另一种认识偏向是用现实来否定理想，在追求理想的过程中一遇到困难就产生畏难情绪，觉得理想遥不可及，丧失为理想而奋斗的信心和勇气，直至最终放弃。之所以会出现这些认识误区，从思想方法上讲，是因为不能辩证地看待和处理理想与现实的矛盾。理想和现实存在着对立的一面，二者的矛盾与冲突，属于"应然"和"实然"的矛盾。假如理想与现实完全等同，那么理想的存在就没有意义。理想与现实又是统一的。理想受现实的规定和制约，是在对现实认识的基础上发展起来的。一方面，现实中包含着理想的因素，孕育着理想的发展；另一方面，理想中也包含着现实，既包含着现实中必然发展的

因素，又包含着由理想转化为现实的条件，在一定的条件下，理想就可以转化为现实。脱离现实而谈理想，理想就会成为空想。

案例启思

（1）如何才能让理想照进现实？
（2）大学生应该如何坚守自己的理想信念？

教学建议

第一，结合教材第二章的相关内容，引导学生准确理解和辩证看待理想与现实的矛盾，理解理想与现实是对立统一的。在追求理想的过程中，人们常常会感受到理想与现实之间的矛盾。对于思想活跃的青年大学生来说，也容易对理想与现实的矛盾产生困惑，这就需要正确认识理想与现实的关系。

第二，结合现实生活中学生的思想困惑，引导学生理解在实现理想的过程中物质基础与精神力量之间的关系。习近平总书记在2013年同全国劳动模范代表座谈时的讲话中指出，实现我们的发展目标，不仅要在物质上强大起来，而且要在精神上强大起来。全国各族人民都要向劳模学习，以劳模为榜样，发挥只争朝夕的奋斗精神，共同投身实现中华民族伟大复兴的宏伟事业。千里之行，始于足下。我们国家的发展前景十分光明，但道路不可能一帆风顺，蓝图不可能一蹴而就，梦想不可能一夜成真。人间万事出艰辛。越是美好的未来，越需要我们付出艰辛努力。真抓才能攻坚克难，实干才能使梦想成真。我们要在全社会大力弘扬真抓实干、埋头苦干的良好风尚。

第三，结合深入学习习近平新时代中国特色社会主义思想的要求，引导学生理解理想的实现与创新精神之间的关系。通过案例导入，使当代大学生明白一定要勇于创新创造。创新是民族进步的灵魂，是一个国家兴旺发达的不竭源泉，也是中华民族最深沉的民族禀赋。正所谓"苟日新，日日新，又日新"，生活从不眷顾因循守旧、满足现状者，从不等待不思进取、坐享其成者，而是将更多机遇留给善于和勇于创新的人们。青年是社会上最富活力、最具创造性的群体，理应走在创新创造的前列。作为新时代的医学生，要有敢为人先的锐气，勇于解放思想、与时俱进，敢于上下求索、开拓进取，树立在继承前人的基础上超越前人的雄心壮志，"创建青春之国家，青春之民族"。要有逢山开路、遇河架桥的意志，为了创新创造而百折不挠、勇往直前。要有探索真知、求真务实的态度，在立足本职的创新创造中不断积累经验、取得成果。

案例七 心系医患，勇于担当

他在公安机关一做就是40年，奉献出一生最美好的年华。退居二线的日子，他本可以"随大流"坐享清闲，却一次次甘心卷入暴风骤雨般的医患恩怨。

他叫秦健，江苏省南通市如东县公安局内保大队59岁老民警。作为改革开放元年参加公安工作的基层民警，秦健不仅亲身感受到40年来公安工作的点滴变化，改革开放精神也在他身上留下了深深的烙印。从民警到派出所所长，再到医患纠纷调解员，不同岗位上的奋斗，铸就了他的精彩人生。时间是最真实的记录者，仅在退居二线的12年间，他不分白天黑夜、酷暑严寒，累计调处医患纠纷1000余起，零投诉、零反悔。

用公心为患者代言

2018年夏天，跑遍如东县城大大小小的医院、药房，秦健终于找到一张合适的轮椅。他自掏腰包买下，即刻送到马塘镇一户人家。因为一起医患纠纷，秦健与这家人之间的故事已延续9年。2009年6月，42岁的张某因腮腺瘤入院做手术，由于治疗不当，张某成为植物人。患者家属悲痛之余，轮番到医院讨要说法。闻讯赶来的秦健一边安抚患者家属情绪，一边根据原卫生部门做出的医院负全责的鉴定为患者据理力争，不仅促使医院做出赔偿，还在调解协议书中明确，如患者7年后仍未康复，院方须二次赔偿。2016年，眼看当年约定的期限已到，张某的病情仍未好转，但院方不愿继续履约，矛盾再度爆发。秦健又一次迎难而上，耐心劝说，多年接触建立的彼此信任让家属停止了过激举动。随后，秦健与院方不断沟通。最终，医院追加了赔偿。"我能理解他们，在面对病痛苦难、心灰意冷的时候，如果有人站出来，这个结就能慢慢解开。"在秦健看来，自己是用真情解开心结，用良心赢得人心。听不懂医学术语，很难与双方沟通。不掌握医疗规范，看不透矛盾症结。为了让矛盾双方心服口服，这些年来，秦健一有时间便泡在医院里，转遍大小科室"取

经",再结合书本知识仔细琢磨。在他的办公桌上,摆放的是一本本被翻得破旧的厚重医学书。翻看秦健的一本本工作笔记,里面密密麻麻记录了他多年来调处的各类医患纠纷。每调处一起纠纷,笔记本上就会多出一个患者的名字,他的内心也多了一个牵挂的对象。

用果敢对医闹说不

其实,秦健本可以远离这些是非纷扰。2006 年,已经工作 30 年的秦健,从如东县公安局经济开发区派出所所长岗位退居二线后,完全可以安享清闲,可他并没有这样做。

相关统计数据显示,2006 年,我国内地共发生 9831 起严重扰乱医疗秩序的事件,打伤医务人员 551 人。如东也不例外,医患矛盾纠纷呈上升趋势,调解压力越来越大。2017 年 5 月,掘港镇一患有心脏病的 84 岁老人奄奄一息被送到医院,医生当即下达了病危通知。当晚,虽经全力抢救,老人仍不幸离世。家属一口咬定医院救治不力,召集数十人挤占病房,扰乱正常医疗秩序,并要求赔偿 20 万元。半夜接到电话,秦健迅速赶到现场。他查看了病理报告和抢救措施,发现老人本身患有多种基础疾病,且在家拖延了一周,送医后院方救治及时,并无过错。秦健义正词严,向家属告知相关权利义务,要求他们立即停止闹事,在规定时间内将遗体移送至指定地点。见死者儿子情绪异常激动,秦健推心置腹,向他讲明利害关系,尤其是违法闹事可能给他工作生活带来的影响。最终,家属带着老人遗体离开医院。如东全县 13 家公立医院、40 家民营医院、103 家个体诊所,哪里出现纠纷,哪里就有秦健的身影。无论寒冬酷暑还是白天黑夜,电话一响,他都第一时间赶到。"本来以为能过清静日子,没想到更忙了,经常深更半夜接了电话就走。"秦健的爱人于华说,从所长岗位上退下来,老秦更忙了。

用真心化解矛盾

2018 年 7 月,一名孕妇在如东一家医院诞下一名男婴,可孩子在洗澡时竟被院方弄混,所幸被家属及时发现。事件未造成严重后果,于是医院对此轻描淡写,表现漠然,激怒了当事人一家。秦健了解情况后,即刻对医院进行了严肃批评,要求院方立即查补漏洞,举一反三,诚恳向涉事一方道歉,纷争最终平息。"很多时候,患者争的就是一口气,气理顺了,矛盾也就化解了。"丰富的基层工作经历,让秦健对医患纠纷有着深刻的理解。自 1978 年从警以来,秦健一直扎根基层。他做过 10 年刑警,从一名侦查员到副大队长,侦查思路、法律思维,他从来没丢过;他做过 10 年派出所所长,辖区都是治安复

杂地区，可他到哪里，哪里的治安就会好起来。"敢闯敢干，勇于担当，似乎永远不知疲倦。"如东县副县长、公安局局长程军说，在我国改革开放元年入警的秦健，无论在哪个岗位都展现着他的勇气和胆识，让人佩服。不久前的一次纠纷调解中，患者的女婿一下子认出了秦健。原来，秦健在九总派出所工作时，去其所在单位讲过法制课，而且给他留下了可靠、公道的极好印象。"秦所，你说的话，我们听。我们不是要钱，就是要个说法。"时隔多年，患者的女婿依旧称呼秦健为"秦所"。有了这样的感情基础，纠纷很快得以化解。12年来，秦健累计调处医患纠纷千余起，没有接到一起当事人投诉，没有一起当事人接受调解后反悔，全县医患纠纷诉至法院的比例和数量明显下降。

案例出处

刘子阳《老警秦健12年调处上千起医患纠纷零反悔》，见经济网2018年11月6日（http://www.ceweekly.cn/2018/1106/239707.shtml），有删改。

案例解析

第一，案例主人公秦健身上所体现出来的"敢闯敢干，勇于担当，似乎永远不知疲倦"的精神正是实现理想目标所必须具备的品质。奋斗是艰辛的，艰难困苦，玉汝于成，没有艰辛就不是真正的奋斗，我们要勇于在艰苦奋斗中净化灵魂、磨砺意志、坚定信念。奋斗是长期的，前人栽树、后人乘凉，伟大事业需要几代人、十几代人、几十代人持续奋斗。奋斗是曲折的，"为有牺牲多壮志，敢教日月换新天"，要奋斗就会有牺牲，我们要始终发扬大无畏精神和无私奉献精神。奋斗者是精神最为富足的人，也是最懂得幸福、最享受幸福的人。作为新时代的大学生人生目标的确立、生活态度的形成、知识才能的丰富、发展方向的设定、工作岗位的选择，以及如何择友、如何面对挫折、如何克服困难等问题的解决，都需要一个总的原则和目标，都离不开理想信念的指引和激励。大学生应当重视理想信念的选择和确立，努力树立科学崇高的理想信念，使人生道路越走越宽广，使宝贵的人生富有价值。

第二，艰苦奋斗是实现理想的重要条件。正如案例中所描述的那样，自1978年入警以来，秦健一直扎根基层，在基层工作中踏踏实实地锤炼自我。对于个人而言，"奋斗本身就是一种幸福"，"幸福都是奋斗出来的"；对于一个国家和民族而言，同样离不开艰苦奋斗的精神品格。人类的美好理想，都不可能唾手可得，都离不开筚路蓝缕的艰苦奋斗。一个没有艰苦奋斗精神作支撑的民族，是难以自立自强的；一个没有艰苦奋斗精神作支撑的国家，是难以发展进步的；一个没有艰苦奋斗精神作支撑的政党，它的事业是难以兴旺发达

的。艰苦奋斗是我们的传家宝。我们的国家、我们的民族，从积贫积弱一步一步走到今天的发展繁荣，靠的就是一代又一代人的顽强拼搏，靠的就是中华民族自强不息的奋斗精神。艰苦奋斗绝不是一时的权宜之计。那种认为"艰苦奋斗是老一辈的事，当代青年不需要艰苦奋斗"的观点，在理论上是错误的，在实践中是有害的。一方面，物质生活条件的改善、社会观念的变化，只是赋予艰苦奋斗以新的时代内涵和实践要求，但艰苦奋斗的精神是永远不会过时的；另一方面，讲艰苦奋斗，也并不是不讲物质利益，而是为了实现既定的理想，不怕吃大苦、耐大劳，不惜献出自己的一切。

案例启思

（1）如何理解坚守理想与关照现实的关系？
（2）如何正确看待艰苦奋斗与坚定理想的关系？

教学建议

第一，结合教材第二章的相关内容，以医患关系作为观察切入点，引导学生了解理想实现的长期性、艰巨性和复杂性，引导学生思考艰苦奋斗与提升专业素养和实现理想之间的关系。理想的实现是一个过程。一般来说，理想越远大，它的实现过程就越复杂，需要的时间也就越漫长。艰苦奋斗是实现理想的重要条件。

第二，结合现实生活中学生的思想困惑，引导学生树立明辨是非与追寻理想之间的关系。要善于明辨是非，善于决断选择。"学而不思则罔，思而不学则殆。"是非明，方向清，路子正，人们付出的辛劳才能结出果实。面对世界的深刻复杂变化，面对信息时代各种思潮的相互激荡，面对纷繁多变、鱼龙混杂、泥沙俱下的社会现象，面对学业、情感、职业选择等多方面的考量，一时有些疑惑、彷徨、失落，是正常的人生经历。关键是要学会思考、善于分析、正确抉择，做到稳重自持、从容自信、坚定自励。要树立正确的世界观、人生观、价值观，掌握了这把总钥匙，再来看社会万象、人生历程，一切是非、正误、主次，一切真假、善恶、美丑，自然就洞若观火、清澈明了，自然就能做出正确判断，做出正确选择。正所谓"千淘万漉虽辛苦，吹尽狂沙始到金"。

第三，结合深入学习习近平新时代中国特色社会主义思想的要求，引导学生理解实现理想与爱岗敬业之间的关系。习近平在 2013 年同全国劳动模范代表座谈时的讲话中指出，必须坚持崇尚劳动、造福劳动者。劳动是财富的源泉，也是幸福的源泉。人世间的美好梦想，只有通过诚实劳动才能实现；发展中的各种难题，只有通过诚实劳动才能破解；生命里的一切辉煌，只有通过诚

实劳动才能铸就。劳动创造了中华民族,造就了中华民族的辉煌历史,也必将创造出中华民族的光明未来。"一勤天下无难事。"必须牢固树立劳动最光荣、劳动最崇高、劳动最伟大、劳动最美丽的观念,让全体人民进一步焕发劳动热情,释放创造潜能,通过劳动创造更加美好的生活。必须大力弘扬劳模精神,发挥劳模作用。榜样的力量是无穷的。劳动模范是民族的精英、人民的楷模。长期以来,广大劳模以平凡的劳动创造了不平凡的业绩,铸就了"爱岗敬业、争创一流,艰苦奋斗、勇于创新,淡泊名利、甘于奉献"的劳模精神,丰富了民族精神和时代精神的内涵,是我们极为宝贵的精神财富。

▶ 案例八　妙术仁心,杏林漫山

核心提示

在19世纪与20世纪新旧交替的时代里,无论是中国的政治、经济,还是社会、文化,都迎来了前所未有、风云激荡的局面。不同学科都迎来了其知识转型的挑战或契机。而医学,这一门济世救人的特殊学问,恰好处在"西风东渐"大潮的风口浪尖上。或许,知识分子们都习惯性地将"弱国"和"弱民"联想在一起。积贫积弱的"老大帝国",也如同面黄肌瘦的"东亚病夫"形象一样跃然纸上。这些在时代浪潮洗刷下成长的新一代,如革命先行者孙文,如文学旗手鲁迅,都曾不约而同地在医学中探寻救国救民的良方。尽管由于时代浪潮的激荡,革命者与文学家先后放下了手中的手术刀,怀抱同样热诚的一颗医者心,走上疗救国民心术的道路。然而更多立志从医的学子,却终其一生在西洋医学中扎下了根,梁伯强就是其中的一位。梁伯强,一个平平无奇的名字。他的科研工作,恐怕比他的名字还要单调而平凡。专业以外的读者,对梁伯强的名誉和成就,恐怕更是陌生了。然而,那些曾与他同时代共事或受教于其门下的医者,每每谈到他的名字,都由衷地赞誉和感激。他的一生,都献给了尚处草创阶段的病理学:他确立了严谨的尸体解剖制度,建成完备的病理学教研机构,对当时尚不清楚致病机理的肝硬化、鼻咽癌等病症提出了准确

第二章 坚定理想信念

的论断……而其影响更为深远的，乃是从 20 世纪 50 年代开始，为我国各医学院校和研究所培养了数百名病理学人才。直到"文化大革命"前夕，全国病理学研究机构有将近一半的骨干和学术带头人，都是他的学生。将医家称作"杏林中人"，乃是源于三国名医董奉定下的一则奇怪的规章：为人治病，不取钱物，病愈者栽杏一株或五株，再将种杏所得，易谷济贫。十年之后，十万杏树，郁然成林。尽管梁伯强从事的工作，可以算得上医疗事业的"幕后工作"，然而，他所亲手培养的学生，早已成了今天中国病理学的前辈。而他学生的学生，仍在继续推动我国医疗事业步步前行。梁伯强的贡献，堪称杏林佳话的"故事新编"。

学人小传

梁伯强（1899—1968），医学教育家、病理学家，我国病理学奠基人之一，广东梅县人。1922 年毕业于上海同济医工专门学校，随后赴德国留学，1924 年获慕尼黑医科大学博士学位，回国后曾担任同济大学副教授，1932 年在广州任国立中山大学医学院教授和病理研究所所长。新中国成立后，梁伯强先后担任过华南医学院、中山医学院教授及副院长、原卫生部科学委员会常委等职，与谢志光、陈心陶、陈耀真、秦光煜、林树模、周寿恺、钟世藩等同评为国家一级教授，被誉为中山医学院的"八大金刚"。1955 年，梁伯强被选聘为中国科学院学部委员，当选第一至第三届全国人民代表大会代表。1968 年 11 月病逝于广州。梁伯强毕生从事医学教育和病理学研究，治学严谨，学术造诣极深，培养了大批优秀的病理学人才。他对鼻咽癌开拓性的研究，蜚声国际，为发展我国病理学做出了重大贡献。中国《自然科学年鉴》曾特别表彰梁伯强在病理学研究上的业绩，而《德国医师杂志》则载文称他为"非常出色的中国病理学家"，苏联也将他的名字作为现代著名病理学家载入《苏联大百科全书》。

20 世纪初，先进的西洋医术随着坚船利炮，送抵积贫积弱的中国。科学的治疗手段，随着传教士四处开设的医局和学堂，燃亮了神州大地，也照见出传统医术中愚昧落后的诟病。通过先进的西洋医术增强国民体质，成为不少有识之士的洞见。"病理解剖对于医者，譬如一盏光耀的灯，在黑暗的中国医道上，光照他们，引着他们走上路。"梁伯强的感言，道出了那个年代中国医者的心声。而这一点期盼，也成了将梁伯强引上从医之路的指路明灯。1912 年，梁伯强入读梅县巴色教会中学。梁伯强勤勉好学，每天坚持早起背诵德语词典。他仅仅用了 4 年时间，便修完了中学的全部课程，并以全年级第一名的成绩毕业。考进上海同济医工专门学校的梁伯强，师从著名病理学教授 F. 欧本

海姆,并在他的指导下学习尸体解剖。毕业后,梁伯强留在医学院里担任助教。而在这所为德国同行垄断的医学院里,梁伯强显然是一个另类。他不迷信权威,敢于独立思考,常常因学术观点的分歧,与德国教授争论。因教学水平优异,梁伯强为校方推荐,赴德国慕尼黑大学研修病理学。最终,梁伯强凭借《中国人的血型和地理关系的研究》一文,以最优等的成绩获得了医学博士学位。

1949年年初,梁伯强正于美国约翰·霍普金斯大学考察。由于国内时局动荡不明,不少亲友都劝他留在当地工作。然而,梁伯强婉拒了这一请求,他毅然表示:"发展祖国医学事业,是我终身为之奋斗的目标。"新中国成立前夕,梁伯强终于回到了广州,并以其将近20年的下半生,践行了自己的诺言。20世纪50年代的中国,各行各业都处于百废待兴的局面。在全国高校院系调整中,中山大学医学院、岭南大学医学院和光华医学院合并为华南医学院(1957年更名为中山医学院)。梁伯强出任病理学教授、病理学教研室主任、第一副院长等职,全面主管全院的科学研究工作。梁伯强十分重视实地开展调研。他常常告诫学生"尽信书不如无书"。他认为,科学研究本身就是探索前人所未能认识的事物,因此,虽要重视前人的经验,却不能囿于前人的条框。"科学态度就是'实事求是'。没有实事求是的态度,所谓的'创造',便成为无源之水、无本之木了。"

1962年,梁伯强在莫斯科第八届国际肿瘤大会上,首先提出了鼻咽癌的组织学分类,并阐明了"肿瘤间质反应"的新概念。他所提出的肝癌发生机理,也与当时国际的主流观点相抵牾。不少西方学者曾一度认为,中国的肝硬化多发是由于营养缺乏。梁伯强根据自己的长期研究,提出病毒性肝炎是肝硬化的致病因素之一。这一科学见解,直到20世纪80年代才为病毒学、免疫学和超微结构的大量研究资料所证实。1968年11月28日,由于心脏病复发得不到及时救治,梁伯强在广州与世长辞,终年69岁。他的学生竟只能从当时处于交恶中的苏联的广播里得悉他的死讯:"彗星陨落,举世同悲。"直到1974年,世界卫生组织还试图邀约梁伯强参与上呼吸道肿瘤组织学分型图谱的复审工作,可惜当时他早已不在人世,这也成了学术界永远的遗憾。

案例出处

杨逸《梁伯强 妙术仁心 杏林漫山》,见《南方日报》2013年4月10日(http://epaper.southcn.com/nfdaily/html/2013-04/10/content_7180290.htm),有删改。

案例解析

第一,崇高的理想信念对个人人生选择的重要性。梁伯强在德国获慕尼黑医科大学博士学位后,毅然回国工作。1949年年初,梁伯强在美国约翰·霍普金斯大学考察。由于当时国内时局动荡不明,不少亲友都劝他留在当地工作。然而,梁伯强婉拒了这一请求,他毅然表示:"发展祖国医学事业,是我终身为之奋斗的目标。"新中国成立前夕,梁伯强终于回到了广州,并以其将近20年的下半生,践行了自己的诺言。在这一次次的重大人生选择中,梁伯强用行动和选择彰显了自己的理想信念。这也对当代大学生,特别是医学生选择自己的人生信仰具有重要启示意义。

第二,马克思主义信仰是当代大学生的科学信仰追求。马克思主义体现了科学性和革命性的统一。马克思主义深刻揭示了自然界、人类社会、人类思维发展的普遍规律,为人类社会发展进步指明了方向;马克思主义坚持实现人民解放、维护人民利益的立场,以实现人的自由而全面的发展和全人类解放为己任,反映了人类对理想社会的美好憧憬;马克思主义揭示了事物的本质、内在联系及发展规律,是"伟大的认识工具",是人们观察世界、分析问题的有力思想武器。时代在变化,社会在发展,但马克思主义基本原理依然是科学真理。尽管我们所处的时代同马克思所处的时代相比发生了巨大而深刻的变化,但从世界社会主义500年的大视野来看,我们依然处在马克思主义所指明的历史时代。这是我们对马克思主义保持坚定信心、对社会主义保持必胜信念的科学根据。

马克思主义具有持久生命力。马克思主义具有与时俱进的理论品格和持久生命力。马克思主义诞生于19世纪中叶,但并没有停留在19世纪。作为一个开放的理论体系,马克思主义不但不排斥,反而最能够吸收、提炼人类创造的一切科学知识和文明成果,并将其运用于推动社会历史的进步。坚定马克思主义科学信仰,必须建立在对马克思主义的深刻理解上,建立在对历史规律的深刻把握上。马克思主义作为我们立党立国的根本指导思想,是近代以来中国历史发展的必然结果,是中国人民长期探索的历史选择,也是由马克思主义严密的科学体系、鲜明的阶级立场和巨大的实践指导作用决定的。大学生只有确立马克思主义的科学信仰,才能真正确立崇高的理想信念,在错综复杂的社会现象中看清本质、明确方向,为服务人民、奉献社会做出更大的贡献。

作为新时代的医学生,要坚定对马克思主义的信仰,就要发自内心真信、真学、真用马克思主义,原原本本精读马克思主义经典著作,自觉运用马克思主义的立场、观点和方法看待问题和观察社会;自觉抵制当代各种社会思潮的

侵蚀，积极鉴别、主动远离各种有害思想。

第三，科学的理想能够给人以强大的精神信仰支撑。马克思主义是科学的信仰。梁伯强的身上也体现了马克思主义信仰的精神力量。170多年来，正是在马克思主义的指导下，社会主义由空想变成科学，由科学理论转变为社会实践。社会主义国家的出现和社会主义制度的建立，深刻改变着人类历史的走向。虽然东欧剧变和苏联解体使世界社会主义运动遭受了严重挫折，但是历史发展的总趋势并没有改变。特别是中国特色社会主义的成功实践，无可辩驳地证明了马克思主义是认识世界和改造世界的强大思想武器，社会主义具有光明的未来。实践证明，马克思主义只要与本国国情相结合、与时代发展同进步、与人民群众共命运，就能焕发出强大的生命力、创造力和感召力。邓小平指出："我坚信，世界上赞成马克思主义的人会多起来的，因为马克思主义是科学。它运用历史唯物主义揭示了人类社会发展的规律。"无论时代如何变迁、科学如何进步，马克思主义依然占据着真理和道义的制高点，仍然具有强大持久的生命活力。

第四，理想信念需要落地生根，只有在实践中理想才能变为现实。正如案例所描述的那样，梁伯强十分重视实地开展调研。他认为，科学研究本身就是探索前人所未能认识的事物，因此虽要重视前人的经验，却不能囿于前人的条框。"科学态度就是'实事求是'。没有实事求是的态度，所谓的'创造'，便成为无源之水、无本之木了"，并告诫学生"尽信书不如无书"。这正是将理想信念融入社会实践，融入日常工作的具体表现，也是坚定科学信仰应有的人生态度。

案例启思

（1）选择科学信仰的标准是什么？
（2）大学生为什么要选择马克思主义信仰？

教学建议

第一，结合教材第二章的相关内容，引导学生理解当代大学生"为什么要信仰马克思主义"，引导学生把握坚定马克思主义信仰的途径和方法，指明坚定当代大学生马克思主义信仰最重要的是学习和掌握马克思主义的立场、观点、方法，树立正确的世界观和历史观，准确把握时代发展潮流，以科学的理想信念指引人生前进的道路和方向。

第二，结合现实生活中学生的思想困惑，引导学生从中国特色社会主义伟大实践历程中理解坚定中国特色社会主义共同理想的历史意义。教师要向学生

第二章 坚定理想信念

阐明中国特色社会主义共同理想把国家、民族与个人紧紧地联系在一起,把各个阶层、各个群体的共同愿望有机结合在一起,集中代表了我国工人、农民、知识分子和其他劳动者、建设者、爱国者的利益和愿望,有着广泛的社会共识,具有令人信服的必然性、广泛性和包容性。大学生要牢固树立在中国共产党领导下走中国特色社会主义道路、为实现中华民族伟大复兴而奋斗的共同理想和坚定信念。

教师要向学生阐明中国特色社会主义是科学社会主义,不是别的什么主义。历史和现实都告诉我们,只有社会主义才能救中国,只有中国特色社会主义才能发展中国。中国特色社会主义是改革开放以来党的全部理论和实践的主题,是党和人民历尽千辛万苦、付出巨大代价取得的根本成就。中国特色社会主义,既坚持了科学社会主义基本原则,又根据时代条件赋予其鲜明的中国特色,以全新的视野深化了对共产党执政规律、社会主义建设规律、人类社会发展规律的认识,使我们国家快速发展起来,使我国人民生活水平快速提高起来。新时代坚持和发展中国特色社会主义,总任务是实现社会主义现代化和中华民族伟大复兴,在全面建成小康社会的基础上,分两步走,在 21 世纪中叶建成富强民主文明和谐美丽的社会主义现代化强国。在当代中国,坚持中国特色社会主义,就是真正坚持科学社会主义。

第三,结合深入学习习近平新时代中国特色社会主义思想的要求,引导学生从改革开放的发展历程和伟大成就中理解坚定中国特色社会主义共同理想的现实意义。改革开放 40 年以来我们取得一切成绩和进步的根本原因,归结起来就是开辟了中国特色社会主义道路,形成了中国特色社会主义理论体系,确立了中国特色社会主义制度,发展了中国特色社会主义文化。中国特色社会主义道路是实现社会主义现代化、指引中国人民创造自己美好生活的必由之路。中国特色社会主义理论体系是指导党和人民沿着中国特色社会主义道路实现中华民族伟大复兴的正确理论,是立于时代前沿、与时俱进的科学理论。中国特色社会主义制度是当代中国发展进步的根本制度保障,是具有鲜明中国特色、明显制度优势、强大自我完善能力的先进制度。中国特色社会主义文化源自中华民族 5000 多年文明历史所孕育的中华优秀传统文化,熔铸于党领导人民在革命、建设、改革中创造的革命文化和社会主义先进文化,植根于中国特色社会主义伟大实践,是中国人民胜利前行的强大精神力量。中国特色社会主义,既是我们必须不断推进的伟大事业,又是我们开辟未来的根本保证。

从宏大的历史视域引导学生把握坚定中国特色社会主义共同理想和坚定共产主义远大理想之间的关系。向学生阐明,中国共产党自诞生之日起,就把为中国人民谋幸福、为中华民族谋复兴作为自己的初心和使命,并团结带领全国

各族人民不懈奋斗，战胜各种艰难险阻，不断取得革命、建设、改革的伟大胜利。中国共产党领导中国人民取得的伟大胜利，使具有5000多年文明历史的中华民族全面迈向现代化，让中华文明在现代化进程中焕发出新的蓬勃生机；使具有500年历史的社会主义理想在世界上人口最多的国家成功开辟出具有高度现实性和可行性的正确道路，让科学社会主义在21世纪焕发出新的蓬勃生机；使具有60多年历史的新中国建设取得举世瞩目的成就，中国这个世界上最大的发展中国家在短短30多年里摆脱贫困并跃升为世界第二大经济体，创造了人类社会发展史上惊天动地的发展奇迹，使中华民族焕发出新的蓬勃生机。党政军民学，东西南北中，党是领导一切的。当今中国，只有中国共产党才能领导中国人民坚持和发展中国特色社会主义，才能担当起带领中国人民创造幸福生活、实现中华民族伟大复兴的历史使命。

案例九　胆道之父，医学高峰

案例

弥留之际，黄志强请求放弃治疗，以节省医疗资源，并留下遗嘱：不设灵堂，不挂挽联，不摆花圈，不举行告别仪式，遗体用作解剖，骨灰撒入大海。

黄志强是我国肝胆外科奠基人之一，也是中国工程院院士、解放军总医院专家组原组长。2015年4月24日9时，这位中国"胆道外科之父"因病去世，永远离开了他钟爱的肝胆外科事业，离开了他牵挂的万千患者。

"你将来一定可以成为优秀的外科医生"

黄志强生于1922年，那时内战连绵、外侵不断。高中毕业时，受当医生的父亲的影响，立志救国的黄志强报考了医学院校。

黄志强真正对外科产生兴趣，是在上大学三年级的时候。有一次上生理实验课，大家拿着手术刀轮流做一些模拟实验。主讲这门课的林丛敏教授医术高超，他鼓励大家："谁做得最好，谁就可以成为一名优秀的外科医生。"

轮到黄志强，他做气管切开术插管时刀法娴熟、技艺精湛，整个实验一气呵成，大大出乎林丛敏教授的预料。林丛敏教授兴奋地拉住黄志强说："你的

第二章　坚定理想信念

实验做得不错,将来一定可以成为一个优秀的外科医生。"

老师的鼓励坚定了黄志强一生的追求。当时,日军大举南下。在湖南衡阳医院实习的黄志强辗转贵州,被分派到遵义县医院工作一年。一次偶然的机会,黄志强得到带教老师虞颂庭的推荐,投奔到当时主持重庆中央医院外科的吴英恺教授门下当住院医生。在吴英恺教授的启发下,他开始了为之奋斗数十年的胆道外科事业。

儿时的黄志强最大的愿望是当英雄豪杰,他后来成了医生,拯救了无数生命,一样是英雄之举。

在数十年的职业生涯中,黄志强先后荣获全国科学大会著作奖 1 项,国家科技进步一等奖、二等奖各 1 项,军队科技进步二、三等奖 12 项,荣立二等功两次、三等功两次。2007 年,中央军委给黄志强记一等功。

他不甘心当一个只会开刀的平庸医生

黄志强不相信世上有天才,他认为,所谓的"天才"就是比别人更勤奋。大学期间,黄志强的每一门课成绩都名列前茅。50 年后,我国当代烧伤科泰斗黎鳌教授回忆往事时,对黄志强这个学生印象深刻:"黄志强读书勤奋,不但功课好,身体素质也好,很受教员喜欢。"

黄志强更善于探索。他不甘心当一个只会开刀的平庸医生,而想做一个在医学上有所创造的开拓者。当时,中国在肝胆方面没有专门的研究,黄志强决定冲击这个盲点。

在繁重的医疗工作之余,他给自己制订了详尽的研究计划。往往是别人都下班回家了,他还在办公室里埋头研究病历、思考问题。

"一切科研的可贵之处在于第一步。后来的人跟着走,当然容易,但迈出第一步很难。"黄志强后来总结说。

辛勤的付出终于结出了果实。20 世纪 50 年代末,黄志强先后在国内外发表了 11 篇论文。在 1973 年巴塞罗那第 23 届国际外科学术会议上,黄志强首先全面系统论述了肝胆管结石病,并首先提出原发性肝胆管结石可呈肝内局限性分布,以及高位肝胆管狭窄是原发性肝胆管结石的主要病因这两个著名论断。

临床上,黄志强从肝门部胆管癌入手。20 世纪七八十年代,肝门部胆管癌在国内的手术切除率不足 10%,黄志强调到解放军总医院后首先开展了难度很大的肝门部胆管癌扩大根治术。当时已经 66 岁的黄志强经常奋战在手术台上,随后我国肝门部胆管癌的手术切除率提高到 64%,5 年生存率达到 15.3%,居国内外先进水平。

有人称赞他是"天才",但黄志强很清醒,他用一句话来概括自己的感受:"山虽高,没有爬不上的;路虽远,没有走不到的……努力和勤奋是最重要的。"

"医学领域里应该有中国人自己的东西"

2000年,78岁的黄志强凭借"肝胆管结石及其并发症的外科治疗与实验研究"荣获国家科技进步一等奖。

2012年,国外又传来好消息,90岁的黄志强院士被授予英国爱丁堡皇家外科学院荣誉院士称号。这是授予在国际上为外科学发展做出重要贡献的专家的最高荣誉。

黄志强还有一个更响亮的称号——中国"胆道外科之父"。

20世纪50年代初,在重庆行医的黄志强发现,临床工作中遇到的很多疾病都没有资料可以查询。受历史、地域、饮食、环境、人种等影响,我国的疾病谱与西方国家的疾病谱存在诸多差异,当时我们的外科教材几乎无一例外来自国外。

"医学科学领域里,也应该有我们中国自己的东西!"黄志强心中萌生了这样的念头。

当时,影像诊断技术远没有今天发达,肝门部胆管结石病在诊断上较为困难,临床病例多是晚期或再次手术者。为了弄清病因,黄志强经常连续几天几夜守在病床旁。这样的付出让黄志强积累了大量宝贵的临床经验,为他寻找治疗肝内胆管结石病的方法夯实了基础。

1957年,他首创应用肝部分切除术治疗胆管结石病。接受手术的战士肝内有结石,过去做过手术,但还是老犯病。黄志强反复研究了病人的病情,他分析:"胆石就在肝内的某一个部分,如果把这部分肝切掉,是不是就可以解决问题呢?"

这是一个大胆的想法。肝脏内部因为布满了密密麻麻的血管,稍有不慎就会引发大出血,因此一直被视为手术禁区,但黄志强认准了自己的判断。手术很成功,结果和他预想的一样。这一术式国内外沿用至今。

1962年,黄志强创建了我国第一个集医疗、教学、科研于一体的肝胆外科专科,由他提出的关于肝门部胆道外科的一系列独创性的诊疗技术与原则,已成为有关肝胆外科疾病诊断、治疗的指南和规范。

黄志强还多次代表我国出席世界外科学术大会并在大会做重要学术报告,在国际上奠定了我国肝胆外科学的学术地位。也正因为这些卓越建树,他被同行誉为我国"胆道外科之父"。

解放军总医院院长任国荃说:"黄志强院士一生致力于肝胆外科疾病的系统研究和实践,开创了领先世界的医学成就,挽救了无数垂危的生命,他用一生的德和行托起了医术与医德这两座高峰。"

案例出处

王继荣、罗国金、张奎《用一生德行托起医学高峰——追记中国工程院院士、解放军总医院专家组原组长黄志强(上)》,见《中国青年报》2015年7月29日(http://zqb.cyol.comhtml2015-07/29/nw.D110000zgqnb_20150729_2-01.htm),有删改。

案例解析

第一,道德信仰在人生中具有重要的作用和力量。道德信仰是一种古老的信仰。在没有阶级和政治以前,道德就调节着社会生活,作为一种内在的信仰和外在的规范起着作用。在历史发展的长河中,道德信仰也随社会而不断发展变化,但它一直存在着并起着重要的作用。道德,就其存在的形式和发挥作用的方式来说,天生就是一种信仰的活动或信仰的事情。道德的存在是一种信念的存在,调节人与人之间关系的规范如果仅仅是外在的东西,它就不能算作道德。而只有为人们的内心所接受,内化为人的信念,才真正成为道德。道德发挥作用,也是靠内在的道德信念,而主要不是靠外在的约束。人的道德实践活动就是在其道德信念的支配下做出来的。道德信仰有一个重要的特点,就是它靠自觉,不诉诸强制。"黄志强院士一生致力于肝胆外科疾病的系统研究和实践,开创了领先世界的医学成就,挽救了无数垂危的生命,他用一生的德和行托起了医术与医德这两座高峰。"这正是其道德信仰在实践中的生动体现。

第二,理想信念在人生目标的确立和选择中具有重要性。"成为优秀的外科医生""不甘心当一个只会开刀的平庸医生"成为黄志强的理想。黄志强善于探索,不甘心当一个只会开刀的平庸医生,而想做一个在医学上有所创造的开拓者。正是这个理想目标的指引,促使着黄志强克服各种困难,创建了我国第一个集医疗、教学、科研于一体的肝胆外科专科,由他提出的关于肝门部胆管外科的一系列独创性的诊疗技术与原则,已成为有关肝胆外科疾病诊断、治疗的指南和规范。当代医学生在人生目标的确立、生活态度的形成、知识才能的丰富、发展方向的设定、工作岗位的选择,以及如何择友、如何面对挫折、如何克服困难等问题的解决,都需要一个总的原则和目标,都离不开理想信念的指引和激励。大学生应当重视理想信念的选择和确立,努力树立科学崇高的理想信念,使人生道路越走越宽广,使宝贵的人生富有价值。

第三,实现理想信念中应当具有家国情怀和使命担当。黄志强在重庆行医时发现,临床工作中遇到的很多疾病都没有资料可以查询。受历史、地域、饮食、环境、人种等影响,我国的疾病谱与西方国家的疾病谱存在诸多差异,当时我们的外科教材几乎无一例外来自国外。黄志强因此萌发了这样的想法:"医学科学领域里,也应该有我们中国自己的东西!"正是这种将个人职业理想与国家发展紧密相连的使命感,使黄志强在1962年创建了我国第一个集医疗、教学、科研于一体的肝胆外科专科,并在国际上奠定了我国肝胆外科学的学术地位。

案例启思

(1) 如何理解理想信念在实现个人价值中的作用?
(2) 如何理解高尚的道德品格与实现理想目标的关系?

教学建议

第一,结合教材第二章的相关内容,引导学生理解在实现中华民族伟大复兴进程中作为医学生肩负的责任;阐明理想信念在医学生成长成才中的重要意义。

第二,结合现实生活中学生的思想困惑,引导学生理解社会担当与实现个人职业理想的一致性。当代大学生应当具有"时不我待""舍我其谁"的紧迫感和责任感,自觉继承、大力弘扬"重道义、勇担当"的优秀传统,读万卷书,行万里路,多学点历史,多了解点国情,开阔视野,增长见识,锤炼本领,早日成才。以国家民族为重、以人民利益为重,充分发挥自身专业领域的优势特长,积极投身创新发展实践当中。家是最小国,国是千万家。有过瓜分豆剖、国破家亡的悲惨遭遇,才更能理解家国一体、命运与共的深刻道理。回首近代以来中华民族走过的风雨历程,感悟从站起来、富起来到强起来的伟大飞跃,感受中国人民从任人欺侮到自立自强的命运转折,我们深深懂得:没有国家的繁荣发展,就没有家庭的幸福美满。同样,没有千千万万家庭幸福美满,就没有国家繁荣发展。

第三,结合深入学习习近平新时代中国特色社会主义思想的要求,引导学生理解实现理想与积极进取之间的关系。2016年,习近平在知识分子、劳动模范、青年代表座谈会上的讲话中提出,实现中华民族伟大复兴是十分伟大而又十分艰巨的事业,需要全体中华儿女众志成城、万众一心,把一切力量都凝聚起来,把一切积极因素都调动起来。爱岗敬业、勤奋工作,锐意进取、勇于创造,不断谱写新时代的劳动者之歌;广大青年要充分展现自己的抱负和激

第二章　坚定理想信念

情，胸怀理想，锤炼品格，脚踏实地，艰苦奋斗，不断书写奉献青春的时代篇章。勤于学习，善于实践，踏实劳动，勤勉劳动，在工作上兢兢业业、精益求精，努力在平凡岗位上干出不平凡的业绩。要在全社会大力弘扬劳动精神，提倡通过诚实劳动来实现人生的梦想，改变自己的命运，反对一切不劳而获、投机取巧、贪图享乐的思想。当代大学生要坚持国家至上、民族至上、人民至上的信念，始终胸怀大局，心有大我；坚守正道，追求真理，立足我国国情，放眼观察世界，不妄自菲薄，不人云亦云；实事求是，客观公允，重实情，看本质，建真言，多为推进党和人民的事业献计出力。

第三章　弘扬中国精神

▶ 案例一　肠道将军，绝技惠民

 案例

因为诊疗技术精湛，周殿元长期负责国家领导人的保健工作，曾多次奉命赴京为数十位中央及高级首长做检查、治疗。因为人体肠道就像一个弯弯曲曲的地道，也有人把周殿元教授亲切地称为"地道战将军"。

2013年教师节前夕，周殿元的学生们在南方医科大学南方医院为他设立了一座周殿元教授纪念馆暨内镜博物馆。作为中国消化内镜的先驱之一，周殿元的人生高峰从49岁才开始。他49岁设立消化内科，60岁研发"三九胃泰"，62岁招收博士研究生，桃李满天下。

事业49岁起步，离世前依然看诊

现在网上流传一句话："出名要趁早。"但周殿元教授一生的顶峰却从49岁开始。周殿元教授1951年参加工作，在工作中他不断学习。但由于当时医院在齐齐哈尔，条件艰苦，并未单独分出消化内科。"文化大革命"期间，周殿元教授受到冲击，恢复工作以后他特别向领导请了两个星期的假，跑到北京市图书馆泡了两个星期记了满满几个笔记本，及时更新了最新的医学资料。

1974年，已经49岁的周殿元来到广州筹建南方医院消化内科，走上了消化内镜应用治疗之路，从此一发不可收拾。1987年62岁高龄开始招收博士研究生，他一生中共培养了50多名博士研究生。

周殿元就是凭着这样一股永不言弃的精神一直坚持在一线工作。2004年，

第三章 弘扬中国精神

南方医院随第一军医大学整体移交广东省，当时79岁高龄的周殿元教授动情地对记者说："我将在9月1日离休，到时我是部队的离休干部，同时又被聘为南方医院的医生，工作并没有间断。在以地方工作者的身份工作时，我仍然会保持军队一贯的优良传统，身体力行，救死扶伤，一直到我不能做为止。"说完，满头白发的周教授又像往常一样，急匆匆查房去了。

在周殿元的弟子、现任南方医科大学南方医院消化病研究所所长、消化科主任姜泊教授看来，周殿元是一个名副其实的"工作狂"，经常熬夜工作到凌晨两三点，忙时更是通宵达旦。老伴劝他休息无果，干脆在他办公桌上设一个闹钟提醒。几十年的工作习惯一直延续至今，在去世前的几天，他还熬夜查资料至清晨6点。

发明"三九胃泰"，一代名师桃李满园

周殿元教授还是著名胃药"三九胃泰"的主要研制者。刚到广州时，他闲暇时经常上山采药，还自修针灸和中医。一天，在住所后山，周老第一次见到草药九里香，捏起一小片叶子放在舌头上，顿时就有一种酥麻的感觉，他当时就断定这味药材有麻醉作用。之后，周老又找到了三桠苦草药。当时，周老身边很多人胃部不舒服，又没有很好的药物可以治疗这种疾病，周老便想到是否可以把九里香和三桠苦一起煎药治疗胃痛，一试，还真的见效。周老便把这种中草药叫作香桠合剂。随后，香桠合剂发展成了六七味药材的中草药，后来就起名叫三九煎剂。1985年，"三九胃泰"投入市场并迅速获得成功，至今仍广受欢迎。

"明德惟馨，高风亮节励后人；
大医精诚，丰功伟绩垂青史"

周教授培养了近80名研究生，学生遍及全国各地的医疗前线，一些学生在国外也开始崭露头角，真正将消化学科发扬光大。他用自己的辛劳创立了南方地区唯一的全军消化疾病研究所和消化系病全国重点学科，学生姜泊、张亚历、肖冰、刘思德等教授目前都是国内著名的消化专家。当桃李满天下，学生个个都成为医学界精英时，从来不知疲倦的周老却突然地走了。

周殿元教授是南方医科大学南方医院专家组成员、部队专业技术特级教授，博士生导师，享受国务院特殊津贴。是我国著名消化系病、消化系肿瘤及消化内窥镜专家，国内开展胃肠镜的先驱者之一，也是国内纤维结肠镜插镜技术及治疗技术的开拓者。

纪念馆见证胃肠镜发展史

走进周殿元教授纪念馆,最吸引人的莫过于那一组壁柜,上面整齐地摆放着周殿元教授使用过的宝贝,包括半可曲软式胃镜、结肠镜、胆道镜、十二指肠镜、电视胃镜等。这里陈列的内镜检查仪器,在全国来讲属于最齐全的,其出厂日期介于1955年至1980年期间,可谓中国内镜历史的一个缩影。

20世纪50年代初期,纤维内镜技术作为消化学科的一种划时代创举在西方发达国家兴起。然而,这项被称为"医学奇迹"的技术,由于其插镜技术难度非常大,直至70年代初,发达国家送达回盲部的成功率仅80%左右,我国对此技术更只能"望洋兴叹"。

1957年,正在北京协和医学院进修的周殿元,在旧书店里买到一本日文的《胃镜诊断学》,回院后不久便在国内率先开展了纤维结肠镜的攻关。

人的大肠像一座迷宫,纤维结肠镜要顺利穿过迷宫到达回盲部,才能准确诊断疾病。周殿元像一个正在穿越雷区的工兵,紧张而又小心地探索着。寻找插镜的最佳途径,绘制了数百例成功和失败的图形,终于找出规律,并系统总结出"四项插镜基本原则"和"八项基本技能"。1978年,纤维结肠镜送达回盲部成功率达98%,达到国际先进水平。

为了让肠胃病患者都能享受这种良好的新技术,周殿元将1000册饱含心血的《纤维结肠镜检查法》单行本从广州免费寄往全国各地医院,南方医院内镜培训班办了一期又一期,1000多名学员遍及全国各地的568家医院。到70年代末,结肠镜技术已成为我国广泛使用的消化病诊疗技术。此后,周殿元又率先在国内介绍了纤维结肠镜下高频电凝切除大肠息肉的经验,他采用的长蒂大息肉的紧密切除法和内窥镜下钳取胆道蛔虫术,都早于国内外报道。

把病人的利益放在首位

周殿元始终把病人的利益视为医者最根本的利益。

美国某型电子内镜是世界上最先研制成功的电子胃肠镜,1984年,公司代理商找到周殿元:产品要打入中国市场,希望由他来试用推广。5万美元一台的电子胃肠镜,对于经费紧缺的周殿元来说,好比雪中送炭。然而一试用,他却发现这种镜子质量有问题。周殿元要求这种镜子在改进前不要在中国卖,对方却提出把它免费送给他。周殿元明白,只要自己收下这个镜子,就等于在中国为这种劣质洋货签发了"通行证",他坚决拒绝了对方的"好意"。

一种治疗胃病的新药上市后,经销公司找到周殿元,希望借他的声望办一个学习班。周殿元发现此药疗效不错,但价格昂贵,广泛推广不适合中国的医

疗消费国情，于是拒绝出面做宣传。为此，有人说周殿元不是现代脑子，不会变通。周殿元理直气壮地反驳道："我对现代非常了解和理解，现代人很多思想观念要转变，但公与私的界限没有变，为人民服务的宗旨不能变。"此后，凡是医药公司来推销新药，只要是病人认同的，不给一分钱他也热诚宣传；疗效不好或价格昂贵的，给再多的好处也休想得到他一句好话。

为民育英才不悔青丝白

2013年7月7日早晨6点钟，在美国攻读博士后的王继德刚从广州白云机场走下飞机，就从迎接他的人群中一眼认出了满头白发的导师周殿元教授。他顿时眼眶一热，还没等他开口，周殿元已经快步走到他跟前，紧紧握住王继德的手深情地说："我们大家都欢迎你回来啊！"原来，周殿元担心王继德同机携带的价值5万多元的实验试剂不好过关，同一位院领导早晨5点多钟就赶到机场，和有关部门协商，终于使这批试剂安全顺利运回医院。

周殿元正是这样毕生致力于祖国医学人才的培养。他要求学生把老百姓放在自己的心坎上。他有两位获得博士学位的学生先后到西藏和青藏高原代职工作。第一位是当时的消化科副教授杨希山。这位在回肠黏膜研究方面卓有建树的青年学者，在周殿元的支持和鼓励下，1995年成为我军第一位志愿到西藏工作的博士。在西藏工作的一年中，他把导师的内镜技术传遍雪域高原，为无数藏民解除病痛。第二位是现在的消化科副教授姜泊博士，在艰苦的青藏线上，他把自己所学全部应用到服务边防军民之中，并想办法为边疆人民引进厂家赠送的价值50多万元的先进设备。谈到自己的成长进步，现在已是南方医院院长的杨希山教授深情地说："我虽然也是农民的儿子，但如果没有周教授的言传身教，就不可能有我的今天。在对待病人的感情上，导师给了我深刻的影响。"

周殿元影响的是一代人，是一个学科。在他培养的近80名研究生中，先后有16人次在国家、军队和广东省获得科技成果奖，21人次获"做出突出贡献的博士学位获得者""百名医学科技之星"等称号。在他带领下，年轻人个个有课题，中青年骨干人人有成果，教授们全部有专著。1998年，周殿元带领学生完成的"幽门螺杆菌与海尔曼螺杆菌感染的流行病学、致病性及诊治研究"，获得国家科技进步二等奖。

案例出处

王鹤《中国消化内镜先驱之一周殿元："肠道将军"49岁起步》，见大洋网2013年9月4日（http://news.ifeng.com/gundong/detail_2013_09/04/29304451_0.shtml），有删改。

案例解析

从周殿元教授的案例中,我们可以看到,"人无精神则不立,国无精神则不强。"精神是一个民族赖以长久生存的灵魂,唯有精神上达到一定的高度,这个民族才能在历史的洪流中屹立不倒、奋勇向前。中华民族能够在5000多年的历史长河中生生不息、薪火相传,很重要的一个原因,就是拥有孕育于中华民族悠久、辉煌的历史文化之中的伟大的中国精神。中国精神作为兴国、强国之魂,是实现中华民族伟大复兴不可或缺的精神支撑和精神动力。

古圣先贤认为,人之所以异于禽兽,在于人有道德,有精神追求。物质生活固然为人所必需,但如果只沉溺于物欲而不能自拔,则无异于禽兽。古人认为"不义而富且贵,于我如浮云",强调"道德当身,故不以物惑",崇尚"一箪食,一瓢饮,在陋巷,人不堪其忧,回也不改其乐"的精神追求。基于对精神生活重要性的认识,中国古人在义利观上主张见利思义、以义制利、先义后利,在理欲观上主张导欲、节欲,强调用道德理性和精神品格对欲望进行引导和控制,时刻对私欲、贪欲保持警惕。重视并崇尚精神生活,是中国古代思想家们的主流观点。

案例启思

(1)周殿元教授身上体现了怎样的中国精神?
(2)如何理解精神动力对人发展的意义?

教学建议

本案例可用于第三章第一节"中国精神是兴国强国之魂"中的案例教学。中国精神作为兴国之魂、强国之魄,是实现中华民族伟大复兴不可或缺的精神支撑和动力源泉。中华民族历来就有崇尚精神的优秀传统,它贯穿在中华民族不断发展进步的整个过程中,在当今社会对实现中国梦也具有不容忽视的重要价值。不忘初心,方得始终。中国共产党人的初心和使命,就是为中国人民谋幸福,为中华民族谋复兴。这个初心和使命是激励中国共产党人不断前进的根本动力。全党同志一定要永远与人民同呼吸、共命运、心连心,永远把人民对美好生活的向往作为奋斗目标,以永不懈怠的精神状态和一往无前的奋斗姿态,继续朝着实现中华民族伟大复兴的宏伟目标奋勇前进。

中国共产党是中华民族重精神优秀传统的忠实继承者和坚定弘扬者。在革命、建设、改革各个历史时期,中国共产党都强调要处理好物质和精神的关系,重视发挥人的精神的能动作用,中华民族重精神的优秀传统得到进一步发

第三章 弘扬中国精神

扬光大。早在革命战争年代，党就提出"全心全意为人民服务"的根本宗旨，始终强调"人是要有一点精神的"，要做"一个高尚的人，一个纯粹的人，一个有道德的人，一个脱离了低级趣味的人，一个有益于人民的人"。中华人民共和国成立以来特别是改革开放以来，党高度重视精神文明建设，通过加强公民道德建设，开展爱国主义教育、理想信念教育，培育和弘扬民族精神，倡导和践行社会主义核心价值观等，大力提高全体人民的思想追求和精神境界。习近平强调，民族复兴不仅表现为经济腾飞，更要有中国精神的振奋和彰显；只有把物质文明建设和精神文明建设都搞好，增强国家物质力量和精神力量，改善全国各族人民的物质生活和精神生活，中国特色社会主义事业才能顺利向前推进。在实现中华民族伟大复兴的征程中，必须继承中华民族创造的一切精神财富，不断增强团结一心的精神纽带、自强不息的精神动力，提振全民族的精气神，以朝气蓬勃的精神状态迈向中华民族的光明未来。

▶ 案例二 援非抗埃，扬我军魂

案例

灾难猝不及防，救援刻不容缓。

2014年，西非部分国家爆发埃博拉出血热疫情。虽然远隔万水千山，却隔不断携手共同抗击灾难的壮志雄心与大爱深情——中国人民解放军迅速组建医疗救援队，远赴非洲投入战斗。

年轻的"抗埃"勇士，走上舷梯挥挥手深情地告别祖国，带着重托跨越大洋，把中国人民的情谊送到他乡异国，用中国军人的智勇帮助疫情发生国创造新的生活。

自2014年9月起，我军援助塞拉利昂和利比里亚的多批次医疗队，在人类与病魔抗争、与死神对垒的前沿阵地上，以精湛的医术和崇高的职业精神，为当地民众送去了爱的温暖、生的希望，赢得了受援国家政府和人民的赞誉。他们的无畏青春，折射出中国军人的责任与担当，彰显着中国军队和平之师、文明之师的良好形象。

尹怡：利比里亚病例调查员向他竖起大拇指

尹怡，男，1988年4月生，2013年7月毕业于第三军医大学临床医学八年制本硕博连读专业，现为第三军医大学西南医院神经外科讲师、医师。

2014年12月24日，是一个令援利医疗队门诊部医生尹怡十分难忘的日子。这一天，中国援利埃博拉诊疗中心检测出首例埃博拉阳性患者。这是诊疗中心自12月5日开诊以来收治的第一例埃博拉确诊患者。患者是一名23岁年轻女性，由救护车送来时，救护车上的工作人员展示了患者一长串症状列表，具有头痛、乏力、腹泻、呕吐、肌肉关节疼痛等埃博拉病毒的典型症状。可在测量体温时，3次测量结果均为36.2℃，一个非常正常的体温值令尹怡十分奇怪。患者症状这么重，体温应该会偏高。尹怡告诉护工，体温枪再靠近一点，换3个不同部位重复测量。可测量结果仍为36.5℃，怎么回事呢？这时，尹怡发现患者戴着头巾，也许是头巾阻挡了电子体温枪的探头，导致测量值偏低。他请患者摘去头巾再测体温，37.8℃；再重复，还是37.8℃，完全符合发热条件。尹怡果断决定，安排其入院治疗。第二天，这名患者被检测出埃博拉病毒呈阳性。尹怡说，这一小插曲事后令他有些紧张。如果疏忽了这个细节，患者可能无法得到有效救治，也将会成为一个可怕的传染源。当晚下班，尹怡到留观病区查看这位确诊患者。通过监控画面，他看到医护人员在患者病床前有条不紊地进行静脉置管、心电监护等操作。看到尹怡，利比里亚病例调查员向他竖起大拇指。回宿舍后，尹怡给妻子发了封电子邮件述说这段有惊无险的经历。两个月前，尹怡刚领了结婚证。由于参加"抗埃"，两人拍摄婚纱照和举办婚礼的时间一拖再拖，尹怡心里十分愧疚。可妻子非常理解，她在发给尹怡的一封邮件中这样写道："虽然担心你、想念你，但我为有这样一位热血的丈夫感到骄傲，等你凯旋！"

刘冰："中国妈妈"与11个月大的"埃博拉孤儿"

刘冰，女，1976年8月生，第302医院中西医结合肝病诊疗与研究中心一科护士长，是医院应急分队成员，2003年参加过抗击"非典"。

新年伊始，在中塞友好医院埃博拉留观诊疗中心的大门口，11个月大的婴儿小卡·拉萨纳兴奋地挥动着小手，像是在向医护人员告别。这个孩子是诊疗中心年龄最小的留观者。小卡·拉萨纳非常可爱，黑亮的大眼睛天真无邪。援塞医疗队队员刘冰第一次见到他时，他正独自趴在床上做着鬼脸，而他的妈妈因为病重躺在另一张床上，无力照顾他。小卡·拉萨纳的妈妈被确诊感染了埃博拉病毒，而且病情已发展到极危重的阶段，时刻都有生命危险。入院后第

三天，小卡·拉萨纳的妈妈去世了。对于妈妈的离去，小卡·拉萨纳毫无感觉。看到塞方护士将小卡·拉萨纳调到了另一间空病房，刘冰想起了自己一岁多的儿子，不禁会想，小卡·拉萨纳会摔着吗？谁来照顾他？他会害怕吗？11个月大的孩子正是牙牙学语、学走路的时候，也最需要母亲的陪伴。刘冰提出要求增加班次，为的就是能进病区多照顾一会儿小卡·拉萨纳，能与他多交流互动一会儿。她担心孩子餐间会饿，就想办法买到奶瓶奶粉；查房时，她模仿各种小动物的声音，也学小鸭子、小乌龟走路，逗小卡·拉萨纳开心。一次查房时，队友们看到刘冰用中文在给小卡·拉萨纳讲故事，小卡·拉萨纳很开心地坐着，一副似乎能听懂的样子。那一刻，仿佛他们就是一对母子。在医疗队的协调下，联合国儿童基金会对小卡·拉萨纳实施了救助。经过半个多月的接触，刘冰已经和小卡·拉萨纳有了深厚感情。当相关人员前来接小卡·拉萨纳时，刘冰把小卡·拉萨纳送上车后没有抑制住泪水。除魔抗疫是医务人员的职责，这其中也包括用一颗颗炽热的心温暖一个个"埃博拉孤儿"。

张竹君：处理医疗垃圾的"清洁工"

张竹君，男，1982年10月生，2013年12月毕业于第三军医大学，临床检验诊断学博士，现为第三军医大学西南医院检验系讲师。

有这样一群人，他们在单位从事教学、实验等工作，然而在援非"抗埃"一线却当起了"清洁工"。"80后"医学博士张竹君就是其中一位。张竹君与另外两名防疫队员、12名利比里亚人员共同组成了医疗废物处理小组，承担诊疗中心的医疗垃圾收集和处理、遗体搬运等工作。病区医疗垃圾的正确处理关系到整个诊疗中心的安全和正常运转。医疗垃圾极具传染性，处理医疗垃圾时每个步骤都需要非常小心谨慎：喷洒消毒、密封检查、喷洒消毒、转运、再喷洒消毒、焚烧。张竹君说，工作时需要40分钟闷在防护服里，汗水很快就会湿透衣背，浸湿的口罩令每一次呼吸都很困难。病区最多时一天要产生上百袋医疗垃圾，需要3个多小时才能全部焚烧完。为了减少焚烧时产生的浓烟对周围社区的影响，张竹君和队员们将工作时间调整到了晚上，他们经常需要工作到午夜。张竹君是在2014年国庆放假期间得知医院抽组援利抗埃医疗队消息的，尽管自己女儿才不到5个月，正是需要人照顾的时候，但他还是主动报了名。虽然没想到自己会成为"抗埃"一线的一名"清洁工"，可张竹君说，虽然不能直接为患者减轻病痛、挽救生命，但是"抗埃"无小事，从点滴做起，从收集处理垃圾做起，用实际行动助力这场没有硝烟的"抗埃"战役取得最后胜利，也是一件十分有意义的事情。

——《思想道德修养与法律基础》
（2018年版）教学案例集

袁小丽：她在埃博拉诊疗中心办"汉语小课堂"

袁小丽，女，1981年11月生，第三军医大学大坪医院护士长，参加过芦山抗震救灾、重大卫勤演练等军事卫勤行动。

"好消息，诊疗中心汉语小课堂开班啦！上课时间：每天早晨7：30—8：00。地点：门诊部更衣室走廊。授课教员：医疗队队员袁小丽。听课学员：门诊部充满热情的9名当地聘用人员。"2014年12月16日早晨，袁小丽站在门诊部更衣室走廊大声宣布："汉语小课堂正式开班啦！"开设汉语小课堂的目的很简单，就是为了方便大家更好地交流。到利比里亚后，由于环境陌生、语言不通，不少医疗队员与利方工作人员合作时遇到困难，影响了"抗埃"工作的展开。有着10多年临床经验的袁小丽当机立断，决定开设一个汉语小课堂，方便大家沟通。每次授课前，袁小丽都将准备要说的话全部用中文写到笔记本上，并标注上相近的英语单词及音标。从"早上好""下午好"到"谢谢"，授课者有心，听课者用心。在愉快的交流过程中，大家相处得越来越融洽，工作上也配合得越来越默契。从开始的脸盲症到全副武装穿着防护装备，即使不在衣服上写名字，彼此都能一眼辨认出对方是谁；在隔窗问诊时，相互只要一个简单的手势，就能立即做好相应的操作。袁小丽发现，利方聘用人员很用心地把每个词语的中英文一笔一笔记在笔记本上。每一次交流结束，每一次工作结束，他们都努力地对她说："谢谢你！我们一起努力，一起战斗，一起抗击埃博拉。"

沈波："让医疗队无后顾之忧是我们的分内事"

沈波，男，1981年12月生，2001年12月入伍，现为第三军医大学西南医院汽车队四级军士长，参加过四川汶川、芦山抗震救灾。

2014年12月9日，轮到水电班班长、四级军士长沈波站夜岗。作为后勤保障人员，沈波和他的战友们白天负责饮食、水电、驾驶等工作，晚上要负责全队安保，十分辛苦。当天晚上，夜色如墨，阵阵夜风袭来也闷热难耐。10日凌晨3时，沈波正准备下哨回宿舍，一道夺目的闪电引出一声惊雷，瓢泼大雨直泻而下。"怎么旱季来了还下这样的雨？"沈波的心随着这闪电、隆隆雷声忐忑起来：发电机会不会被淋湿？会不会发生漏电危险？抽水泵会不会出现问题？正在这时，一名战士跑来，说："班长！我们的储水罐里没有水了，是不是漏了？"沈波顿感情况不妙，迅速向储水罐跑去。"我们要以最快的速度抢修，争取在天亮前完成任务！"沈波迅速做出安排：一拨筹备抢修用的材料及工具，另一拨在现场商定抢修计划。大伙团结协作，有的递扳手，有的抬水

管……奋战了将近3个小时,他们终于将故障排除。2014年10月初,援利医疗队组建时,沈波是后勤组第一个报名,也是第一批纳入名单的队员。如今,他在援利医疗队担任后勤组水电班班长,主要负责医疗队生活区水电保障、营房维修、消防等任务。虽然人少事多,但沈波和战友们从不推脱,从不叫苦。沈波对战友们说:"后方有保障,前方打胜仗!让医疗队无后顾之忧是我们分内之事、应尽之责,我们要让医疗队员全身心投入医护工作中去。"

案例出处

姜恒、张远军等《抗击埃博拉:中国军队的青春面孔》,见《解放军报》2015年1月14日(http://www.81.cn/jwgz/2015-01/14/content_6307232.htm),有删改。

案例解析

案例中各位医疗队队员在"抗埃"过程中,体现的共同抗击灾难的壮志雄心与大爱深情,可以说,是我国崇尚精神这一传统的一大体现。中华民族崇尚精神的优秀传统,表现在中国古人对理想的不懈追求上。理想是激励个体的精神内驱力,是凝聚社会整体的精神力量。矢志不渝地坚守理想,是中国古人崇尚精神的典型体现。中华民族崇尚精神的优秀传统,亦表现在对道德修养和道德教化的重视上。古代思想家们不仅对道德修养和道德教化理论进行了系统论述,而且提出了修身养性的具体方法以及家箴家训、乡规民约等教化方式。中华民族崇尚精神的优秀传统,还表现为对理想人格的推崇。出现在中国历史上的诸种理想人格,虽时代不同、类型有别,但其共同点是关注人的精神品格。中国共产党是中华民族重精神优秀传统的忠实继承者和坚定弘扬者。在革命、建设、改革各个历史时期,中国共产党都强调要处理好物质和精神的关系,重视发挥人的精神的能动作用,中华民族重精神的优秀传统得到进一步发扬光大。

案例启思

(1)中国精神的主要内容是什么?
(2)如何弘扬中国精神?

教学建议

本案例可用于第三章第一节之"重精神是中华民族的优秀传统"中的案例教学。中国精神的历史传承。中华民族崇尚精神的优秀传统,首先表现在对

物质生活与精神生活相互关系的独到理解上。重视并崇尚精神生活，是中国古代思想家们的主流观点。

此案例也可用于以爱国主义为核心的民族精神知识点的讲授。以爱国主义为核心的民族精神和以改革创新为核心的时代精神，构成了中国精神的基本内容。大力弘扬中国精神，培育中华民族共同的精神家园，既需要大力弘扬以爱国主义为核心的伟大民族精神，也需要大力弘扬以改革创新为核心的伟大时代精神。

民族精神是一个民族在长期共同生活和社会实践中形成的，为本民族大多数成员所认同的价值取向、思维方式、道德规范、精神气质的总和，是一个民族赖以生存和发展的精神支柱。在5000多年的历史发展中，中华民族形成了以爱国主义为核心的伟大民族精神。

爱国主义是千百年来人们在社会实践中形成的对自己的祖国极其忠诚和热爱的深厚情感。中华民族从来就有爱国主义的光荣传统。一部中华民族的发展史，就是一部中华儿女的爱国奋斗史。中国人很早就有以天下兴亡、人民安康为己任的家国情怀。在中国历史上，有"美不美，家乡水；亲不亲，故乡人"这样情系故土的朴实古语，也有"遥望中原怀故土，静观落叶总归根"这样心怀祖国、寄情桑梓的深情诗句；有"乐以天下，忧以天下"的忧国忧民情怀，也有"公而忘私、国而忘家"的报国为民风范；有为国家振兴、民族腾飞贡献毕生精力的志士仁人，也有"一身报国有万死""苟利社稷，死生以之"的民族英雄。在漫长的历史发展过程中，中华民族形成了追求进步、维护民族尊严和国家主权的光荣传统，形成了对外来侵略者无比痛恨、对卖国求荣的民族败类无比鄙视、对爱国志士无比崇敬的宝贵民族性格。爱国主义成为动员和鼓舞人们为祖国的生存发展前赴后继、奋斗不息的伟大精神旗帜。

此案例还体现了伟大的团结精神。在几千年的历史长河中，中国人民始终团结一心、同舟共济，建立了统一的多民族国家，发展了多民族多元一体、交织交融的融洽民族关系，形成了守望相助的中华民族大家庭。特别是近代以后，在外来侵略寇急祸重的严峻形势下，我国各族人民手挽着手、肩并着肩，英勇奋斗，浴血奋战，打败了一切穷凶极恶的侵略者，捍卫了民族独立和自由，共同书写了中华民族保卫祖国、抵御外侮的壮丽史诗。今天，中国取得的令世人瞩目的发展成就，更是全国各族人民同心同德、同心同向努力的结果。中国人民从亲身经历中深刻认识到，团结就是力量，团结才能前进，一个四分五裂的国家不可能发展进步。只要全国人民始终发扬这种伟大的团结精神，就一定能够形成勇往直前、无坚不摧的强大力量！

勤劳勇敢的中国人民培育、继承、发展起来的以爱国主义为核心的伟大民

第三章 弘扬中国精神

族精神,是坚定中国特色社会主义道路自信、理论自信、制度自信、文化自信的底气,是中华民族风雨无阻、高歌行进的根本力量。

▶ 案例三 防控恶疾,中国技术

 案例

2018年1月8日,在北京举行的国家科学技术奖励大会上,由浙江大学传染病诊治国家重点实验室、感染性疾病诊治协同创新中心主任李兰娟院士领衔,联合中国疾病预防控制中心、汕头大学、香港大学、复旦大学等11家单位共同完成的"以防控人感染H7N9禽流感为代表的新发传染病防治体系重大创新和技术突破"项目获2017年度国家科学技术进步奖特等奖。"非典"、埃博拉、MERS……这一个个新发突发传染病所带来的惨痛教训,至今让人记忆犹新。

2013年春,恰逢"非典"过去的第十年,长三角地区突发不明原因呼吸道传染病,患者病情凶险,病死率高。2003年的"非典"悲剧是否会重演?这在当时引起社会极大的恐慌和国际关注。疫情出现后,李兰娟院士汇聚我国优势力量,在发现新病原、确认感染源、明确发病机制、开展临床救治等方面取得重大创新和技术突破,创立了代表"中国模式"和"中国技术"的新发传染病防控体系和平台,成功防控了感染H7N9禽流感疫情。"新发突发传染病防控的首要前提就是要迅速确认病原,"非典"最惨痛的教训就是长时间无法确认病原。"李兰娟说。2013年新发突发疫情后,团队在5天内发现并确认了该疫情病原是一种全新的H7N9禽流感病毒,并第一时间向全球公布该病毒的全基因序列。对此,美国疾病预防控制中心点评称,中国快速发现H7N9新病原,为全球共同应对该新发传染病赢得了时间,做出了重大贡献。李兰娟表示,明确了病毒基因序列后,就可以精准防控。之后,团队又证实了活禽市场是人感染H7N9禽流感病毒的源头。随后多地迅速关闭活禽市场,减少了97%的感染风险,有效地防止了疫情向全国蔓延,使我国避免了一场像"非典"一样的全国性大灾难。人感染H7N9禽流感的高致死率一度成为社会关注的焦点。李兰娟团队很快又发现,人感染H7N9禽流感重症患者体内存在的

103

"细胞因子风暴",是导致患者重症和死亡的关键原因。李兰娟针对性地创建了"四抗二平衡"救治策略和"李氏人工肝"为代表的独特有效救治技术。当时,37岁的曹某是位极度危重的患者,入院时病情凶险到随时可能死亡。通过"四抗二平衡"救治策略和首次应用"李氏人工肝"治疗呼吸衰竭,经过5天5夜的抢救,患者奇迹般地渡过了生死难关。值得欣慰的是,2013年发生在浙江的人感染H7N9禽流感患者通过李兰娟团队的救治,病死率显著降低。"中国的人感染H7N9禽流感病毒疫情防控堪称国际典范。"世界卫生组织助理总干事福田敬二博士对此予以高度评价。

此次防控的"中国模式"和"中国技术",在之后还成功应用于非洲埃博拉疫情防控,展现了"中国力量",同时,也标志着我国在国际新发传染病防治领域从"跟随者"变成"领跑者"。

案例出处

江耘《中国技术与中国模式,避免H7N9禽流感重演SARS悲剧》,见《科技日报》2018年1月9日(https://www.thepaper.cn/newsDetail_forward_1941718),有删改。

案例解析

2013年春,恰是"非典"过去的第十年,长三角地区突发不明原因的呼吸道传染病,患者病情凶险,病死率高,引起社会极大的恐慌和国际关注。疫情出现后,李兰娟院士汇聚我国优势力量,在发现新病原、确认感染源、明确发病机制、开展临床救治等方面取得重大创新和技术突破,创立了代表"中国模式"和"中国技术"的新发传染病防控体系和平台,成功防控了2013年的人感染H7N9禽流感疫情。

李兰娟院士的事例可以说是我国改革创新精神的时代体现之一。改革创新是时代精神的核心。改革创新是一种突破常规、大胆探索、勇于创造的思想观念,也是一种不甘落后、奋勇争先、追求进步的责任感、使命感,更是一种坚忍不拔、自强不息、锐意进取的精神状态。它继承了中华民族革故鼎新的传统,体现了当代中国发展进步的要求,明确了当今中国社会发展的方向,贯穿于改革开放的全部实践,体现在时代精神的各个方面,代表着时代的最强音和社会发展的潮流。只有改革开放才能发展中国、发展社会主义、发展马克思主义。创新是一个民族进步的灵魂,是一个国家兴旺发达的不竭动力,也是一个政党永葆生机的源泉。解放思想、开拓进取、攻坚克难、与时俱进,都是改革创新精神的应有之义。

第三章 弘扬中国精神

案例启思

（1）李兰娟身上体现了怎样的中国精神？
（2）爱国主义的基本内涵和时代要求是什么？

教学建议

本案例可用于第三章第一节之"中国精神是民族精神和时代精神的统一"中的案例教学。

第一，以爱国主义为核心的民族精神。民族精神，是指一个民族在长期的共同生活和社会实践中形成的，为本民族大多数成员所认同的价值取向、思维方式、道德规范和精神气质的总和，是一个民族赖以生存和发展的精神支撑。一般地说，一个民族的历史越悠久、文明越发展，民族精神就越深厚；一个国家的实力越强大、国际地位越高，民族精神就越巩固。一个民族，没有振奋的精神和高尚的品格，不可能自立于世界民族之林。

我国是一个统一的多民族国家，民族精神是由各个民族文化交流融合而成的。它深深植根于绵延数千年的优秀文化传统，始终是维系中华各民族人民共同生活的精神纽带，支撑中华民族生存、发展的精神支柱，推动中华民族走向繁荣、强大的精神动力，是中华民族之魂。《史记》中有"舜耕历山"的记载，颂扬了古代圣贤身体力行、勤于劳作的高尚品德；大禹治水，三过家门而不入，体现了勤勉奉公、刻苦耐劳的精神；北山愚公"每天挖山不止"，体现了坚忍不拔、锲而不舍的民族风貌……南泥湾精神、张思德精神、大庆精神、雷锋精神、焦裕禄精神、"两弹一星"精神、红旗渠精神等，无不闪耀着中华民族的精神光辉。在5000多年的发展中，中华民族饱受侵略、欺凌和挫折，但仍然在苦难中创造辉煌，一个根本原因就是形成了伟大的民族精神。党的十六大报告指出："在五千多年的发展中，中华民族形成了以爱国主义为核心的团结统一、爱好和平、勤劳勇敢、自强不息的伟大民族精神。"这个报告深刻地概括了中华民族精神的内涵。

中华民族精神是一个相互联系的统一体。在这个统一体中，团结统一是民族精神的纽带，是指中华民族为了实现共同的理想和目标，凝聚全民族的意志、智慧和力量，同心同德、维护统一、顾全大局的互助合作精神。尽管不同的民族在历史上有过冲突，融合经历了一个过程，但团结统一是民族精神的主流。各族人民渴望手足之情，反对分裂行径。特别是近代以来在面临外国侵略的局势下，团结统一的民族精神更是被空前地激发出来，谱写了感天动地的壮丽篇章。爱好和平是民族精神的本色，是指中华民族在同其他民族的交往中，

平等相待、友好相处，求同存异、团结合作，维护世界和平、促进共同发展的精神。中国人民在历史上饱受战争的苦难，对和平的向往更加强烈。社会主义中国的建立，使得爱好和平成为社会主义制度的本质要求。勤劳勇敢是民族精神的品质，是指中华民族为了自身的存在和发展，在改造客观世界的实践中，勤奋劳作、努力不懈，勇于拼搏、敢于斗争的精神。在中国的领土上，有广阔的土地、众多的山脉、大小的河流，为广大人民依靠劳动生产获取生活资料提供了条件，使得中华民族以吃苦耐劳著称于世。在与自然环境、社会环境、外部环境的抗争中，中国人民不畏艰险、不受凌辱的气质得到充分砥砺和增强。自强不息是民族精神的精华，是指中华民族所具有的独立自主、奋发向上、不断进取的精神。始终保持进取精神，决不向困难挫折屈服，"天行健，君子以自强不息"；始终保持人的尊严，"富贵不能淫，贫贱不能移，威武不能屈"；始终保持乐观态度，"天生我材必有用，千金散尽还复来"，自强不息精神赋予中华民族蓬勃的生命力。

爱国主义是民族精神的核心，中国人民在长期奋斗中培育、继承、发展起来的伟大民族精神，为中国发展和人类文明进步提供了强大精神动力。习近平总书记在第十三届全国人民代表大会第一次会议上的讲话中将民族精神归纳为四个方面：其一，伟大创造精神。只要全中国人民始终发扬这种伟大创造精神，就一定能够创造出一个又一个人间奇迹！其二，伟大奋斗精神。只要全中国人民始终发扬这种伟大奋斗精神，就一定能够达到创造人民更加美好生活的宏伟目标！其三，伟大团结精神。只要全中国人民始终发扬这种伟大团结精神，就一定能够形成勇往直前、无坚不摧的强大力量！其四，伟大梦想精神。只要全中国人民始终发扬这种伟大梦想精神，就一定能够实现中华民族伟大复兴！

以爱国主义为核心的民族精神，是中华民族最深厚的思想传统，始终是把中华民族坚强团结在一起的精神力量，是中华民族历久弥坚的强大精神支柱。不管是民族危亡关头同仇敌忾，还是众志成城抵御重大灾害，凝聚在爱国主义旗帜下，个人命运才会与民族命运紧密相连，滴水之微才能汇聚成无坚不摧的磅礴力量。有了这样的民族精神，实现中国梦就有了坚实的精神支撑；这样的民族精神越广泛深入、越雄厚有力，实现中国梦就越可期、越可及。

第二，以改革创新为核心的时代精神。时代精神是一个国家和民族在新的历史条件下形成和发展的，是体现民族特质并顺应时代潮流的思想观念、价值取向、精神风貌和社会风尚的总和，是一种对社会发展具有积极影响和推动作用的集体意识。时代精神反映社会进步的发展方向，引领时代的进步潮流，是社会的主旋律和时代的最强音。

第三章　弘扬中国精神

改革开放以来,我国丰富和发展了以改革创新为核心的解放思想、开拓进取、攻坚克难、与时俱进的时代精神。解放思想是时代精神的基石。"一个党,一个国家,一个民族,如果一切从本本出发,思想僵化,迷信盛行,那它就不能前进,它的生机就停止了,就要亡党亡国",邓小平振聋发聩的声音奏响了解放思想的时代精神。开拓进取是时代精神的特征。改革开放是前所未有的社会变革,只有开拓进取才能走出新路。深圳的"拓荒牛"雕塑正是改革开放、开拓进取精神的生动写照。习近平强调的"改革开放只有进行时没有完成时",表明的就是敢于啃硬骨头、敢于涉险滩的开拓进取精神。攻坚克难是时代精神的品格。社会发展节奏加快,使社会进程的难题增多、风险加大。开拓进取就必须敢冒风险、应对风险、攻坚克难,追求成功并不怕失败,在失败的可能中谋求成功。与时俱进是时代精神的本性。时代快速发展、急剧变化,必须与时俱进。与时俱进就是勇于变革、勇于创新,永不僵化、永不停滞。

以改革创新为核心的时代精神始终是激励我们在时代发展中与时俱进的精神力量。40年来,从农村改革的兴起,到深圳等特区的创立;从社会主义市场经济体制的发展,到中国特色社会主义多项事业的开拓,改革创新精神激荡神州,造就了历史的巨变,成就了今天的中国,使积贫积弱的中国成为世界第二大经济体。改革没有完成时,当前,我国改革已经进入攻坚期和深水区,需要我们进一步深化改革。站在新起点上的中国,无论是冲破思想观念障碍,还是打破利益固化藩篱,无论是破解发展难题,还是释放改革红利,都需要继续发扬改革创新精神,逢山开路、遇水搭桥,迈过沟沟坎坎,越过发展陷阱,才能赢得更加光明的前景。大力弘扬以改革创新为核心的时代精神,是实现中华民族伟大复兴的不竭动力之源,是实现中国梦的必由之路。

第三,民族精神与时代精神的辩证统一关系。在实现中国梦的历史征程中,民族精神是绵延不绝的文化血脉,时代精神是发展创新的时代反映。民族精神与时代精神紧密关联,都是一个民族赖以生存和发展的精神支撑。一切民族精神都曾经是一定历史阶段中带动潮流、引领风尚、推动社会发展的时代精神。同时,一切时代精神都将随着历史的变迁逐步融入民族精神的长河之中,不断丰富和发展民族精神的时代内涵。弘扬和培育民族精神,必须自觉回应时代的要求,推动民族精神的不断革新,推动民族精神的创新性发展和创造性转化,从而为当下的实践提供精神力量;弘扬和培育时代精神,必须立足民族精神的根基,接续民族精神的血脉,承接民族精神的基因,使时代精神既面向未来,又不忘本来,始终具有引领民族前行的强大吸引力和感召力。

民族精神和时代精神共同构成了我们当今时代的中国精神。民族精神赋予

107

中国精神以民族特征，是中华民族的精神独立性得以保持的重要保证；时代精神赋予中国精神以时代内涵，是中国精神引领时代前行、拥有鲜明时代性和强大生命力的重要根源。民族精神和时代精神的交融汇通，使得中国精神既具有鲜明的民族性，又洋溢着强烈的时代性，成为中华民族共有的精神家园、奋力实现复兴的强大精神力量。

总之，时代精神和民族精神都是代表历史发展、引领社会前进的强大的精神力量，民族精神决定了一个民族的精神厚度，时代精神决定了一个民族的精神高度。一个民族要屹立于世界民族之林，就必须在全社会大力弘扬民族精神和时代精神。当今中国的民族精神和时代精神相辅相成，统一于改革开放和社会主义现代化建设的伟大实践中，凝聚在建设中国特色社会主义的共同理想中。弘扬时代精神，大力倡导一切有利于改革开放和现代化建设的思想和精神，大力倡导一切有利于民族团结、社会进步和人民幸福的思想和精神，把源远流长的民族精神与时代要求相结合，为中国特色社会主义的发展提供精神动力。

▶ 案例四　平凡职位，专业高峰

 案例

梁益建，医学博士，四川省成都市第三人民医院骨科主任。

梁益建多年前学成回国，参与"驼背"手术 3000 多例，亲自主刀挽救上千个极重度脊柱畸形患者的生命，成为国内首屈一指的极重度脊柱畸形矫正专家。尽可能地为患者着想，是梁益建的工作守则。到医院求治的病人，很多经济条件都不好。为了让患者尽快得到治疗，他除了处处为病人节省费用外，还常常为经济困难的患者捐钱，四处化缘。碰到有钱的朋友，他会直接开口寻求帮助，甚至尝试过在茶馆募捐。

2009 年，梁益建在凉山州木里县遇到一个年轻患者刘正富，当时即给他许诺："你等着，我帮你找到钱就回来接你。" 1 年后，梁益建驱车 7 小时，去木里县接刘正富，并为他实施了手术。为了给这些贫困患者赢得更稳定的求助渠道，梁益建博士团队从 2014 年开始与公益基金合作。据不完全统计，目前获得帮助的患者接近 200 位，金额近 500 万元。梁益建在专业领域上建造了一

第三章 弘扬中国精神

座同行难以翻越的"珠穆朗玛峰"！2016年12月14日上午9点，梁益建身着白大褂走进了第三人民医院的一间小会议室，此时，已经有好几家媒体记者等在那里。由中央电视台组织的2016年度"感动中国"人物评选从12月5日启动网络投票，从那天开始，几乎每天都有记者前来采访，毕竟，他是2016年四川唯一一位入选者。"我只是一个小医生，我更重要的事情是在手术室里给病人做手术。"梁益建坐下来的第一句话就这样说，言语中充满真诚。因此，他留给记者采访的时间仅有一个半小时，之后，他有一个难度较高的脊柱矫形手术。

虽然自我定位为"小医生"，但梁益建做出的是大成就：他所接受的脊柱畸形患者，很大一部分是屡次被其他医院所拒绝的，他不仅让他们重获新生，而且在专业领域上，他建造了一座同行难以翻越的"珠穆朗玛峰"。

受尽挫折的病人，辛酸故事在此戛然而止

梁益建的手机里存着一张照片：一个漂亮的女孩穿着婚纱，阳光投射在她脸上，她面露灿烂幸福的笑容。女孩叫李湘宁（化名），25岁，2012年，她还是一个身高仅有138厘米的"驼背"，两年前她来到第三人民医院求治，梁益建成功为她实施了脊柱畸形的矫形手术。"她现在身高160厘米，很多人不相信她曾经是个身体几乎折叠的'驼背'！"李湘宁目前还没结婚，但她用拍摄婚纱照的方式昭示了对全新生活的态度。

比李湘宁病情严重的人比比皆是，比如双流区一个叫黄柏（化名）的31岁小伙儿，他的脊柱呈正侧位360度畸形，梁益建解释，"就像龙盘柱！疾病导致他极重度呼吸功能障碍，再不手术，命都难保"。黄柏经过一年半的手术和康复训练，已经出院，不过他经常被梁益建请回医院，为"天线宝宝"们做呼吸训练示范。黄柏出院后已经恋爱结婚，在以前，这是想都不敢想的事。"如今我和正常人一样，要感谢梁爸爸。"他称梁益建为"梁爸爸"，因为是梁益建给他带来新生。

从2013年到现在，已经有507名脊柱畸形患者在第三人民医院成功接受了手术，这些病人无一例外地奔走过国内多家医院，然而因为手术风险太高屡屡被拒，每一个病人都能书写一段辛酸故事，他们的故事在梁益建这里发生剧情反转走向幸福。他们大多数人来自贫穷家庭，面对高额医疗费，梁益建使出浑身解数帮助他们寻找资助。他的帮助让曾经受尽磨难的病人内心充满感动。梁益建说："我的努力，是让他们身体正常、心理正常，还要有一颗感恩的心。因为有那么多人默默地帮助了他们！"从目前来看，梁益建的病人们都做到了这些。

他创下一个专业高峰,让同行难以翻越

极度重症脊柱畸形手术有国际公认的三大"禁区",即极重度脊柱畸形、合并脊柱畸形和合并心肺功能衰竭。

"禁区",意味着很多医生不敢触及,这也是病人跑遍北京、上海、广州等一线城市医院仍被拒绝的原因。梁益建对病人有个统计:75%的人是北、上、广等地医院告知无法手术的极重度脊柱畸形患者。他们无一例外是从网络上查询到梁益建及他所做手术的病案后赶来的。昨天,在病房内,来自湖北的21岁女孩小欣(化名)对记者说,她被多家医院拒绝后,抱着一种悲凉的心情等待死亡的降临,在来到第三人民医院时,脊柱畸形导致的神经压迫已经彻底让她瘫痪了。"当我从网上查到梁益建老师的时候,我仿佛重新看到了生命的曙光。"小欣如今正在做脊柱的牵引,她已经恢复了行动能力,再过一段时间,她就可以接受手术,不久的将来,她将以直立的姿态重新迎接生活。

而梁益建作为正式终结极度重症脊柱畸形手术"禁区说"的人,从2008年至今,主刀的脊柱畸形手术已经超过1000例。"别人问我为什么可以做到,我唯一可以介绍的经验就是'坚持、不放弃',我一步步地走,边走边总结经验,就像攀登一座高峰,虽然经历了很多坎坷,但坚持下来,回头一看:我一不小心竟然到达了别人从未抵达的高度!"梁益建创造的脊柱畸形手术高度,不论是在国内还是国际,在专业领域内是无可争议的。2013年2月,他发表在国际脊柱顶级杂志 Spine 上的论文,以"无一问题提出"状态全文发表,打破了该杂志在审稿时针对每篇文章提约20个问题的惯例。在国内,将极重度脊柱畸形手术做到如此高难度、如此多例数,唯有成都市第三人民医院骨科专家梁益建,因此有业内同行说:梁益建"建造了一座同行难以翻越的'珠穆朗玛峰'"。

他把爱心做成一件平常事,连续坚持了8年多

梁益建看起来身体很单薄,尽管天气较冷,他依然穿得很少,他说:"我每天坚持锻炼,我必须身体好!"如果身体不够好,动不动就是站立10小时的手术,是难以坚持下来的。因此,梁益建每天在零点后打太极,除了健身,还养心,一颗波澜不惊的心能让他在手术台上从容应对各种难题。他一部分是为自己锻炼,一部分是在为病人而锻炼。在一台持续5小时的脊柱矫形手术接近尾声时,梁益建完成了他的手术任务。太累了,在休息室,梁益建用两把小板凳支起一张"床",胳膊当枕头,斜卧着睡着了。这是他当天的第二台大手术。

第三章 弘扬中国精神

2008年,梁益建从泸沽湖边将第一个叫伍建树(化名)的重度脊柱畸形患者带回成都并治好他后,源源不断的同类病人找到他,他们大多来自农村,在经济穷困与身体痛苦的双重折磨中寻找治愈希望。从那时起,身为医生的梁益建同时做起了慈善者,他时常去为病人募集治疗经费,站在病人的角度去向医院争取费用的减免,也常常将自己的钱掏出来补贴部分病人的生活费。他对记者说:"他们是有希望站起来的善良的人,如果我不帮他们,他们就会失去最后那一线希望。"重度脊柱侧弯患者,医护人员为他们取了一个可爱的名字——"天线宝宝"。记者从2008年便开始采访梁益建,病人的故事、手术的高难度以及梁益建为病人四处筹资的事都构成非常好的报道元素,因而不断有新闻被报道出来,除了本报外,从中央媒体到省内媒体都在跟进。然而新闻做到后来,那些类似的事情已经被梁益建做成了一件平常事,即便媒体少有报道,他也将爱心坚持下来,一做就是8年多,他付出的爱,深深扎根在病人心里,难怪病人都叫他"梁爸爸"。

"付出爱心,目的不是让人关注,我只是希望,让病人能得到力量,看到希望,并让他们懂得感恩,让爱心从他们身上得到传递。"梁益建说。

案例出处

《2017感动中国十大人物候选人梁益建建造一座专业高峰的故事》,见灯下文学网2019年12月2日(https://www.dengxia.net/article/283/1413666.html),有删改。

案例解析

案例中梁益建多年前学成回国,参与"驼背"手术3000多例,亲自主刀挽救上千个极重度脊柱畸形患者的生命,成为国内首屈一指的极重度脊柱畸形矫正专家。尽可能地为患者着想,是梁益建的工作守则。为了给这些贫困患者赢得更稳定的求助渠道,梁益建博士团队从2014年开始与公益基金合作。据不完全统计,目前获得帮助的患者接近200位,金额近500万元。"付出爱心,目的不是让人关注,我只是希望,让病人能得到力量,看到希望,并让他们懂得感恩,让爱心从他们身上得到传递。"梁益建说。

梁益建身上的"大医精诚"和"仁爱精神"正是中国精神在新时代的体现。中国精神,既包括民族国家在长期历史发展中所凝结而成的民族精神,也包括民族国家基于不同时代境遇和发展状况所形成的时代精神。前者是绵延不绝的文化血脉,后者是发展创新的时代反映,二者相互联系、相互作用,共同构成了中国精神的核心内容。中华民族在5000多年的历史发展中形成了具有

中国风格、中国气派的中国精神,即以爱国主义为核心的民族精神和以改革创新为核心的时代精神,这是中国人民在长期的社会实践中形成的,能够发出正能量的各种优秀品德、价值的总和。燧人氏钻木取火的智慧,神农氏遍尝百草的坚韧,尧舜禅让的谦和,文景之治的和谐,贞观长歌的励精图治,康乾盛世的雍容大度,戊戌变法的图强之志,驱逐列强的浩然正气,抗击日寇的同仇敌忾,创建新中国的浴血奋战,改革开放的勇气与胆魄……历史长河中的一首首浩歌,无不闪耀着伟大的中国精神。中国精神是中国道路、中国模式的精神内涵,体现着社会主义核心价值观。有了中国精神,就有了国家和民族发展的凝结剂和推进器。中国精神是中华民族优秀传统与时代精神的有机结合,代表着中国各民族的形象,彰显着中国人的精神风貌。认定中国精神,就有了超越自我、走向辉煌的强大精神力量。

案例启思

(1) 梁益建建造一座专业高峰一事给大学生怎样的启示?
(2) 如何理解民族精神和时代精神的辩证统一?

教学建议

本案例可用于第三章第一节之"实现中国梦必须弘扬中国精神"中的案例教学。中国精神是民族精神与时代精神的有机统一,是实现中国梦的强大精神支柱和方向指引。党的十九大报告指出,必须坚持马克思主义,牢固树立共产主义远大理想和中国特色社会主义共同理想,培育和践行社会主义核心价值观,不断增强意识形态领域主导权和话语权,推动中华优秀传统文化创造性转化、创新性发展,继承革命文化,发展社会主义先进文化,不忘本来、吸收外来、面向未来,更好地构筑中国精神、中国价值、中国力量,为人民提供精神指引。

习近平在第十二届全国人民代表大会第一次会议上的讲话中指出:"实现中国梦必须弘扬中国精神。这就是以爱国主义为核心的民族精神,以改革创新为核心的时代精神。这种精神是凝心聚力的兴国之魂、强国之魂。"这一重要论述深刻揭示了中国精神的基本内容,阐明了中国精神与中国梦之间的内在联系。正确理解中国精神的基本内涵,对贯彻落实中央提出的实现中华民族伟大复兴中国梦的一系列战略部署,具有重要的理论和实践意义。

第三章 弘扬中国精神

▶ 案例五 弱肩重担，为民健康

2010年11月25日，中国红十字基金会主办的"寻找最美的乡村医生"公益摄影展开幕，展览中有这样一幅作品：一位身穿白大褂的年轻女医生，在病房中为病人检查身体，神情专注。她叫李春燕，是个普通的乡村医生，在贵州从江县的大塘村开了一家简陋的卫生室。事实上，她连真正意义上的医生都不是。她没有编制，没有工资，甚至连个药箱都没有，出诊看病的时候，她就拎着一个竹篮。可是，她的故事却感动了全中国。

村里的第一家卫生室

贵州黔东南州南部的月亮山区是个落后、贫穷、偏僻的地方，被称为"第九世界"，是因为，月亮山是贵州的"第三世界"，贵州是中国的"第三世界"，而中国就是第三世界，合起来正好是"第九世界"。大塘村位于月亮山区东麓外围，是贵州省从江县最大的村落，有2500多人。2000年，李春燕结婚后，随丈夫来到了他的家乡大塘村。她是嫁入大塘村的第一个汉族媳妇，当时在村里引起了不小的轰动。之前，李春燕曾经受南京爱德基金会资助，在贵州省黎平卫校接受了3年的正规教育。学医的她来到大塘村后，发现这是一个被医学完全遗忘的角落。村里没有医生，村民如果要看病，要花两三个小时到5千米以外的乡卫生院或15千米以外的县医院去治疗。大部分的村民也无力承担医药费，生了病除了自己扛，就是请巫师驱鬼，或用"土办法"治，患者死亡率很高。在村里每年有20多个新生儿降生，却有一半夭折。看到这种状况，李春燕心中有了一个迫切的愿望：一定要在村里开一个卫生室！对于并不富裕的小家庭来说，这个愿望很奢侈。丈夫给了李春燕一个承诺："不管砸锅还是卖铁，都要为你建一个卫生室。"家里唯一值钱的就是李春燕的公公长年喂养的3头水牛。"这是公公一年到头住在牛棚割草养大的，既是全家的财富，也是他们晚年的精神寄托。"李春燕记得，那天晚上，丈夫和公公、婆婆用苗语唧唧咕咕地议论了一晚。"第2天，家中3头宝贝水牛就被人牵走了两

头，晚上，公公把卖水牛的钱数了数，无声地递过来。"就这样，李春燕用卖水牛换来的2000多元钱，在自己家里开办了大塘村有史以来的第一个卫生室。里面有一张桌子、一张简易床、一纸箱药品和一个用作药箱的竹篮。李春燕到县城医药商店买了一支体温表。她本来还想买把镊子，但一把镊子要20多元，她犹豫了半天，还是没有买。但做医生总不能连镊子都没有吧，她就从爸爸那里要了一把。大塘村终于有了卫生室，但村民不相信这个外来的医生。李春燕说，那时候村民甚至害怕给孩子打疫苗，卫生院到村里来打疫苗时，家家户户都把门关上了。

李春燕苦恼了一段时间之后，一件事情改变了困局。

2001年夏天，一个姓王的村民喝多了酒，昏迷不醒。请了"鬼师"作法后，仍没醒过来，家里人认为他已经死亡，就哭着给他办后事。这时，王家有个年轻人提议说，听说孟家的媳妇会看病，不如叫来试试。就这样，李春燕被叫去了。她检查过后，开始给这个"死者"输液。随着药液的滴滴流动，患者的呼吸均匀了，他慢慢苏醒过来。家人破涕为笑，对李春燕千恩万谢。从此，李春燕"起死回生"的故事在村里甚至邻村传开，找她看病的人多了起来。李春燕说，大塘村的人没有去医院生孩子的习惯，以前新生儿的死亡率很高，许多妇女因生孩子落下一身的病，甚至生孩子时母子双亡，"得破伤风的很多，很多小孩活不过7天"。因此，除了看病，她还经常免费给产妇接生。在李春燕看来，宣传医学知识也是村医的"重任"。她说，每当有小孩生了病，她就告诉孩子父母："你的孩子如果打了疫苗，就不会常生这种病了。"因为一个医生的存在，大塘村慢慢发生了改变。当卫生院的人来给孩子接种疫苗时，不到两小时就可以为所有小孩接种完，再也不用像以前那样挨家挨户地做工作。此外，在李春燕的劝说下，开始有人去医院生孩子。

艰难地守护

李春燕的父亲也是一名乡村医生，走街串巷几十年为乡亲们祛除病痛。在父亲的要求下，梦想考幼师的李春燕读了卫校。在李春燕出嫁前，父亲对她说："村里人看病不容易。不管多苦，不管多累，你都不能离开大塘，因为你是大塘唯一的医生。"李春燕没有想到，要坚守父亲的这句嘱托，竟然那么难。当卫生室的生意慢慢好起来的时候，李春燕的日子却越来越艰难了。由于大塘村很贫困，很多乡亲来看病没钱付医药费。李春燕又不忍心不管，只好先为病人把病治好，没钱，就在本子上把病人欠的药费记上。五角、一块、五块、十块，几年下来，记账的本子摞了好几大本。她知道这些钱是很难收回来的，但她没有因此放弃对乡亲的帮助。离大塘村4千米以外的刚边寨，有个

12岁的孩子患了肠套叠,为治病,家里花光所有的钱,还欠下几千块钱的贷款,最后,父母带着他找到了李春燕。从家到刚边寨,最快也要走半个小时,李春燕每天来往跑4趟。两个月下来,她累得连路也走不稳。后来,她把孩子接到家里。前后3个月,李春燕的丈夫开农用车赚来的钱都换成了药,直到孩子康复。孩子的父母没钱付医药费,把家里仅有的一袋玉米送到了卫生室。"其实我们的村民非常可亲可爱,一旦手头有了钱,哪怕就1分钱,他们首先想到的是来还我的药费。"但是,由于村民的贫困,卫生室还是严重入不敷出。家里所有值钱的东西几乎都搭进了卫生室。2003年年底,在卖掉了公公养的最后一头牛之后,李春燕流着眼泪把结婚时婆婆送的银饰也卖了。

为了卫生室能维持下去,李春燕和家人想了各种办法。

"最初,我和丈夫挑米去县城卖,舍不得花钱坐车,最多的一次,丈夫挑96斤大米走了15千米。2004年年初,我还和丈夫一起收过破烂……"可终究由于村民的贫困,卫生室一直没有摆脱困境。没有资金周转,药品用完了,李春燕就跑到县城去求药店的老板赊药,赊来的药用出去后,村民的药费又是只能记在账本上,时间一久,也没有药店再肯赊药给她。辛苦的工作不但不能糊口,家里还欠下了几千块钱的债。实在坚持不下去了,李春燕无奈地决定放弃卫生室,和丈夫一起南下打工。在地里干农活时,她对村里的几个妇女说:"我要出去打工了,你们照顾好自己,有了病一定要去医院。"在她收拾好行李,即将出发的前一天,一批村民涌到她家,拿着钱和鸡蛋,把皱巴巴的一元、二元甚至几毛钱的零钞塞到她手上:"李医生,有钱了你就不会走了吧?"攥着乡亲们拼凑的一共不到一百块钱零钞,李春燕伤心地哭起来。她选择了留下,虽然她不知道以后的日子要怎么过。但是,大家的期盼告诉她:"这个世界上,也许可以允许一些人选择轻松地逃离,但必须要有人选择艰难地守护。"

感动中国的赤脚医生

2004年10月3日中午,一个不满7个月的早产儿降生在大塘村一个贫穷的农民家里。这家人和村里的很多人一样,大多赤着脚,连三元到五元一双的鞋子都买不起。李春燕为孩子接生后,家里人为了感谢她,将家里最后的两元钱付给她,算作接生的费用。孩子刚出生时,还有响亮的啼哭声。母亲产后大出血,被李春燕及时控制住。但是,就在孩子出生4小时后,家人又找到了李春燕:孩子呼吸困难了!李春燕马上赶去抢救。在路上,她遇到了几位在大塘村进行社会调查的志愿者和记者。他们随李春燕一起到了孩子家里。当李春燕见到孩子的时候,他脸色发紫,已经没有任何生命的迹象了。李春燕的判断是

新时代医者的形塑
——《思想道德修养与法律基础》
（2018年版）教学案例集

"因为早产，体内器官发育不全，出生时吸入过多羊水，造成气管堵塞"。她先试着按压婴儿的胸腔治疗，几分钟后没有效果。李春燕将自己的嘴对准孩子的小嘴，轻轻一吸，随即将一口黄色的液体吐在随身带的纸巾里。定了定，她又凑过去，一口一口地吸。仍然没有任何反应，在随行的志愿者的帮助下，他们联系到了乡党委书记罗朝明。罗书记驱车带着孩子赶往县医院。在布满碎石、尘土环绕的路上，面包车一路急驶，车里，李春燕仍然在一口一口地给孩子做着人工呼吸……车子开到县城不远处，终于碰到了县医院派来的急救车，孩子被转送上急救车，李春燕一下车就瘫倒在路边昏了过去。在县医院，经过所有的抢救方法后，这个幼小的生命最终还是消逝了。在保温箱里的时候，孩子一度有了哭声，有了呼吸。当时，在外面守候的志愿者们还给他取了一个好听的名字：吴健智，希望他将来健康又聪明，也能做一个关心他人的志愿者。但是，他拥有这个名字只有20分钟。

这个悲惨的故事被一同参加抢救的记者黎寿光记录了下来，经《南风窗》《公益时报》等媒体发表，又经过网络的传播，人们才开始关注到这个偏僻的山坳里人们的艰辛与无奈，也关注到李春燕，这个为守护乡亲们的健康而苦苦挣扎的赤脚医生。2005年，李春燕获评中央电视台"感动中国"十大人物。在颁奖现场，短短的电视片讲述了这个故事，她从徐徐开启的大门后走出来的时候，很多观众流着泪在鼓掌。在介绍她的时候，主持人白岩松显得有些激动："她是大山里最后的赤脚医生，提着篮子在田垄里行医，一间四壁透风的竹楼，成了天下最温暖的医院，一副瘦弱的肩膀，担负起十里八乡的健康，她是迁徙的候鸟，她是照亮苗乡的月亮……"继"感动中国"后，她相继被评为《南风窗》"十大公益人物"，第17届"中国十大杰出青年"。一直生活在大山深处的李春燕，开始到各个城市频频领奖，接受媒体采访，做事迹报告……这些都让她始料未及，从一个名不见经传的赤脚医生，到世人皆知的公众人物，也一度让她难以适应。"我就是个普通的乡村医生，我也想平静地做个乡村医生，现在卫生站的工作非常忙，而且我还想考助理医师资格证……"但是，获奖、出名、被外界关注，也为她的家乡带来了很多变化，这是让她最欣慰的。在很多好心人的资助下，她欠药店的钱还上了，卫生室也能正常运转了。她参加了中国红十字基金会的乡村医生培训计划，在北京接受了专门针对乡村医生的全方位培训。在红十字基金会的援助下，原本开在家里的简陋卫生室变成了占地120多平方米，拥有3层小楼的"博爱卫生站"，也有了B超等基本的医疗设备。更让她高兴的是，县里收到了来自四面八方的捐款，指明捐给"李春燕"，县里用这些钱，在大塘村之外的其他村也建起了卫生站，"现在全县的13个村子基本上都建了卫生站并投入使用，苗寨乡亲们的生命健康

第三章 弘扬中国精神

有了基本的保障"。

此后，她也通过自己的影响力为村民们做更多的事。一直以来，由于大塘村的地势山高坡陡，饮用水是个大难题。当看到村民们用田里、池塘里的水洗菜、洗碗、煮饭时，李春燕总是劝他们："这些水不干净，挑回家去用石灰等消毒后再饮用，这样，要少生好多病。"但贫穷的村民竟连消毒的石灰都买不起。由于饮水不净，村民常生一些奇怪的病。李春燕一直盼望着有一天能改变乡亲们的饮水条件。2005年夏天，她的期盼变成了实际行动：为彻底解决乡亲们的饮水问题，她多次向当地党委、政府反映此事。李春燕的积极反映引起了各级党委、政府和有关部门的重视，经专家考察、调研，当地政府决定为该村引进自来水。提起李春燕，大塘村的村民们总是赞不绝口："要是没有她，我们哪里会有自己的卫生室，哪里能喝上自来水。"当荣誉和光环渐渐远去的时候，李春燕依然和村民一样喂猪、做饭、养育孩子。"我还是我，只是肩膀上的担子更重了。"她说。

案例出处

陈晰《李春燕：感动中国的乡村医生》，见《中华儿女》2010年12月28日（http://elite.youth.cn/lhkb/201012/t20101228_1443510.htm），有删改。

案例解析

案例中的李春燕，是个普通的乡村医生，在贵州从江县的大塘村开了一家简陋的卫生室。事实上，她连真正意义上的医生都不是。她没有编制，没有工资，甚至连个药箱都没有，出诊看病的时候，她就拎着一个竹篮。可是，她的故事感动了全中国。"这个世界上，也许可以允许一些人选择轻松地逃离，但必须要有人选择艰难地守护。""她是大山里最后的赤脚医生，提着篮子在田垄里行医，一间四壁透风的竹楼，成了天下最温暖的医院，一副瘦弱的肩膀，担负起十里八乡的健康，她是迁徙的候鸟，她是照亮苗乡的月亮……"卫生室是李春燕一个人的梦，也是全村人的梦，而正是这一个个的梦汇聚成中国梦，一个个人的精神汇聚成中国人民的精神。

一个人不能没有精神，一个国家不能没有梦想。实现中华民族伟大复兴，是中华民族近代以来最伟大的梦想。实现中国梦必须走中国道路，必须弘扬中国精神，必须凝聚中国力量。爱国主义始终是把中华民族坚强团结在一起的精神力量，改革创新始终是鞭策我们在改革开放中与时俱进的精神力量。全国各族人民一定要弘扬伟大的民族精神和时代精神，不断增强团结一心的精神纽带、自强不息的精神动力，永远朝气蓬勃地迈向未来。

🔍 案例启思

（1）如何立足现实岗位弘扬中国精神？
（2）如何理解实现中国梦必须弘扬中国精神？

🎤 教学建议

本案例可用于第三章第一节之"实现中国梦必须弘扬中国精神"中的案例教学。中国精神是兴国强国之魂。实现中国梦，必须弘扬中国精神，以高扬的精神旗帜为指引，以强大的精神支柱为支撑，团结凝聚全体人民的智慧和力量，为实现中国梦而努力奋斗。

"大鹏之动，非一羽之轻也；骐骥之速，非一足之力也。"没有强大的精神力量，就会重演中国近代以来四分五裂、一盘散沙的悲剧。弘扬中国精神，对维系中华民族的生存与发展、维护国家统一和民族团结发挥着重要的凝聚作用。在当代中国，必须用中国精神引领各族人民心往一处想、劲往一处使，用13亿人的智慧和力量汇集起不可战胜的磅礴力量，为实现中华民族伟大复兴的中国梦而努力奋斗。

第一，凝聚中国力量的精神纽带。要推进民族复兴的时代伟业，我们必须有万众一心、众志成城的强大精神凝聚力。人民群众是历史发展和社会进步的主体力量。坚持和发展中国特色社会主义，实现中华民族伟大复兴，最根本的力量在人民，最强大的力量在团结凝聚起来的人民。弘扬中国精神，对维系中华民族的生存与发展、维护国家统一和民族团结发挥着重要的凝聚作用。

第二，激发创新创造的精神动力。当前，我们正在从事的中国特色社会主义事业是一项前无古人的创造性事业，中国精神作为兴国强国之魂的价值和意义更为凸显。推进新时代的伟大事业，必须有创新创造、向上向前的强大精神奋发力，勇于变革、勇于创新，永不僵化、永不停滞，使全体人民始终保持昂扬向上的精神状态，为实现中国梦注入强大的精神力量。

第三，推进复兴伟业的精神定力。世界上没有一个民族能够亦步亦趋走别人的道路实现自己的发展振兴，也没有一个民族会在心神不定、游移彷徨中成就自己的光荣和梦想。坚持和发展中国特色社会主义，需要我们正确认识当代世界和中国发展大势，正确认识中国特色，坚定道路自信、理论自信、制度自信、文化自信。只有自觉弘扬中国精神，增强民族自尊心和自信心，坚定不移地走自己的路，才能使全体人民在实现复兴伟业的征途中拥有坚如磐石的精神和信仰力量，不被困难吓倒，不为诱惑所动，不为干扰所迷惑，坚定不移把我们的事业不断推向前进，直至光辉的彼岸。

第三章 弘扬中国精神

鲁迅说过,"唯有民魂是值得宝贵的,唯有他发扬起来,中国才有真进步"。在实现中国梦的新征程中,大力弘扬伟大的民族精神和时代精神,让凝心聚力的兴国之魂、强国之魂融入现代化进程,我们就一定能朝气蓬勃地迈向未来,不断开创中国特色社会主义新局面。

▶ 案例六 铸盾控疾,中国力量

案例

侯云德是谁?2017年度国家最高科学技术奖名单公布后,对这位鲜少在媒体上露面的科学家,不少人都发出了好奇的一问。

同样的问题,60年前也被人问过。当时,苏联《病毒学杂志》的编辑特意询问:"侯云德是谁?他是什么样的人物?他的论文怎么会发表这么多?"不怪编辑好奇,这位中国留学生在苏联学习的三年半时间里,发表了17篇学术论文,并在仙台病毒等研究上取得了一系列重大突破,最终直接越过副博士,被苏联高等教育部破格授予医学科学博士学位。

一辈子与病毒打交道,作为我国分子病毒学和基因工程药物的开拓者,侯云德说:"认识世界的目的应当是要改变世界,学习病毒学、研究病毒学,目的应当是预防和控制病毒,为人类做出更加切身的贡献"。

"道固远,笃行可至;事虽巨,坚为必成", 集毕生精力编织传染病防控网络

2008年,侯云德79岁。这一年,他被国务院任命为"艾滋病和病毒性肝炎等重大传染病防治"科技重大专项技术总师。

这时,距离2003年的"非典"疫情已经过去5年。公众或许已淡忘了当时的恐慌,侯云德却不敢忘。"'非典'来得太突然,我们没有准备,病毒研究不充分,防控体系太薄弱了。传染病在历史上是可以让一个国家亡国的,老的控制了,还会不断出现新的,传染病防控绝对不能轻视!"这位少时立志学医并且要当名医的科学家,一生都在为祖国的防病事业而奋斗。

在本该颐养天年的年龄,侯云德又忙碌起来,担负起我国现代传染病防控

新时代医者的形塑
——《思想道德修养与法律基础》
（2018年版）教学案例集

体系顶层设计的重任。他带领专家组，设计了2008—2020年降低"三病两率"和应对重大突发疫情的总体规划，主导建立了举国体制协同创新的传染病防控技术体系，全面提升了我国新发突发传染病的防控能力。

第一次挑战很快来临！

2009年，全球突发甲流疫情，国外死亡人数上万名。在国务院领导下，我国成立了由原卫生部牵头、38个部门组织的联防联控机制，侯云德作为专家组组长，针对防控中的关键科技问题，开展多学科协同攻关研究。"这个组长可不好当，相当于坐在火山口上，责任重大。一旦判断失误，防控不当，疫情就有可能蔓延。"中国疾病预防控制中心病毒病预防控制所副所长董小平研究员回忆说。

当时，我国仅用87天就率先研制成功新甲流疫苗，成为全球第一个批准甲流疫苗上市的国家。世界卫生组织建议注射两剂，侯云德则提出不同观点："新甲流疫苗，打一针就够了！"

在疫情随时可能爆发的情况下，提出这一建议的侯云德，承担的压力可想而知。打两针是国际共识，只打一针，万一达不到免疫效果呢？

"科学家要敢讲真话，为国家和人民着想，不能只计较个人得失。"侯云德是有底气的。依据长期积累的经验，结合新疫苗的抗体反应曲线和我国当时的疫苗生产能力和注射能力，侯云德坚定地提出了一次接种的免疫策略。最终，这一方案大获成功，世界卫生组织也根据中国经验修改了"打两针"的建议，认为一次接种预防甲流是可行的。

2009年的甲流疫情，我国取得了"8项世界第一"的研究成果，实现了人类历史上首次对流感大流行的成功干预。据来自清华大学第三方的系统评估，我国甲流的应对措施大幅度降低了我国的发病率与病死率，减少2.5亿发病人数和7万住院人数。这一重大研究成果获得世界卫生组织和国际一流科学家高度赞赏和一致认同，获得2014年国家科技进步一等奖。

侯云德提出了应对突发急性传染病的"集成"防控体系的思想，重点布置了病原体快速鉴定、五大症候群监测、网络实验室体系建立的任务，全面提升了我国新发突发传染病的防控能力，使我国成功应对了近10年来国内和国际数次的重大传染病疫情。"MERS、寨卡、H1N1等病毒在我国都没有流行起来，H7N9也得到了有效控制，我国在传染病防控方面的能力大幅提升，进入世界一流行列。侯院士作为这一体系的总师，功不可没。"卫健委科教司监察专员、"艾滋病和病毒性肝炎等重大传染病防治"科技重大专项实施管理办公室主任刘登峰表示。

第三章　弘扬中国精神

是"中国干扰素"之父，更是杰出的战略科学家

侯云德是一位科学家，更是一名战略科学家。他的很多科研成果和举措，在当时都是具有前瞻性和开创性的，并且影响深远。

"中国干扰素"之父，是业内不少人对侯云德的尊称。20世纪七八十年代，美国、瑞士等国的科学家以基因工程的方式，把干扰素制备成治疗药物，很快成为国际公认的治疗肝炎、肿瘤等疾病的首选药，但价格极为昂贵。

侯云德敏锐地捕捉到基因工程这一新技术，1977年，美国应用基因工程技术生产生长激素释放因子获得成功，这一突破使侯云德深受启发：如果将干扰素基因导入细菌中去，使用这种繁衍极快的细菌作为"工厂"来生产干扰素，将会大幅度提高产量并降低价格。他带领团队历经困难，终于在1982年首次克隆出具有我国自主知识产权的人α1b型干扰素基因，并成功研制出我国首个基因工程创新药物——重组人α1b型干扰素，这是国际上独创的国家Ⅰ类新药产品，开创了我国基因工程创新药物研发的先河。α1b型干扰素对乙型肝炎、丙型肝炎、毛细胞性白血病等有明显的疗效，并且与国外同类产品相比，副作用小，治疗病种多。这项研究成果获得了1993年国家科技进步一等奖。此后，侯云德带领团队又相继研制出1个国家Ⅰ类新药（重组人γ干扰素）和6个国家Ⅱ类新药。

侯云德更具前瞻性的，是他没有固守书斋，不仅主导了我国第一个基因工程新药的产业化，更推动了我国现代医药生物技术的产业发展。

"我现在还记得，26年前在侯云德先生的办公室里，他打开抽屉给我看，一抽屉都是各种各样的论文。侯先生说，这些科研成果如果都能规模化生产，变成传染病防控药品，该有多好啊！"北京三元基因药业股份有限公司总经理程永庆回忆，那时缺医少药，很多药都需要进口，而且价格高昂。

一年后，在一间地下室里，当时60多岁的侯云德创立了我国第一家基因工程药物公司——北京三元基因药物股份有限公司。

侯云德主导了我国第一个基因工程新药的产业化，将研制的8种基因工程药物转让10余家国内企业，上千万患者已得到救治，产生了数10亿人民币的经济效益，对我国改革开放初期的科技成果转化具有重要的指导意义。

"那时的干扰素药品100%进口，300元一支，一个疗程要花两三万元。现在的干扰素90%是国产的，价格下降了90%，30元一支。但是侯先生还给我们提出了要求，希望价格能再降到20元钱、10元钱，让普通百姓都能用得起！"程永庆感慨地说。

侯云德的战略性，还体现在他对国家整个生物医药技术发展的顶层设计。

121

新时代医者的形塑
——《思想道德修养与法律基础》（2018年版）教学案例集

"侯云德院士是当之无愧的科学大家，在生物医药技术领域做什么，不做什么，都是侯院士在把握方向。"中国疾病预防控制中心主任高福钦佩地说。在对我国科技发展产生重要影响的"863计划"中，侯云德连续担任了三届"863计划"生物技术领域首席科学家。他联合全国生物技术领域的专家，出色地完成了多项前沿高技术研究任务。顶层指导了我国医药生物技术的布局和发展。在此期间，我国基因工程疫苗、基因工程药物等五大领域取得了巨大成就，生物技术研发机构成十数倍增加，18种基因工程药物上市，生物技术产品销售额增加了100倍。

"双鬓添白发，我心情切切，愿将此一生，贡献四化业"

"侯老师能够做出方向性的判断，靠的不是拍脑门，而是长期以来扎实的积累。"侯云德的学生、中国医科院病原所所长金奇研究员告诉记者，尽管已是89岁高龄，但侯老师的勤奋，很多年轻人都比不上。

"侯老师每天都会关注国内外病毒学的最新动态，并且亲自翻译、撰写，送给相关部门领导和同事参阅。每期都有上万字，两周一期，已经写了200多期。"金奇说，他读研究生时，侯老师工作非常忙碌，但仍然会在下班后到实验室找学生聊天。"聊什么？聊的就是他掌握的最新技术和动态，通过侃大山的方式实时输送给我们。侯老师对我们这些学生，对年轻人，在培养提携上总是不遗余力。"

在学生和同事眼中，侯云德是无私的，愿意将自己的知识与技术传授给他人。在做干扰素研究的初期，试剂紧缺，都是他自己从国外背回来的，但其他同事有需要，他二话不说就分享给大家使用；20世纪80年代初他的实验室掌握了一系列基因工程技术后，不少人到他的实验室取经，侯云德乐于分享，从不留一手，常常还要赔上昂贵的试剂。有人认为他这么做不利于保持本室的技术优势，他却不以为然。"我国科学家应当团结起来，不能把持技术不外流，技术优势要靠不断创新，只有不断创新才能使自己处于优势地位。"

中国疾病预防控制中心病毒病预防控制所党委书记兼法人代表武桂珍研究员告诉记者，尽管创造的经济效益数以亿计，但侯先生对生活的要求非常低。"他的汽车超期服役要淘汰了，我们问他想换辆什么车，侯先生说，带轱辘的就行。生病住院，也从来不跟组织提任何要求。有时输完液晚上8点了，还要自己回家做饭吃。"武桂珍说，侯先生所思所想所求，都是我国的防病事业。在他身上，深深印刻着老一辈科学家的家国情怀。

采访时，谈及自己的科研成果与成就，侯云德谦虚地笑了："我做的都是分内之事，只是认真做了，并没有很特别。而且很多事也不是我一个人做的，

第三章 弘扬中国精神

我是领头人而已。"

今年（2018年）89岁的侯云德，仍然每天7点就开始工作，并且不吃早饭。据说，这是年轻时养成的习惯，因为要抓紧一切时间做实验。尽管动过两次大手术，但老人看起来仍然精神抖擞。耄耋之年，他曾赋诗一首以明其志："双鬓添白发，我心情切切，愿将此一生，贡献四化业。"

案例出处

《国家最高科技奖获得者侯云德：系"中国干扰素"之父》，见《人民日报》2018年1月8日（http://news.youth.cn/gn/201801/t20180108_11256400.htm），有删改。

案例解析

案例中一辈子与病毒打交道，作为我国分子病毒学和基因工程药物的开拓者，侯云德说："认识世界的目的应当是要改变世界，学习病毒学、研究病毒学，目的应当是预防和控制病毒，为人类做出更加切身的贡献。""'非典'来得太突然，我们没有准备，病毒研究不充分，防控体系太薄弱了。传染病在历史上是可以让一个国家亡国的，老的控制了，还会不断出现新的，传染病防控绝对不能轻视！"这位少时立志学医、并且要当名医的科学家，一生都在为祖国的防病事业而奋斗。

爱国主义是历史的、具体的，在不同的历史条件和文化背景下所形成的爱国主义，总是具有不同的内涵和特点。爱国主义的丰富性和生命力，正是通过它的历史性和具体性来表现的。在新民主主义革命时期，爱国主义主要表现为致力于推翻帝国主义、封建主义和官僚资本主义的反动统治，把黑暗的旧中国改造成光明的新中国。在现阶段，爱国主义主要表现为献身于建设新时代中国特色社会主义伟大事业，献身于实现中华民族伟大复兴中国梦的实践，献身于促进祖国统一大业。

案例启思

（1）如何理解爱国主义？
（2）爱国主义的基本要求是什么？

教学建议

本案例可用于第三章第二节之"爱国主义的基本内涵"中的案例教学。爱国主义的基本内涵为"爱河山、爱同胞、爱文化、爱国家"，更加突出"爱

自己的国家"。任何民族的繁荣、任何国家的富强,都离不开爱国主义的巨大力量。爱国主义是一个民族、一个国家凝聚人民的重要精神纽带和鼓舞人们团结奋斗的光辉旗帜。

(1) 爱国主义体现了人们对自己祖国的深厚感情,揭示了个人对祖国的依存关系,是人们对自己家园以及民族和文化的归属感、认同感、尊严感与荣誉感的统一。它是调节个人与祖国之间关系的道德要求、政治原则和法律规范,也是中华民族精神的核心。每个人来到这个世界,都要在社会中生存,都要获取生存发展的物质条件,都要寻求慰藉心灵的精神家园,这一切首先得之于祖国。爱国是每个人都应当自觉履行的责任和义务,是对祖国的报答。

(2) 爱祖国的大好河山。祖国的河山在人们的心中占据着至高无上的地位。祖国的山山水水滋养哺育着她的子子孙孙。"禾苗离土即死,国家无土难存",祖国的大好河山,不只是自然风光,还是主权、财富、民族发展和进步的基本载体。因此,领土完整涉及国家的重大核心利益,每一个爱国者都会把"保我国土"、"爱我家乡"、维护祖国领土的完整和统一,作为自己的神圣使命和义不容辞的责任。

(3) 爱自己的骨肉同胞。对骨肉同胞的爱,反映的是对整个民族利益共同体的自觉认同。中华民族的利益是我国各族人民的共同利益、长远利益和最高利益,这种利益高于各个民族内部的、局部的、暂时的利益。爱自己的同胞就是爱人民群众。对人民群众感情的深浅程度,是检验一个人对祖国忠诚程度的试金石。爱自己的骨肉同胞,最主要的是培养对人民群众的深厚感情,坚持以人民为中心的立场,始终紧紧地同人民群众站在一起。

(4) 爱祖国的灿烂文化。文化是一个国家、一个民族的灵魂。文化传统常常被称为国家和民族的胎记,是国家和民族得以延续的精神基因,是培养民族心理、民族个性、民族精神的摇篮,是产生民族凝聚力的重要基础。在现实生活中,人们或许会背井离乡,或许会彼此隔绝,但对祖国灿烂文化和历史传统的认同总会把彼此的心连在一起。爱祖国的灿烂文化,就是要认真学习和真正了解祖国的历史,在充分理解和尊重的基础上,积极推动祖国优良历史文化传统的传承和发展。

(5) 爱自己的国家。"家是最小国,国是千万家""没有国哪有家,没有家哪有我",这些看似平常的话语,却道出了国家和个体之间相互依存、密不可分的关系,也道出了最深刻的爱国理由。祖国的大好河山、自己的骨肉同胞、民族的灿烂文化,都是同我们的国家联系在一起的,我们每个人的发展也都时刻同国家的发展进步紧密关联。失去国家的庇佑和保护,人们将失去成长和发展最基本的保障和最坚实的依托。因此,爱自己的国家,拥护国家的基本

第三章 弘扬中国精神

制度，遵守国家的宪法法律，维护国家安全和统一，捍卫国家的利益，为国家繁荣发展贡献自己的力量，是爱国主义的基本要求。

▶ 案例七 遏制疟疾，中医贡献

案例

2015 年诺贝尔生理学或医学奖得主、中国女药学家屠呦呦在瑞典首都斯德哥尔摩卡罗林斯卡医学院进行中文主题演讲，演讲题目为《青蒿素的发现：传统中医献给世界的礼物》，演讲内容如下（有删改）。

尊敬的主席先生、尊敬的获奖者、女士们、先生们：

今天我极为荣幸，能在卡罗林斯卡医学院演讲，我报告的题目是"青蒿素，中医药给世界的一份礼物"。

在报告之前，我首先要谢谢诺贝尔奖评委会，诺贝尔奖基金会授予我 2015 年生理学或医学奖，这不仅是授予我个人的荣誉，也是对全体中国科学家团队的嘉奖和鼓励。

在短短的几天里，我深深地感受到了瑞典人民的热情，在此我一并表示感谢，谢谢刚才两位所做的精彩报告。我现在要说的是，40 年前，在艰苦的环境中，中国科学家努力奋斗，从中医药中寻找抗疟新药的故事。

关于青蒿素的发现过程，大家可能已经在很多报道中看到过，这里我只做一个概要的介绍。

中医药研究所团队于 1969 年开始进行抗疟中药研究，经过大量的反复筛选工作后，1971 年起，工作重点集中在中药青蒿上；又经过很多次失败以后，1971 年 9 月，重新设计了提取方法，改用低温提取，用乙醚回流或者冷却，然后再用解溶液去除酸性部位的方法制备药品。

1971 年 10 月 4 号，青蒿乙醚中性提取物，就是标号 191#的样品，以 1.0 克/公斤体重的剂量连输三天口服药，对疟疾抑制率达到 100%，同年 12 月到次年 1 月的猴疟实验也得到了抑制率 100% 的结果，青蒿乙醚中型提取物抗疟药效的突破，是发现青蒿素的关键。

1972 年 8 月到 10 月，我们开展了青蒿乙醚中性提取物的临床研究，30 例

125

恶性疟和间日疟病人治疗全部显效。同年11月，从该部位中成功分离得到有效抗体药物的结晶，后来将其命名为"青蒿素"。1972年12月开始，对青蒿素的化学结构进行探索，通过元素分析、光谱测定、制谱等技术手段，确定化学分子是$C_{15}H_{22}O_5$，分子量282，明确了青蒿素是不含氮的倍半萜化合物，进一步分析分子式等有关数据。1974年起与上海科学研究院有机化学研究所和生物物理所相继开展了青蒿素研究的工作，最终经过X光衍射确定了青蒿素的立体结构，这个结构1977年在中国的《科学通报》上发表。

1973年起，为研究青蒿素结构中功能而制备的衍生物，经硼氢化钠还原反应，证实了青蒿素结构中羰基的存在，发明了双氢青蒿素，经构效关系研究，明确青蒿素结构中的过氧基团是抗疟的活性气团，部分青蒿素羟基衍生物的鼠疟效价也有所提高。

青蒿素引起世界关注

1981年世界卫生组织、世界银行、联合国计划开发署在北京联合召开了疟疾化疗科学工作组第四次会议，有关青蒿素及其临床应用的一系列报告在会上引起了热烈反响。我的报告是"青蒿素的化学研究"。20世纪80年代，中国已经有数千例的疟疾患者得到了青蒿素及其衍生物的有效治疗。

听完这段介绍，大家可能觉得这不过是一段普通药物的发现过程，但是当年从在中国已有2000多年沿用历史的中药青蒿中发掘出青蒿素的历程却相当艰辛。

目标明确、坚定信念是成功的前提，1969年，中医科学院中药研究所参加全国"523"抗疟研究项目。经院领导研究决定，我被指定负责并组建项目科研组，承担抗疟项目的研发。这个项目在当时属于保密的重点军工项目。作为一个年轻科研人员，有机会接受如此重任，我体会到了国家对我的信任，深感责任重大、任务艰巨，但我决心不辱使命，努力拼搏，尽全力完成任务！

在困境面前需要坚持不懈

20世纪70年代中国的科研条件比较差，为供应足够的青蒿有效部位用于临床，我们曾用水缸作为提取容器。由于缺乏通风设备，又接触大量有机溶剂，一些科研人员的健康受到了影响。为了尽快上临床，在动物安全性评价的基础上，我和科研团队成员亲自服用有效部位提取物，以确保临床病人的安全。

团队精神、无私合作加速科学发现转化为有效药物

今天我再次衷心感谢当年从事"523"抗疟项目中医团队的全体成员，铭

记他们的积极投入与特殊贡献,感谢全国"523"项目单位的通力协作,包括山东省中药研究所、云南省药物研究所、中国科学院生物物理所、中国科学家上海有机所、广州中医药大学以及军事医学科学院等,我衷心祝贺协作单位同行们所取得的多方面成果以及对疟疾患者的热忱服务。对全国"523"办公室在组织抗疟项目中的不懈努力,在此表示诚挚的敬意,没有大家无私合作的团队精神,我们不可能在短期内将青蒿素贡献给世界。

1972 年 3 月 8 日,全国"523"办公室在南京召开抗疟药专业会议,我代表中药所在会上报告了青蒿 No.191 号的提取物对鼠疟、猴疟的结果,受到与会其他人的关注,同年 11 月 17 日在北京召开的全国会议上,我报告了 30 例临床病例全部显效的结果,从此拉开了青蒿素抗疟研究全国大协作的序幕。

世界卫生组织 2011 年遏制青蒿素抗药性的全球计划

青蒿素和其他抗疟药的抗药性在大湄公河地区,包括柬埔寨、老挝、越南、泰国等地区,恶性疟原虫已经出现对青蒿素的抗药性。在柬埔寨—泰国边境的许多地区,恶性疟原虫已经对绝大多数抗疟药产生抗药性。在今年(2015 年)报告的对青蒿素抗药性的分布图上,红色和黑色提示当地的恶性疟原虫出现抗药性,可见,不仅在大湄公河流域有抗药性,在非洲少数地区也出现了抗药性这些情况都是严重的警示。

这项计划出台的目的是保护 ACT_s 对恶性疟疾的有效性。鉴于青蒿素的抗药性已在大湄公河流域得到证实,扩散的潜在威胁也正在考察之中,参与该计划的 100 多位专家认为,在青蒿素抗药性传播到该地区之前,遏制或消除抗药性的机会其实十分有限。遏制青蒿素抗药性的任务迫在眉睫。为保护 ACT_s 对恶性疟疾的有效性,我诚挚希望全球医药工作者认真执行 WHO 遏制青蒿素抗药性的全球计划。

在结束之前我想再谈一点中医药。"中国医药学是一个伟大的宝库,应当努力发掘、加以提高。"青蒿素正是从这一宝库中发掘出来的,通过抗疟药青蒿素的研究历程,我深深地感到中西医药各有所长,两者有机结合,优势互补,当具有更大的开发潜力和良好的发展前景。大自然为我们提供了大量的植物资源,医药学研究者可以从中开发新药。中医药从神农尝百草开始,在几千年的发展中积累了大量临床经验,对自然资源的药用价值已经有所整理归纳。通过继承发扬,发掘提高,一定有所发现,有所创新,从而造福人类。

屠呦呦最后引用古诗作为结束语:"欲穷千里目,更上一层楼!"

案例出处

屠呦呦《青蒿素：传统中医献给世界的礼物》，见人民网 2015 年 12 月 8 日（http://zjnews.zjol.com.cn/system/2015/12/08/020942571.shtml），有删改。

案例解析

案例中 2015 年诺贝尔生理学或医学奖得主、中国女药学家屠呦呦在瑞典首都斯德哥尔摩卡罗林斯卡医学院进行中文主题演讲，讲述了 40 年前，在艰苦的环境中，中国科学家努力奋斗，从中医药中寻找抗疟新药的故事。"'中国医药学是一个伟大的宝库，应当努力发掘、加以提高'。青蒿素正是从这一宝库中发掘出来的，通过抗疟药青蒿素的研究历程，我深深地感到中西医药各有所长，两者有机结合，优势互补，当具有更大的开发潜力和良好的发展前景。"从屠呦呦的这段话我们可以看到，新时代中国科学人真正地立足传统，结合西方技术，为解决人类问题贡献了中国智慧和中国方案。

中国特色社会主义进入新时代，意味着近代以来久经磨难的中华民族迎来了从站起来、富起来到强起来的伟大飞跃，迎来了实现中华民族伟大复兴的光明前景；意味着科学社会主义在 21 世纪的中国焕发出强大生机活力，在世界上高高举起了中国特色社会主义伟大旗帜；意味着中国特色社会主义道路、理论、制度、文化不断发展，拓展了发展中国家走向现代化的途径，给世界上那些既希望加快发展又希望保持自身独立性的国家和民族提供了全新选择，为解决人类问题贡献了中国智慧和中国方案。

案例启思

（1）屠呦呦的成功给大学生怎样的启示？
（2）大学生如何做忠诚的爱国者？

教学建议

本案例可用于第三章第二节之"做忠诚爱国者"中的案例教学。当代大学生做忠诚的爱国者，主要有以下三个途径。

第一，维护和推进祖国统一。首先，坚持一个中国原则。一个中国原则是两岸关系的政治基础。体现一个中国原则的"九二共识"明确界定了两岸关系的根本性质，是确保两岸关系和平发展的关键。其次，推进两岸交流合作。在两岸关系大局稳定的基础上，两岸各领域交流合作有着广阔的空间。再次，

第三章 弘扬中国精神

促进两岸同胞团结奋斗。两岸双方应秉持"两岸一家亲"的理念，顺势而为、齐心协力、心心相印、守望相助，巩固和扩大两岸关系发展成果。最后，反对"台独"分裂图谋。"台独"分裂势力及其分裂活动仍然是对台海和平的现实威胁，必须继续反对和遏制任何形式的"台独"分裂主张和活动，不能有任何妥协。

第二，促进民族团结。处理好民族问题，促进民族团结，是关系祖国统一和边疆巩固的大事，是关系民族团结和社会稳定的大事，是关系国家长治久安和中华民族繁荣昌盛的大事。深化对党的民族理论和民族政策的认识，认清"藏独"和"疆独"等各种分裂主义势力的险恶用心和反动本质，筑牢各族人民共同维护祖国统一、维护民族团结、维护社会稳定的钢铁长城。

第三，增强国家安全意识。首先，确立总体国家安全观。国家安全是指一个国家不受内部和外部的威胁、破坏而保持稳定有序的状态。确立总体国家安全观，必须既重视外部安全，又重视内部安全；既重视国土安全，又重视国民安全；既重视传统安全，又重视非传统安全；既重视发展问题，又重视安全问题。其次，增强国防意识。强大的国防是国家生存与发展的安全保障。大学生必须具有很强的国防观念和忧患意识，自觉接受国防和军事方面的教育训练，关心国防、了解国防、热爱国防、投身国防，积极履行国防义务，成为既能建设祖国又能保卫祖国的优秀人才。最后，履行维护国家安全的义务。大学生应自觉遵守国家安全法律，履行维护国家安全的法律义务：依照法律服兵役和参加民兵组织的义务，保守国家秘密的义务，为国防建设和国家安全工作提供便利条件或其他协助的义务，在国家安全机关调查了解有关危害国家安全的情况下如实提供有关证据、情况的义务，及时报告危害国家安全行为的义务，不得非法持有、使用专用间谍器材的义务，不得非法持有国家秘密文件、资料和其他物品的义务等。对每一项责任和义务，每个大学生都应当勇于担当。

▶ 案例八　紧扣时代，医疗创新

 案例

2014 年，英国医学研究理事会（MRC）拟投资 3200 万英镑资助首批五大

项目,以提高医学生物信息学的能力、产能,改善核心基础设施。这项"医学生物信息学计划"预计总投资5000万英镑,将通过建立耦合复杂生物数据和健康记录的新方法,来解决关键的医学难题。

第一,生物医学领域的数据量极速增长。21世纪以来,随着高通量测序的技术发展和逐步应用,生命科学领域的数据量正在极速增长,而对海量数据的分析和应用需求日益迫切。尤其是随着新一代测序技术的发展,更大数量级的基因组数据产出日渐增加(从GB、TB级到PB、EB级)——每台高通量的测序仪每天可产生约100 GB的数据——大规模的基因组数据的分析和管理正成为推动生命科学创新的源泉。

而且,大数据还不仅仅来源于高通量的基因组测序。生命科学的快速进步,以及生物技术与信息技术的融合,使得大数据贯穿从基础研究到药物开发到临床诊疗到健康管理的所有环节。在基础研究领域,除高通量测序产生的数据外,转录组、代谢组、蛋白质组等领域也正在极速增长,而生物学表型、代谢过程、致病基因等的分析都亟须将不同类型的数据加以整合,从中挖掘出更具价值的内容。

第二,大数据正在深刻影响生物医学研究。在上述背景下,生命科学的基础研究正在发生重大转变,这标志着生物学从实验科学向以数据驱动为主、实验为辅的理论科学的转变正在逐步形成,而这种模式的转变也在深刻影响着新药研发——即便是在小规模的研究中,靶标发现、化合物筛选等的密集过程的数量也已经在TB级以上,而更大数量级的数据分析,或许也将带来研发模式的变革。

在临床诊断方面,与临床数据采集、存储、管理和应用相关的医疗信息技术快速发展,而不少医疗机构也正在逐步适应这一潮流。以美国德州大学安德森肿瘤中心为例,其所支持的TB级以上数据,包括肿瘤的病理学的研究、流行病学,对病因的精准预测和模型研究等。

而在用户端,大数据时代的到来,还源于健康管理、移动医疗应用的日益广泛。例如,微软2007年发布的Health Vault目标是用于实现个人和家庭的健康管理,而其数据则可从便携设备、第三方机构等导入,通过提供开放接口等支持应用集成。再如,在部分发达国家,开源的远程医疗平台日渐流行,如Moca Mobile的功能主要包括身体诊断(如宫颈癌筛查、儿童期疾病诊断、皮肤诊断)、术后观察、应急反应(车祸现场的评估)和Moca Benefits(现场筛查、诊后)等,并支持语音、图像、文本,据称,视频功能也在不久的将来实现。

个性化的健康服务与健康网络,如果能与基础数据、研发数据和诊疗数据

有机地整合,其挖掘和分析的价值将不可估量,而这或许也将真正地支撑起个性化医疗、个性化用药,意味着"精准医疗"时代的到来。

第三,信息技术与生物医学的融合。然而,就目前而言,大数据对于生物医学而言,仍然是机遇和挑战并存——只有做到信息技术和生物医学的结合更加紧密,才能充分地利用好海量数据,从而解决复杂疾病等人类面临的共同挑战。

例如,人群中基因组的相似性超过99.99%,要开展复杂疾病的全基因组关联分析,仅样本数量往往就达千份以上。要在其中发现环境因素、遗传因素对疾病的影响,已是十分困难——生物学数据具有多维性质,即使厘清血压、血糖等多种不同类型的临床和数字化信息之间关联就已经十分困难,更何况很多背景噪音可能会对此带来多方面的影响。

仅仅从理论上看,上述过程至少需要云计算技术来实现数据的传输、分析、共享和关联等,需要异构源数据整合和互操作技术,需要可视化工具以便于人们理解复杂数据。只有这样,才能实现基础数据、研发数据、诊疗数据和个性化健康管理数据的"无缝"衔接和分析。

为此,已有不少企业和研究机构开展了这方面的开发,例如IBM开发了基于Hadoop进行全基因组关联分析的R语言包BlueSNP,全基因组关联分析中对每个位点或每组位点的分析推送到Hadoop计算节点上完成。此外,还有不少此类企业获得了风险投资的青睐,如Counsyl、Benchling、Practice Fusion、ElationEMR、DNA Nexus、Medisas、Comprehend Systems、Flatiron等。然而,即便是对于大数据分析平台而言,目前的发展也仍然只是一个开端。

第四,数据标准的重要性。除了技术的挑战外,另一个挑战就是数据标准(包括科研电子病例标准、随访信息管理标准、实验室信息管理标准、生物信息分析平台、组学数据标准、药物临床试验信息标准、样本标准等)的缺乏,这往往使得研究者无从切入。例如,不同类型生物样本库的存在,以及搜集样本的类型和保存方式的不同,其所承担的功能和架构、工作流程、基础设施建设和设备配备等情况也会不同,使得数据标准很难建立。

即使是在信息技术和生物医学都极为发达的美国,不同系统、机构之间的数据共享和分析也面临着这一障碍。美国劳伦斯伯克利国家实验室基因组科学部主任鲁宾曾指出"理想状态下的目标是建立统一的电子病历系统,这些信息应该有统一的标准,但现实并非如此,各个医院存储的数据标准不同,而且不同系统存储的信息也不一样"。为此,在"奥巴马医改"(Obamacare)的政策中,就包括把问诊、处方以及治疗电子化,使所有的医院全部实现电子录入——即便如此,对于标准化而言,也仍然只是刚刚开始。

案例出处

《大数据时代的生物医学》，见搜狐网 2017 年 7 月 11 日（http://www.sohu.com/a/156298667_733985），有删改。

案例解析

案例中提到 2014 年，英国医学研究理事会（MRC）拟投资 3200 万英镑资助首批五大项目，以提高医学生物信息学的能力、产能，改善核心基础设施。这项"医学生物信息学计划"预计总投资 5000 万英镑，将通过建立耦合复杂生物数据和健康记录的新方法，来解决关键的医学难题。

由可以见，创新能力是当今国际竞争新优势的集中体现。"在激烈的国际竞争中，唯创新者进，唯创新者强，唯创新者胜。"今天，国际竞争的新优势越来越集中体现在创新能力上。当今世界，谁牵住了科技创新这个"牛鼻子"，谁走好了科技创新这步先手棋，谁就能占领先机，赢得优势。当前，全球新一轮科技革命和产业变革正在孕育兴起，谁在创新上先行一步，谁就能拥有引领发展的主动权。新科技革命和产业变革将重塑全球经济结构，就像体育比赛换到了一个新场地，如果我们还留在原来的场地，那就跟不上趟了。面对科技创新和产业革命新趋势，世界主要国家都在积极调整应对，努力寻找创新的突破口，抢占发展的先机，纷纷出台新的创新战略，加大投入，加强人才、专利、标准等战略性创新资源的争夺，创新战略竞争在综合国力竞争中的地位日益重要。

案例启思

（1）如何理解改革创新是时代的要求？
（2）大学生如何提升创新素养？

教学建议

本案例可用于第三章第三节之"改革创新是时代要求"中的案例教学。在当代中国，社会发展离不开改革创新，改革创新是社会发展的重要动力，坚持改革创新是新时代的迫切要求。

创新始终是推动人类社会发展的第一动力。16 世纪以来，人类社会进入前所未有的创新活跃期，几百年里，人类在科学技术方面取得的创新成果超过过去几千年的总和。特别是 18 世纪以来，世界发生了几次重大科技革命，如近代物理学的诞生、蒸汽机和机械、电力和运输、相对论和量子论、电子和信

第三章 弘扬中国精神

息技术发展等。在此带动下,世界经济发生多次产业革命,如机械化、电气化、自动化、信息化。每一次科技和产业革命都深刻改变了世界发展面貌和力量格局。一些国家抓住了机遇,经济社会发展驶入快车道,经济实力、科技实力、军事实力迅速增强,甚至一跃成为世界强国。发端于英国的第一次产业革命,使英国走上了世界霸主地位;美国抓住了第二次产业革命机遇,赶超英国成为世界第一。从第二次产业革命以来,美国就占据世界第一的位置,这是因为美国在科技和产业革命中都是领航者和最大获利者。从某种意义上说,创新决定着世界政治经济力量对比的变化,也决定着各国各民族的前途命运。

改革创新是我国赢得未来的必然要求。抓创新就是抓发展,谋创新就是谋未来。目前,虽然我国经济总量跃居世界第二,但大而不强、臃肿虚胖体弱问题相当突出,主要体现在创新能力不强,科技发展水平总体不高,科技对经济社会发展的支撑能力不足,科技对经济增长的贡献率远低于发达国家水平,这是我国这个经济大个头的"阿喀琉斯之踵"。在新一轮科技革命和产业变革中,我国能否在未来发展中后来居上,实现弯道超车,主要就看能否在创新驱动发展上迈出实实在在的步伐。必须把创新作为引领发展的第一动力,把人才作为支撑发展的第一资源,把创新摆在国家发展全局的核心位置,把创新驱动发展战略作为国家重大战略,不断推进理论创新、制度创新、科技创新、文化创新等各方面创新,让创新贯穿党和国家的一切工作,让创新在全社会蔚然成风。

▶ 案例九 大医精诚,止于至善

 案例

《我不是药神》上映以后,许多观众都对剧中白血病人的遭遇感到同情而又痛心——病人既要忍受病痛的折磨,又要为价格高昂的药物焦虑奔走……

电影引起了广泛的热议,而离开影院,回归生活,我们身边有这样一位老者:

他和团队千辛万苦研制出有效的白血病药物,一心救人,根本没去考虑专利申请;他年过90依然奋斗在研究、教学、诊疗的第一线,只愿为国家和人

133

民多做点儿事;他以身立教,成为学生们的偶像和明灯:他就是我国著名的血液学专家、中国工程院院士、国家最高科技奖获得者,上海交大医学院附属瑞金医院终身教授王振义。

对于病患,他总是给予最大的关怀;对于荣誉,他淡然处之;载誉前行,不忘初心,他以一颗仁心救病患,一份大爱济苍生。

王振义说:我对大家有个要求,就是要在心中播下"大医"的种子,把病人的需要放在首位,要看重事业,看淡名利。至于我自己,我只希望余生能再做些事情。50年过去了,我们只攻克了一种白血病,还有20多种白血病需要我们去攻克,我们还有很多工作要做啊!

"上海方案"让患者生存率达93%

他带领团队在实验室历经8年奋斗,找到全反式维A酸(ATRA)这一药物,用于治疗最为凶险的急性早幼粒细胞白血病;他也曾感到挫败,但从未放弃,只为救治更多的病人;最终陈竺、陈赛娟院士等共同努力,创造性地提出"上海方案";以"有勇气,并且尊重科学"的信念,两代科学家坚持不懈,使急性早幼粒细胞白血病成为第一个可基本治愈的成人白血病。

急性早幼粒细胞白血病曾是白血病中最为凶险的一种,很多病人往往抢救几小时后就死亡了。直到20世纪80年代末,全世界范围内也没有有效的治疗手段。因此,这种疾病不仅沉重打击了病人的家庭,也让医生们压力倍增。

20世纪70年代,王振义以驱邪归正、诱导分化的方法着手。他带领研究生经过8年的试验,不断筛选,发现维生素A的氧化物——全反式维A酸可以在体外实验中使APL的早幼粒细胞分化,发育成为成熟的中性粒细胞。

但ATRA有一定的副作用,而且作为从未在国际上报道过的全新治疗方式,其临床应用会承受很大的压力。面对阻力,王振义在大量实验室研究的基础上,坚信自己的研究成果。

1986年,上海市儿童医院血液科收治了一名小病人,病情非常危急,王振义甘冒风险,决定用全反式维A酸为这名5岁的孩子做最后一搏。在征得家长同意后,这名小病人接受了全新的治疗方案。之后,小病人病情大大缓解,并存活至今。

这次治疗是世界公认的诱导分化理论让癌细胞"改邪归正"的第一个成功案例。诱导分化理论为白血病等恶性肿瘤的诊治提供了全新理念,拓展了肿瘤学研究的广阔空间。

此后,全反式维A酸治疗急性早幼粒细胞白血病的方案获得了良好的临床效果,使得这种白血病患者的生存率大幅度提高,但现代医学除了看临床效

果，还要求搞清机制。这个时候，陈竺、陈赛娟两位年轻的学者正在法国学习，王振义教授把弄清机制、降低复发率的任务交给了他们。

陈竺与陈赛娟在血研所内建立了细胞遗传实验室、分子生物实验室，用当时最新的分子生物技术来研究全反式维 A 酸的作用机制。在这个过程中，他们不但阐明了全反式维 A 酸的治疗机制，还证实并阐述了三氧化二砷对急性早幼粒细胞白血病的良好疗效和作用机制。此后他们创造性地提出了全反式维 A 酸 + 三氧化二砷联合应用的治疗方案，最终使得急性早幼粒细胞性白血病达到痊愈，这个方案被国际同行誉为"上海方案"。急性早幼粒细胞白血病成为第一个可基本治愈的成人白血病。

最近瑞金医院主持的大规模临床实验显示，在优化方案的基础上，急性早幼粒细胞白血病患者生存率达 93%。

从王振义到陈竺、陈赛娟，上海血液学研究所两代科学家，以"有勇气，并且尊重科学"的信念，开创了全新的白血病治疗理念和诊疗方法。

如今，一盒十粒装的全反式维 A 酸的售价为 290 元左右，并且进入医保。

94 岁的他是年轻学生的偶像

94 岁的王振义依旧在关心着研究工作，依旧在带着很多学生，他对医学教育高度重视。几乎每年都会给交大医学院的学生们做报告，教导他们不懈奋进。上海交通大学年轻的医学生把王老当作医学之路的偶像和明灯。

"我觉得首先要培养他们的思想，怎样热爱科学、热爱人民。你所做的工作是为谁——不是为了自己，当然，你的技术高了，你的地位也会高，但是这个不是最后的宗旨。最后的宗旨，是为人民、为国家。所以培养一个学生，首先你要培养他的德，教他怎样做人。"

2003 年，王振义教授自创了"开卷考试"式的查房，每周四上午针对学生提出的疑难病例进行分析和答疑，而学生们则对他的回答进行打分。如今 94 岁高龄的王院士，仍坚持这种被王老戏称为"开卷考试"的做法。

这不仅培养了学生的诊断思路，更给病人带去福音。他每天都要上国际最前沿的医学网站，浏览最新动态，摘录相关知识，转达给学生。

王振义院士先后获得国家自然科学奖在内的国家级奖项 7 项，省部级科技奖 17 项。荣获何梁何利科学与技术进步奖、求是科技基金会杰出科学家奖等荣誉。

在国际上，王振义获得美国凯特琳奖、瑞士布鲁巴赫肿瘤研究奖、法国祺诺台尔杜加科学奖、美国圣·乔奇癌症研究创新成就奖等国际肿瘤研究大奖。为表彰他所做出的突出贡献，法国政府授予他荣誉骑士勋章。

我们常说，医者仁心、大爱无疆，在王振义教授身上，我们切身感受到了这一点，而我们周围还有许许多多像王老一样的医学工作者和教育者，他们献身医学、救死扶伤、不忘初心、砥砺前行，向他们致敬！

案例出处

《院士王振义：他不是"药神"，但他让患者生存率达93%》，见澎湃新闻2018年7月16日（https://www.thepaper.cn/newsDetail_forward_2266825），有删改。

案例解析

案例中提到的急性早幼粒细胞白血病曾是白血病中最为凶险的一种，很多病人往往抢救几小时后就死亡了。直到20世纪80年代末，全世界范围内也没有有效的治疗手段。20世纪70年代，王振义以驱邪归正、诱导分化的方法着手。他带领研究生经过8年的试验，不断筛选，发现维生素A的氧化物——全反式维A酸（ATRA）可以在体外实验中使APL的早幼粒细胞分化，发育成为成熟的中性粒细胞。但ATRA有一定的副作用，而且作为从未在国际上报道过的全新治疗方式，其临床应用会承受很大的压力。面对阻力，王振义在大量实验室研究的基础上，坚信自己的研究成果。1986年，上海市儿童医院血液科收治了一名小病人，病情非常危急，王振义甘冒风险，决定用全反式维A酸为这名5岁的孩子做最后一搏。在征得家长同意后，这名小病人接受了全新的治疗方案。之后，小病人病情大大缓解，并存活至今。这次治疗是世界公认的诱导分化理论让癌细胞"改邪归正"的第一个成功案例。此后他们创造性地提出了全反式维A酸+三氧化二砷联合应用的治疗方案，最终使得急性早幼粒细胞性白血病达到痊愈，这个方案被国际同行誉为"上海方案"。急性早幼粒细胞白血病成为第一个可基本治愈的成人白血病。从王振义到陈竺、陈赛娟，上海血研所两代科学家，以"有勇气，并且尊重科学"的信念，开创了全新的白血病治疗理念和诊疗方法。

2018年4月10日，习近平总书记在博鳌亚洲论坛2018年年会开幕式上的主旨演讲上也说道："40年来，中国人民始终与时俱进、一往无前，充分显示了中国力量。中国人民坚持解放思想、实事求是，实现解放思想和改革开放相互激荡、观念创新和实践探索相互促进，充分显示了思想引领的强大力量。中国人民勇于自我革命、自我革新，不断完善中国特色社会主义制度，不断革除阻碍发展的各方面体制机制弊端，充分显示了制度保障的强大力量。中国人民敢闯敢试、敢为人先，积极性、主动性、创造性空前高涨，充分显示了13亿

多人民作为国家主人和真正英雄推动历史前进的强大力量。"中国人民敢闯敢试、敢为人先的精神，是推动历史前进的强大力量。无论是现在的中国新能源、中国桥梁、中国航天、中国电商、中国交通、中国超算，还是一个个打上了中国标记的基础设施、科技成果、行业成就，都正在不断为人们生活品质的提升、为中国经济的腾飞打下坚实的基础，并成为中国的国家名片，以铿锵的脚步迈向世界。这一切正是中国人民不断改革创新的最好证明。

青年往往朝气蓬勃，思维活跃，好奇心强，求知欲盛，敢于尝试新生事物，这些都是有利于创新创造的重要条件。纵观世界历史，许多重要创造都是产生于创造者风华正茂、思维最敏捷的青年时期。可以说，青年身上蕴藏着巨大的创造能量和活力。大学生应当珍惜人生中最具创新创造活力的宝贵时期，有敢为人先、开拓进取的锐气，有逢山开路、遇河架桥的意志，在创新创造中不断积累经验、取得成果、演绎精彩。

案例启思

（1）王振义院士的创新案例给我们什么启示？
（2）大学生如何做改革创新的生力军？

教学建议

本案例可用于第三章第三节之"改革创新是时代要求"中的案例教学。教材中理论过于概括，需要教师紧密联系时代的新趋势、新动态，根据形势发展，聚焦社会热点，及时对授课内容进行调整充实。教学展开时，要强化与时俱进，突出"改革创新"，收集各国改革创新的典型案例，帮助学生理解当代社会改革创新的时代性及必要性。教师在讲授理论时，可就"你关注当代哪些改革创新？大学生应如何走在改革创新的时代前列？"展开讨论。

当代大学生做改革创新的生力军的途径：

第一，树立改革创新的自觉意识。改革创新，首先要求人们自觉增强改革创新的责任感，树立敢于突破陈规、大胆探索未知、勇于创新创造的思想观念，在实践中有直面困难的勇气，有突破难关的精神，锐意进取，奋力前行。

第二，增强改革创新的责任感。改革创新表现为一种不甘落后、奋勇争先、追求进步的责任感和使命感。在时代大潮中，有人选择安于现状、不思进取、随波逐流，有人则意气风发、力争上游、拼搏进取。这两种不同选择的根源，除了信心和勇气外，更在于是否具有为推动社会发展进步贡献力量的责任感和使命感。改革创新充满艰辛，需要我们做出奉献甚至牺牲，没有强烈的责任感和使命感，很难支撑人们克服和战胜改革创新过程中的艰难曲折。李大钊

曾写下"铁肩担道义，妙手著文章"的警语，"铁肩、道义"讲的就是责任与使命。大学生要不断增强以改革创新推动社会进步，在改革创新中奉献服务社会、实现人生价值的崇高责任感和使命感，以时不我待、只争朝夕的紧迫感投身改革创新的实践中。

第三，树立敢于突破陈规的意识。陈规最易束缚人的思维和手脚，要创新，就要有强烈的创新意识，凡事要有打破砂锅问到底的劲头，敢于质疑现有定论，勇于开拓新的方向，攻坚克难，追求卓越。敢于大胆突破陈规甚至常规，敢于大胆探索尝试，善于观察发现、思考批判，不唯书，不唯上，只唯实，这是大学生在学习与实践中创新创造的重要前提。

第四，树立大胆探索未知领域的信心。创新就是要走前人没有走过的路。要创新，就要有强烈的创新自信。如果总是跟踪模仿，既谈不上创新，也是没有出路的。未知领域可能是人类认识的盲区，也可能是人类实践的处女地。未知常常令人心生怯意，人们常常因充满未知的风险而停下探索和求新的脚步，但未知领域也往往蕴含着未被发现的沃土和创新的机遇。"路漫漫其修远兮"，最需要"上下而求索"的勇气。王安石在《游褒禅山记》中所言："而世之奇伟、瑰怪、非常之观，常在于险远，而人之所罕至焉，故非有志者不能至也。"青年应是常为新、敢创造的，理当锐意创新创造，不等待、不观望、不懈怠，勇做改革创新的生力军。

第五，投身创新实践。当代大学生既置身于全球新一轮科技革命和产业变革兴起的历史机遇期，又置身于我国迈向现代化强国的历史新征程，应当在全面深化改革的伟大实践中深深体悟改革创新精神，增强改革创新的意识，锤炼改革创新的意志，增强改革创新的能力本领，勇做改革创新的实践者和生力军。

创新始终是推动人类社会发展的第一动力。正如习近平强调的，"唯改革者进，唯创新者强，唯改革创新者胜"。增强改革创新本领，既是新时代对党的执政能力建设提出的新的更高要求，又是推动党和国家事业持续发展的现实需要。党的十八大以来，习近平总书记数次强调"创新"对中国全面深化改革和发展的重要作用。"变革创新是推动人类社会向前发展的根本动力。谁排斥变革，谁拒绝创新，谁就会落后于时代，谁就会被历史淘汰。"改革创新，指的是改掉旧的、不合理的部分，使其更合理完善，并开创新的事物。改革创新是社会主义核心价值体系的基本内容之一，也是实现科学发展观的重要动力。以改革创新为核心的时代精神是中华民族历来具有的富于进取的思想品格。

第四章　践行社会主义核心价值观

▶ 案例一　有爱人生，奉献基层

 案例

村医，是我国农村新型合作医疗的最末梢，却守护着亿万农民的健康。在重庆市合川区华蓥山脚下，有一位叫李菊洪的村医，她与所有最基层的医务工作者一样，每天干的是最平凡、最琐碎的工作，看些小病小灾，开点常用药物，或者走家串户，做些公共卫生服务。这些看似普通的小事，李菊洪干起来却并不容易，因为她是一位失去双腿的村医。

村里的一天开始得早，李菊洪的工作也是。不到7点，瓦店村卫生室开门了。每天上午是李菊洪的坐诊时间，天天如此，没有例外，也没有假日。写完病历，走到药房开药，药开好了，再走回诊室，又来病人了……这就是李菊洪平常工作的状态。在诊室接诊，去药房拿药，她需要一趟趟从诊室走到药房，再从药房走回来。虽然只有几步路，她需要花费的力气是常人很难体会的。有时候，为了抓一服中药，她需要借助长凳，上上下下很多次。

没有惊心动魄的医学难题，也没有太多疑难杂症等着她。除了给大家宣传农村基本公共卫生服务，帮助村民建立健康档案等这些琐碎的工作之外，大专毕业的李菊洪每天面对的基本都是感冒、发烧，或者伤口包扎这类的小问题。她和她的卫生室管理和看护着这里每个人的健康。

1983年，李菊洪4岁。有一天，一辆拉煤的货车忽然从她身边疾驰而过……醒来的时候，她的两条腿都不见了。17岁那年，她考上了江津特殊教育职业学校医学专业。学校离家100多千米。大专4年，家里买不起轮椅，但

她从来没有被乡亲和同学们落在身后。22岁,李菊洪大专毕业,拿到资格证,她回到瓦店村,应聘成为清平镇卫生院驻瓦店村的乡村医生。板凳和轮椅带着她随访、出诊,走进村里的每家每户。做村医的十几年里,李菊洪用过的小板凳有20多对。瓦店村的情况,同中国的很多农村是一样的。虽然是一个有700多户人家的大村落,但多数青壮年都外出打工,在家居住的人口已经从原来的2000多人减少到了现在的1000多人(2017年数据),大部分是老人、女人和孩子,他们正是中国最基层医疗卫生普及的对象。

一连下了几天雨,趁着这天下午天气好,她让丈夫刘兴堰推着她去村里随访。入村随访,是她重要的日常工作。每走一家,李菊洪就会把村民们能享受的基本公共卫生服务给他们讲一遍。这是村医最基本的职责之一。如果碰上年纪大的和需要她重点关注的老人,她就会停下来,给他们量血压、测血糖,然后记录下来,回去登记到村民的健康档案里。龙婆婆老两口今年(2017年)都已经70多岁了,身体不太好,唯一的孩子几年前过世了,孙子在城里读书,乡下的家里就只剩下老两口。李菊洪是他们家的常客。今天测量后,她告诉老两口:"伯伯这个血糖很正常,伯娘那个稍微有一点高,问题也不大。"

在瓦店村的所有村民中,有多少需要定期监测血压、血糖,有多少患有不同程度的慢性病,这些情况,李菊洪谙熟于心。

做村医的十几年,平均每年李菊洪都会用坏一对小板凳。2016年,丈夫刘兴堰给她做了一对新板凳,枣木的,结实。随着大量青壮年外出务工,村里的大多数家庭都缺乏家庭氛围,他们除了春节或清明节能回来几天外,基本上都在外面,有的甚至好几年没有回家,老人们都难免孤单。李菊洪一来二去的随访,有很大一部分功能是对老人们精神和亲情上的一种特殊慰藉。李菊洪说:"和那些病人拉拉家常,或者他们跟你说一些他们家里面的事情,或者也就听他们有时候说一句:哎呀,菊洪我吃了你的药,我的头就不疼了,他说我好了。哎呀,我就觉得挺开心的。"这种彼此间如家人一般的亲情关系,让她有非常得意的一种感觉,这是她一趟又一趟进村随访的成果。李菊洪的卫生室经常热闹得很,有人走累了在这儿歇歇脚、摆"龙门阵",也有村民来找她看病开药,顺便让这个村里的高才生帮忙收拾一下手机里已经快存满的信息。村民们说:"这些新鲜的,我也不晓得,搞不懂。"李菊洪开心地说:"在那些村民心目中,我简直啥都会。比如说有一个人,他拿过来给我说,你给我把手机整一下,我说我又不会整手机,我又不会修。"瓦店村的村民跟李菊洪之间存在着一种奇妙的信任,在他们眼中,似乎只要菊洪在,没啥问题是她解决不了的。不过,这种信任的建立,需要的不仅是时间。华蓥山从东北向西南绵延300千米,山峦挺拔,林木幽深。瓦店村就在华蓥山脚下,弯曲的小路贴着山

第四章 践行社会主义核心价值观

坡通向每家每户。于常人，这些都是风景，但对李菊洪来说，却是一道道坎儿。尽管在别人眼里，她是位需要被社会关爱的残疾人，但她有自己的想法：因为在失去双腿后，那么多人曾为她代步；如今能被村民们需要，是她最大的成就。

结婚 10 多年，丈夫刘兴堰就是李菊洪的"腿"。无论是推着、背着，他们从不分开。10 多年的时间，李菊洪走遍了辖区内的 700 多户人家，累计行程 80000 多千米，行医 6000 多人次。她说，她走的每一步，留下的是丈夫刘兴堰的脚印。这几天，又到了每年一次组织村里 65 岁以上的老人去体检的时候了。住在山上的盲人邓婆婆出门不方便，不愿意去，刘兴堰就背着李菊洪一遍遍去邓婆婆家里做工作。做村医的十几年里，李菊洪离不开丈夫刘兴堰。现在，这份工作每月 2000 元左右的工资基本就是他们的全部收入。李菊洪说："我们做那些事情，只能糊口，不能养家，只能供自己解决温饱问题，再一个乡亲们需要我，病人需要我，我也需要这份工作，我需要他们。"体检的地方在几十千米之外的镇医院，老人出门不方便，劝他们去一趟不容易。真到了现场，对于李菊洪来说才是真的不容易。基础检查在一层，B 超和化验在二层，她是组织者，需要两层楼上上下下地跑。

李菊洪说自己做乡村医生要干一辈子，因为大家需要她。万一刘兴堰背不动她了，还有儿子可以背，最起码还要干上 30 年，如果能干上 40 年那就最好了。失去双腿的李菊洪，用手中的板凳，连接起医疗惠农政策和农村病患之间的最后一千米，她需要并且喜欢这份工作，而村民也喜欢并且需要她的服务。随着新农合医保覆盖乡镇，中国农村的医疗卫生保障向前迈进了一大步，但在良好的制度设计和日渐完善的硬件建设基础上，如何解决人的问题，让更多的医生沉到基层，为村民提供最优质的服务，是完善基层公共卫生服务的大问题。

🔍 案例出处

《让更多的医生沉到基层：无腿村医李菊洪的有爱人生》，见央视网 2017 年 5 月 23 日（http://news.cctv.com/2017/05/23/ARTImjIhmdbh2jmQvPNXmwCG 170523.shtml），有删改。

✏️ 案例解析

李菊洪，一名乡村医生，4 岁时因车祸高位截肢，失去双腿。学医毕业后，回村从事乡村医生工作，坚守山村 18 年，行程 8 万多千米，用坏 20 多对小板凳，服务群众 6000 余人次。2016 年被评为"重庆好人"，获得第十届中

141

国医师奖,2017 年被评为"中国好人"。央视《焦点访谈》整集播出李菊洪先进事迹,美国 CNN 将其故事拍成纪录短片播出。

总体上看,李菊洪身上体现出了"爱国、敬业、诚信、友善"的价值追求,体现了立足本职岗位,践行社会主义核心价值观,服务父老乡亲的真心真情。当村医,入户体检和走访村民是主要任务之一。瓦店村是个小山村,老年村民多,许多人家住在山坡上,但不论住得多远多偏,都是她的服务对象。一对板凳 4 斤多,两对板凳 9 斤重。许多乘车到不了的地方,李菊洪就背着药箱,撑着板凳,爬坡上坎,越过沟渠。这些年,她"走"遍了山间的小道,"走"坏了 20 多对木板凳。习近平总书记指出:"真情,需要用社会主义核心价值观来引领,需要用中华民族传统美德来滋养。真情,是不虚、不私、不妄之情。真情不虚就是要忠诚老实、诚恳待人,真情不私就是要砥砺品德、刚正无私,真情不妄就是要光明磊落、坦坦荡荡。唯有如此,亲情、友情、爱情、同志之情才能高尚恒久,才能有益于自己,有益于亲人、友人、所爱之人、同志之人,也才能铸就守望相助、天下同心的人间大爱。我们要让真情大义像春风一样吹遍神州大地,吹进千家万户,给每一个中华儿女带来温暖。"

案例启思

(1) 如何理解社会主义核心价值观的基本内容?
(2) 大学生应当如何坚定价值观自信?

教学建议

"板凳医生"李菊洪是践行社会主义核心价值观的优秀代表,可用此案例来引导学生自觉地践行社会主义核心价值观。核心价值观,承载着一个民族、一个国家的精神追求,体现着一个社会评判是非曲直的价值标准。全社会积极弘扬和践行社会主义核心价值观,才能汇聚起建设社会主义现代化强国和实现中华民族伟大复兴的中国梦的磅礴力量。习近平在庆祝改革开放 40 周年大会上指出:"40 年来,我们始终坚持发展社会主义先进文化,加强社会主义精神文明建设,培育和践行社会主义核心价值观,传承和弘扬中华优秀传统文化,坚持以科学理论引路指向,以正确舆论凝心聚力,以先进文化塑造灵魂,以优秀作品鼓舞斗志,爱国主义、集体主义、社会主义精神广为弘扬,时代楷模、英雄模范不断涌现,文化艺术日益繁荣,网信事业快速发展,全民族理想信念和文化自信不断增强,国家文化软实力和中华文化影响力大幅提升。改革开放铸就的伟大改革开放精神,极大丰富了民族精神内涵,成为当代中国人民最鲜明的精神标识!"

第四章 践行社会主义核心价值观

　　引导学生认识和掌握社会主义核心价值观的内容。党的十八大提出，要倡导富强、民主、文明、和谐，倡导自由、平等、公正、法治，倡导爱国、敬业、诚信、友善，积极培育和践行社会主义核心价值观。这与中国特色社会主义发展要求相契合，与中华优秀传统文化和人类文明优秀成果相承接，是中国共产党凝聚全党全社会价值共识做出的重要论断。社会主义核心价值观的提出，鲜明确立了当代中国的核心价值理念，生动展现了中国共产党和中华民族高度的价值自信与价值自觉。

　　引导学生深入理解社会主义核心价值观的深刻内涵。社会主义核心价值观把涉及国家、社会、公民的价值要求融为一体，体现了社会主义本质要求，继承了中华优秀传统文化，吸收了世界文明有益成果，体现了时代精神，是对我们要建设什么样的国家、建设什么样的社会、培育什么样的公民等重大问题的深刻解答。富强、民主、文明、和谐。坚持和发展中国特色社会主义，实现中华民族伟大复兴的中国梦，凝结着中华民族和中国人民对富强、民主、文明、和谐的价值追求。这一价值追求回答了我们要建设什么样的国家的重大问题，揭示了当代中国在经济发展、政治文明、文化繁荣、社会进步等方面的价值目标，从国家层面标注了社会主义核心价值观的时代刻度。自由、平等、公正、法治，反映了人们对美好社会的期望和憧憬，是衡量现代社会是否充满活力又和谐有序的重要标志。这一价值追求回答了我们要建设什么样的社会的重大问题，与实现国家治理体系和治理能力现代化的要求相契合，揭示了社会主义社会发展的价值取向。爱国、敬业、诚信、友善。爱国才能承担时代赋予的使命，敬业才能创造更大的人生价值，诚信才能赢得良好的发展环境，友善才能形成和谐的人际关系。爱国、敬业、诚信、友善，这一价值追求回答了我们要培育什么样的公民的重大问题，涵盖了社会公德、职业道德、家庭美德、个人品德等各个方面，是每一个公民都应当遵守的道德规范。有了这样的价值追求，人们才能更好地处理个人与国家、社会、他人的关系，不断提升自己的人生境界。

案例二 医者仁心，大爱无疆

郭光俊，男，汉族，1952年6月生，中共党员，登封市人大代表，登封市大金店镇梅村卫生所乡村医生。2014年3月，郭光俊被央视评为"中国最美乡村医生"。

郭光俊1964年上中学时，看到家乡群众看病困难，有不少乡亲因缺医少药延误诊治而死于非命，其中有两件事使他终生难忘。郭光俊说："那是一段刻骨铭心的记忆，1964年，家乡脑膜炎流行，因本村没有医生，患儿因失治而死亡。记得在那一段时间，我每到傍晚放学回家，看到地边沟旁秆草裹尸的凄凉，至今历历在目；荒山坡上野狗争食的惨叫，仍不时回响在耳边。那些失去亲生儿女的乡亲们声嘶力竭的、痛断肝肠的、无助的哭喊声，给我青年时代的心灵，打上了一辈子都不会忘记的烙印。"

"缺医少药的落后卫生状况，乡亲们失去亲人的无助哭喊情景，激发了我青年时代的学医之志，我一定要当一名医生，当一名好医生，为家乡的父老乡亲们治病，减少他们的病苦，让他们一辈子都安安乐乐地种庄稼。"

郭光俊曾在洛阳学医5年，后又到北京中国中医研究院广安门医院和沈阳医科大学血栓病医疗中心等地学习中西医和脑血管病专科共计12年。郭光俊说："1971年在洛阳学医期间，因属'十年动乱'年代，外出没有粮票不能吃饭，我父亲在家没日没夜地干活，尽力挣点钱给我买粮票供我安心学医。更使我终生难忘的是在那灾荒年之后，农民还吃不饱肚子，接着在洛阳的5年中，每逢春节回家，村里的爷爷奶奶及乡里乡亲们，拿着自己平时省吃俭用省下来的钱和粮票，有的三块五块，有的一斤半斤，用那长满了茧的双手把钱和粮票交给我，深情地说：'孩子，出门在外抬脚动手都得要钱，咱不能饿着肚子学医，你只管好好学，钱和粮票不够由咱们大家凑，大家都盼着你学成后早点回来！'当时我激动得说不出话来，我知道不接这钱就对不住乡亲们的一片心意，只有自己努力学习、勤奋工作，才能对得起这期盼学子学业期满早还乡的饱含父老乡亲情意的家乡情！"

第四章 践行社会主义核心价值观

学习结束后,郭光俊谢绝了两家医院的聘请,放弃了三次去城市办医院的机会,回到了生他养他而又缺医少药的家乡。在村支部的领导下,他亲自挑水担石,拉砖运土,和工匠们一起吃干粮住工地,创建能真正为山区人民服务的村卫生所,立志一辈子扎根农村,一做就是40多年。从医40多年来,郭光俊带领全所医护人员除了搞好计划免疫、妇幼保健等日常工作外,又主攻脑血管疾病的预防、治疗和该病的康复工作。多次参加全国性学术会议,撰写如《缺血性中风的中医药治疗》等论文18篇,在国家级专业刊物《中国乡村医药》等杂志和增刊上发表论文8篇。先后在中国中医药学会,中国农村卫生协会第五至第十届全国农村医学学术会议上宣读和书面交流论文10篇。

1999年7月,郭光俊当选为"全国乡村医生先进事迹报告会"的代表,光荣地去北京参加了大会,并在大会上代表河南省乡村医生做先进事迹发言。2002年4月20日,埃塞俄比亚国家卫生考察团在我国原卫生部及省市领导的陪同下,专程到梅村卫生所参观考察中国农村卫生,对所内的各项工作给予了高度评价。2006年,郭光俊再次被评选为全国优秀乡村医生,并被推荐为全国优秀乡村医生代表,于2007年1月8日在中南海受到了时任国务院副总理吴仪的亲切接见;同年4月14日,时任国家原卫生部副部长王国强,在省市领导的陪同下,专程来梅村卫生所视察,对所内的各项工作尤其是利用中医中药为群众防病治病给予高度评价。时任国家卫计委药政司司长姚建红在省市领导的陪同下,专程来梅村卫生所视察农村基层中医药文化建设,对所内的各项工作和成绩给予充分肯定和高度评价。

2011年3月,卫生所(原社区卫生服务站)成立了党支部,建立了党员学习室、党员活动室和农民公共卫生健康宣教室(党员文明岗),在党的正确领导下,以党员为组长,卫生所又成立了梅村卫生所党支部党员服务小分队、党支部义诊团和党支部宣教组。在郭光俊的带领下,党支部党员小分队开展了进农户、听民言、办好事、解疑难等为民办实事的活动。开展了居民建档进农户、急诊急救进农户、健康知识进农户、中医中药进农户等党支部村医十进农户服务活动。为本村7个生产组453户、2116位村民免费体检,并为每位村民都建立了纸质健康档案和电子档案。党支部义诊团定期上山采药,熬制成清瘟败毒的中药液,免费让村民饮用以预防多种传染病。党支部义诊团定期到镇敬老院为五保老人义诊,以传送党的温暖,又先后为敬老院的16位偏瘫老人免除一切医药治疗等费用,并治好了他们的偏瘫病。党支部义诊团带领全站医护人员扶残助残,为政府分忧,为本村一家特困五保户家庭义务免费送医、送药、送米、送面、送衣物、送被子、送生活用品长达36年,至今仍一如既往,从未间断。党支部义诊团每天24小时值班,常年走村串户统计农村的常见病、

多发病和各种传染病的预防接种表册,抢救和护送转诊了不少像肺炎心衰、急腹症、急性脑血管病等危重病人。党支部宣教组每月最少4次深入田间地头和学校,给村民和学生宣传讲解多种常见病、慢性病和四季传染病的防治知识,并且免费给小学生发放清热解毒类药品以预防多种传染病。党支部救护车24小时早喊早到,什么时候喊都免费接运病人和残疾人。

近年来,郭光俊先后获得全国劳动模范称号、全国卫生系统先进工作者、全国医药卫生系统先进个人、全国中医药文化建设先进个人、全国优秀乡村医生、全国模范乡村医生、河南省优秀乡村医生、河南省农村优秀中医等各级荣誉称号60余项。面对成绩和荣誉,郭光俊经常这样说:"所有这些与党的正确领导和关心培养是分不开的。是党的教导,是作为楷模的老师们一直激励着我们,传给了我们优良的医德、医风和医术。愿我们这一代和下一代人,永远继承和发扬光大。"

案例出处

《郭光俊:用医者仁心播散人间大爱》,见《河南日报》2015年6月25日(http://ccn.people.com.cn/n/2015/0625/c366510-27206531.html),有删改。

案例解析

有一些乡村医生扎根基层,敬业、诚信,服务百姓,郭广俊就是典型的代表。谈起学医的初衷,郭光俊说当初只是单纯地不想再看到村里人因为不及时治病而死。郭光俊的父亲生前曾对他说:"医者父母心。做郎中,就要做一个乡亲们早晚提起来都赞口夸奖的好郎中。"郭光俊谨记父亲的教导,扎根乡村一干就是46年。郭广俊是践行社会主义核心价值观的优秀代表,突出表现在他有强烈的责任担当。核心价值观和核心价值体系包含了当代中国社会成员在所有这些方面的基本责任要求。践行核心价值观就是要将所有这些责任要求转变为自己的社会责任,并不断增强对这些社会责任的道德意识、道德信念、道德情感和道德意志,使之成为强烈的社会责任感,并始终出于这种责任感而行动。坚持和发展中国特色社会主义需要有根本的价值遵循,"最美乡村医生"实际上就体现出了社会的价值导向。在全社会大力弘扬社会主义核心价值观,明确中国特色社会主义事业到底追求什么、反对什么,要朝着什么方向走、不能朝什么方向走,坚守我们的价值观立场,坚定中国特色社会主义的道路自信、理论自信、制度自信和文化自信,为社会的有序运行、良性发展提供明确价值准则,保证中国特色社会主义事业始终沿着正确方向前进,是中国特色社会主义的铸魂工程。

第四章 践行社会主义核心价值观

46年间,郭光俊在卫生所里每天24小时值班,吃住都在卫生所内,日夜守护着病人,没有节假日,即使大年初一也从不休息。一有时间,他便身背药箱走村串户为村民送医送药,风雨无阻。46年来,郭光俊用中药疗法治愈的偏瘫病人有15000余例。像这样一些扎根基层、立足本职岗位默默奉献的乡村医生,是践行社会主义核心价值观的典型代表。中国特色社会主义是全面发展、全面进步的社会主义。它既需要不断完善经济、政治、文化、社会和生态文明等各方面的制度,也需要不断探索社会主义在精神和价值层面的本质规定性;既需要为人们描绘未来社会物质生活方面的目标,也需要为人们指出未来社会精神价值的归宿。

就践行核心价值观而言,我们增强社会责任感面临的主要任务,就是要在思想和行动上把践行核心价值观作为自己主要的社会责任。一个人或一个组织的社会责任包括诸多方面,如对他人的责任、对国家的责任、对人类的责任、对环境的责任、对后代的责任等。显然,将核心价值观的践行转变成我们的主要社会责任,我们就不仅会高度自觉,而且会高度负责地践行核心价值观的各种要求。40多年来,郭光俊身背药箱走村串户为村民送医送药,无论是酷暑严寒还是刮风下雨;40多年来,为了减轻群众的医药经费、贯彻预防为主的方针,他们四季上山采药,免费为群众防病治病;40多年来,他们利用中医药治疗了许多偏瘫病人,凡初次患病者,大部分肢体功能均恢复正常,有效地保护了农村劳动力;40多年来,他一直住在卫生所内一间不足10平方米的小屋内,用的还是20世纪70年代的一张小铁床,日夜守护着病人;40多年来,他的卫生所未出现任何一例医疗事故,和病人情同兄弟姐妹,相互关心,相互帮助。

案例启思

(1)如何理解社会主义核心价值观的现实基础?
(2)大学生应当如何自觉践行社会主义核心价值观?

教学建议

中国医疗问题,难点在农村,农村难点在人才,如果乡村医生能力得到提升,就有更多患者留在基层治疗,看病难、看病贵的问题就能有效缓解。此案例可以用来分析"社会主义核心价值观的现实基础"。我们所积极弘扬和践行的社会主义核心价值观,不仅与中华民族悠久灿烂的历史文化相契合,具有深厚的历史文化底蕴,而且同我们所要解决的时代问题相适应,具有坚实的现实基础。概括而言,这一坚实的现实基础,就是当今时代的中华民族所进行的人

类历史上最为宏伟而独特的中国特色社会主义建设实践。

引导学生了解中国特色的社会主义建设是社会主义核心价值观的现实依据。价值观是人类在认识、改造自然和社会的过程中产生与发挥作用的。不同民族、不同国家由于其自然条件和发展历程不同,产生和形成的核心价值观也各有特点。建设富强民主文明和谐美丽的社会主义现代化强国,实现中华民族伟大复兴,是鸦片战争以来中国人民最伟大的梦想,是中华民族的最高利益和根本利益,承载着几代中国共产党人的理想和探索,寄托着无数仁人志士的意愿和期盼,凝聚着千千万万革命先烈的奋斗和牺牲,是近代以来中国社会发展的必然选择,是历史和人民的选择,凝聚着全国各族人民的奋斗和实践。事实也雄辩地证明,要发展中国、稳定中国,要全面建成小康社会、加快推进社会主义现代化建设,要实现中华民族伟大复兴,必须坚定不移地坚持和发展中国特色社会主义。推进中国特色社会主义建设,必然要求有自己鲜亮的精神旗帜,有明确有力的价值引领。社会主义核心价值观生成于中国特色社会主义建设实践,同当今中国最鲜明的时代主题相适应,是当代中国精神的集中体现,是中国特色社会主义本质规定的价值表达。它从价值观的层面,清晰地展现了我们所推进的中国特色社会主义建设的基本特征和根本追求,引领着中国特色社会主义建设铿锵前行。自觉按照核心价值观的要求行动。在现实生活中,一些人即使树立了正确的价值观,在外在的诱惑和冲击面前仍然有可能放弃自己的正确价值追求,而做一些与之相悖的事情。因此,我们不仅要将核心价值观转化为自己的价值观,而且要矢志不渝地坚守,始终以高度的社会责任感自觉地履行核心价值观的基本要求,使之真正落实到自己的行动上。这样,全体社会成员对核心价值观的践行就可以汇聚成全社会自觉的中国特色社会主义的伟大实践。

引导学生以核心价值观作为价值标准检验自己的言行。核心价值观是一种完整的科学价值体系,包含了终极目的、核心理念和基本原则,所有这一切都应该成为社会成员的行为准则,成为行为正当与否的价值标准。每一个社会成员不仅要按核心价值观的各种要求行动,而且要以这些要求作为衡量是非善恶、正当与否的标准,反思和检验我们的言行,使我们的言行达到或越来越趋近核心价值观的要求。这样,核心价值观的要求就能够逐渐得以全面贯彻落实。中国特色社会主义建设也以无可辩驳的事实生动展示着社会主义核心价值观的生机活力。改革开放以来,我们坚持走中国特色社会主义道路,在复杂的国内外形势下,抓住并用好了我国发展的战略机遇期,我国的综合国力、人民的生活水平、国际竞争力和国际影响力都迈上了新台阶,彰显了中国特色社会主义的巨大优越性和强大生命力。许多国家沿袭反映资本主义核心价值观的西

第四章 践行社会主义核心价值观

方模式,"被动学习","邯郸学步",非但没有呈现所谓的"民主盛景""发展盛景""繁荣盛景",甚至党争纷起、社会动荡、民不聊生,至今都难以稳定。相反,中国改革开放以来探索出的中国特色社会主义道路却让中国发展成为人类发展史上的奇迹。中国特色社会主义不是从天上掉下来的,也不是什么复制品、舶来品,而是有其自身的独特品质,中国特色的价值理念就是其中的内核。中国特色社会主义建设的成功经验,是对社会主义核心价值观正确性、可信性的检验。同时,中国特色社会主义建设的新推进,也不断为社会主义核心价值观注入丰富而鲜活的时代内涵,提出弘扬和践行社会主义核心价值观的新任务新要求,并为社会主义核心价值观的弘扬和践行创造提供了广阔空间及有力的物质基础、制度保障和相应条件。社会主义核心价值观之所以彰显出强大的生命力、吸引力和感召力,正因其深深地扎根于中国特色社会主义建设的生动实践之中。

▶ 案例三　超越血缘,孝行天下

案例

周长芝,女,中共党员,1968年出生,江苏徐州人,一位从教23年的中学校长,为完成母亲的托付,接下并悉心照料母亲收养的多位孤寡老人,继而辞去令人羡慕的中学校长职务,倾其所有开办了三家民办敬老院,先后接待收住各类老人1000多人次,为16位抗战老兵、26位孤寡老人提供免费住宿,为156位"三无"老人、困难老人和残疾人累计减免费用100多万元⋯⋯周长芝被老人们称为"贴心女儿",不是亲人胜似亲人!她用大爱书写出超越血缘、孝行天下的华章⋯⋯

孝老·超越血缘

周长芝从小生活在一个充满爱的大家庭里,兄弟姐妹8个,她是父母最小的女儿。父亲因病去世后,坚强的母亲在撑起整个家的同时,陆续收养了一个孤儿和十多位孤寡老人,刚会走路的周长芝就一直跟着母亲来照顾这些老人。

周长芝的母亲一生乐善好施,经常挂在嘴边的一句话就是"多做好事多

149

行善，善事当行孝先行！"临终前，她特意选中最小的女儿周长芝来完成她的遗愿——照顾好她一直赡养的孤寡老人。那一刻，周长芝打定了主意，决心义无反顾地继承母亲的大爱之托，开始了她超越血缘的孝老爱亲之旅。

从事教育事业 23 年的周长芝，先后担任过 4 所中学的校长，做出了出色的成绩，深受学生、家长和同事的好评，深得领导的器重。正逢她的事业进入轻车熟路、生活顺风顺水的时候，她做出了一个令所有人都无法理解的举动：辞去中学校长职务，告别三尺讲坛，全身心地投入"孝老爱亲"的事业中。

事后不知多少人、多少媒体追问过她，这是为什么？

"我亲口答应过临终母亲的嘱托，我亲眼看到为儿女操碎心的父母们一天天变老，我亲身感受到了老龄社会的紧迫……它需要人去付出、去担当、去超越血缘地去敬老、爱老、养老、孝老……"

她发自内心的回答让人们格外敬重她的抉择。

2011 年母亲节，周长芝拿出家里的积蓄，接手了濒临倒闭的徐州市云龙区黄山老年公寓，从此，一个中学校长成了一个举步维艰的民办敬老院院长。

爱老·胜似亲人

敬老院刚办两个月，周长芝就赶上了第一个"临终关怀"。住在敬老院的 86 岁的胆囊癌晚期患者张阿姨，老伴去世多年，唯一的儿子在国外。为了减轻她难忍的病痛，周长芝经常陪她聊天，给她讲有趣开心的事，为她炖鸡汤、鱼汤，变着花样让她多吃点、吃好点。在老人最后的日子里，张阿姨的儿子还是没能赶回来。为了让老人感受到亲人的温暖，周长芝寸步不离地日夜守候，亲手为她擦洗好身子，穿好寿衣。

临终前的 3 个多小时里，这位张阿姨一直不愿松开周长芝的手，用越来越微弱的声音不停地念叨着："好闺女，好闺女……"直到最后在周长芝的怀里平静地离开了人世。

那一天，周长芝和大家一起把张阿姨从三楼抬上了殡仪车，亲自陪送到殡仪馆。周长芝后来回忆起当年的事，她说："当时，我觉着张阿姨一点也不孤单，我就是她的亲人，一直陪着她，为她流着泪，送她最后一程……"

88 岁的李大爷脑梗瘫痪，医院让准备后事，儿女们已不抱任何希望，送老爹到周长芝的敬老院里享受临终关怀，周长芝和大家一起精心呵护，全力服侍。两年多过去了，李大爷像奇迹似的越活越硬朗，他儿子感动地送来锦旗，上面写着：不是儿女胜儿女，不是亲人胜亲人。

一位 96 岁高龄的空巢老人生活困难，慕名找到周长芝，恳请免费收留她，看着在夕阳中渴望关爱的老人，周长芝毫不犹豫地当场答应了。

第四章 践行社会主义核心价值观

2015年8月，周长芝敬老院荣幸地被选为江苏省首个"全国爱心护理工程抗战老兵照护中心"。16位平均年龄91岁的抗战老兵免费入住，周长芝为他们准备了全套的生活用品，并为他们专门定制了军装，组织他们观看抗战胜利七十周年阅兵式，带着他们观看了徐州的大好河山。

敬老·心灵沟通

在敬老院里，周长芝被老人们称为"贴心女儿"。

在敬老院入住的老人，近一半以上患有老年病、糖尿病、心脑血管病或者是安养及后遗症的失能或半失能、生活不能自理的老人。从早晨起床、洗脸、穿衣到一日三餐、辅助运动，再到晚上打水、洗脚、更衣、大小便的处理……周长芝事必躬亲，样样做表率。

每天查几次房，每周为老人洗几次头，修剪几回指甲，多长时间给老人清洗被罩，多长时间理一次发，每天的洗脸、洗脚、洗屁股、更换内衣内裤……周长芝都有严格的要求和规范。

为了传递爱的信息，感染老人的情绪，排遣老人心里的"孤独"和"寂寞"，提升他们的生活品质和生命质量，周长芝除自学老年人心理学、营养学、健康养生知识外，还多次远赴外地专业养老机构学习取经，总结出"用心感悟法""亲情抚慰法""祥和注视法"和"握手抚触法"等"心灵沟通"的新模式，对老人的健康养老产生了积极效应，让老人感受到了生活的乐趣、感受到了精神抚慰。

夜深人静查房时，看着那一张张安然入睡的脸庞；外出归来时，看到老人那企盼的眼神；接待家属时，听到他们一声声发自肺腑的感谢……周长芝说，这是她最大的满足，这是对她、对她的敬老院最高的褒奖。

传承·孝行天下

周长芝定下要办敬老院的那一刻，她的丈夫没说一句空话，默默地把自己的工资卡交到了周长芝的手上。丈夫是个高工，自从周长芝办起了敬老院，他就没有了双休日和节假日，成了敬老院的"志愿者"和"勤杂工"。

周长芝的儿子韩兆宇是个大学生，他把敬老院的老人当成了家人，他大学期间所有奖学金、压岁钱、勤工俭学的钱……全部花在了这些老人的身上。老人冬天穿的毛袜、夏天的T恤，都是他用奖学金买来送到老人手里。

周长芝超越血缘、胜过亲情的孝老爱亲之举获得了社会各界的高度评价，她先后获得"第六届全国道德模范""全国敬老之星""中华孝亲敬老之星""全国敬老功臣模范院长""江苏好人""徐州好人"等荣誉，敬老院先后荣

获"敬老文明号""诚信养老机构""全国模范养老机构"等殊荣。5年多来，周长芝应邀到党校、机关、大中小学校、部队、社区、监狱、拘留所等多家单位做报告100多场，以自身孝老爱亲的经历，传承敬老美德，弘扬传统文明。

周长芝孝老爱亲、热心公益事业的事迹感动了这座城市，感召着社会各界人士积极自觉地投入公益事业。她孝老爱亲的行动在古城徐州得到了前所未有的传承，"孝老爱亲""孝行徐州、爱满彭城""孝行天下"等，已经成了这座城市一张张崭新的名片。

案例来源

《超越血缘　孝行天下——"第六届全国道德模范"周长芝先进事迹》，见全国党建网站联盟（云龙区）2018年4月26日（http://www.xzyl.gov.cn/yunlongzhuanti/haorenhaoshihaojiafeng/2018-04-26/76388.html），有删改。

案例解析

中国的养老问题是比较突出的社会问题。随着老龄化的持续加剧，老年群体中的高龄化、"空巢"化问题日益严重。据全国老龄办测算，全国80岁以上老人正在超高速增长，约为老年人口增速的2倍，预计到2050年，在每5个老年人中就有1个是80岁以上老人。周长芝超越血缘，孝行天下，获得"全国道德模范"等称号，是践行社会主义核心价值观，弘扬传统孝道文化的典范。

当今世界，文化越来越成为综合国力竞争的重要因素，成为经济社会发展的重要支撑，文化软实力越来越成为争夺发展制高点、道义制高点的关键所在。周长芝孝行天下是中华优秀传统文化涵养出的优秀品质。"待老人如父母，做老人好儿女。""我们这四家养老院员工能做的，有的儿女都做不到。"中华优秀传统文化主张以德治国、以文化人，强调"德不孤，必有邻""仁者爱人""与人为善""老吾老以及人之老，幼吾幼以及人之幼""扶贫济困"。强调"君子义然后取""君子坦荡荡""君子义以为质"。养老行业，是一个不断与人告别的行业。与欢送每一个学生毕业升学不同，在这里，每一次告别，都意味着一个垂垂老矣的生命彻底消失在时空的长河里。看到一个个老人安详地、毫无遗憾地离开的时候，周长芝真正感受到这些年所有委屈、所有付出的辛苦操劳，都是值得的。周长芝从母亲第一次托付时的不知"老"为何物，到7年送走219位老人，生生死死，让周长芝很是感慨，她越来越觉得自己的工作就是在"尊重和呵护一个个生命"，能让老人有尊严地过好每一天。

第四章　践行社会主义核心价值观

🧠 案例启思

（1）如何理解社会主义核心价值观的历史底蕴？
（2）大学生应当如何弘扬中华优秀传统文化？

💡 教学建议

全国道德模范周长芝传承母亲"多做好事多行善，善事当行孝先行"的好家训，成为远近闻名的孝老爱亲的典范，她传承大爱、孝行天下的事迹也感动并影响着更多的人。她创办了三家"周长芝最美家庭工作室"，成立了"孝老爱亲志愿者队伍"和"阳光爱心艺术团"，致力于关爱老人。是"好家风、好家教、好家训"的践行者、引领者。此案例可以用来分析社会主义核心价值观的历史底蕴。2016年习近平在哲学社会科学工作座谈会上指出："中华民族有着深厚文化传统，形成了富有特色的思想体系，体现了中国人几千年来积累的知识智慧和理性思辨。这是我国的独特优势。中华文明延续着我们国家和民族的精神血脉，既需要薪火相传、代代守护，也需要与时俱进、推陈出新。要加强对中华优秀传统文化的挖掘和阐发，使中华民族最基本的文化基因与当代文化相适应、与现代社会相协调，把跨越时空、超越国界、富有永恒魅力、具有当代价值的文化精神弘扬起来。"

引导学生认识到提高国家文化软实力，需要培育和践行社会主义核心价值观。"核心价值观是文化软实力的灵魂、文化软实力建设的重点。这是决定文化性质和方向的最深层次要素。"文化的力量，归根到底来自凝结其中的核心价值观的影响力和感召力；文化软实力的竞争，本质上是不同文化所代表的核心价值观的竞争。现在，越来越多的国家把提升文化软实力确立为国家战略，价值观之争日趋激烈。培育和践行社会主义核心价值观，用最简洁的语言介绍和说明中国，有利于增进国际社会对中国的理解，扩大中华文化影响力，展示社会主义中国的良好形象；有利于增强社会主义意识形态的竞争力，掌握话语权，赢得主动权，逐步打破西方的话语垄断、舆论垄断，维护国家文化利益和意识形态安全，不断提高我们国家的文化软实力。

引导学生认识任何一种价值观都不可能凭空产生，总是有其特定的历史底色和精神脉络。正如2014年习近平在中共中央政治局第十三次集体学习时的讲话中指出的那样，要"深入挖掘和阐发中华优秀传统文化讲仁爱、重民本、守诚信、崇正义、尚和合、求大同的时代价值，使中华优秀传统文化成为涵养社会主义核心价值观的重要源泉"。牢固的核心价值观，都有其固有的根本。抛弃传统、丢掉根本，就等于割断了自己的精神命脉。社会主义核心价值观不

是无源之水、无本之木。它深深地根植于中华优秀传统文化，是社会主义核心价值观历史底蕴的集中体现。"中华优秀传统文化是中华民族的文化根脉，其蕴含的思想观念、人文精神、道德规范，不仅是我们中国人思想和精神的内核，对解决人类问题也有重要价值。要把优秀传统文化的精神标识提炼出来、展示出来，把优秀传统文化中具有当代价值、世界意义的文化精髓提炼出来、展示出来。"中华优秀传统文化是涵养社会主义核心价值观的重要源泉，是中华民族的精神命脉。在世界几大古代文明中，中华文明之所以能够没有中断并延续发展至今，一个重要原因就是中华民族有一脉相承的精神追求、精神特质、精神脉络。2000多年前，中国就出现过百家争鸣的盛况，老子、孔子、墨子等思想家广泛探讨人与人、人与社会、人与自然的关系，提出了包括孝悌忠信、礼义廉耻、仁者爱人、与人为善、天人合一、道法自然、自强不息等很多理念，至今仍然深深影响着中国人的生活。像这样的思想和理念，不论过去还是现在，都有其鲜明的民族特色，都有其永不褪色的时代价值。

引导学生认识培育和弘扬社会主义核心价值观，必须立足中华优秀传统文化。历史是从昨天走到今天再走向明天，不忘本来才能开辟未来，善于继承才能更好地创新。中国人民的理想、价值观和精神世界是始终扎根于中华优秀传统文化的沃土之中的，同时又是随着历史和时代前进而不断与时俱进的。社会主义核心价值观，是对中华优秀传统文化的继承和升华。它把涉及国家、社会、公民的价值要求融为一体，赋予中华优秀传统文化以新的时代内涵。习近平指出："我们要加强文化领域制度建设，举旗帜、聚民心、育新人、兴文化、展形象，积极培育和践行社会主义核心价值观，推动中华优秀传统文化创造性转化、创新性发展，传承革命文化、发展先进文化，努力创造光耀时代、光耀世界的中华文化。"今天，培育和弘扬社会主义核心价值观，必须从中华优秀传统文化中汲取丰富营养，深入中华民族历久弥新的精神世界，把长期以来我们民族形成的积极向上向善的思想文化充分继承和弘扬起来，坚持历史唯物主义立场，坚持古为今用、推陈出新，有鉴别地加以对待，有扬弃地予以继承；推动中华优秀传统文化创造性转化和创新性发展，激活其生命力，增强其影响力和感召力，把跨越时空、超越国度、富有永恒魅力、具有当代价值的文化精神弘扬起来，把继承优秀传统文化又弘扬时代精神、立足本国又面向世界的当代中国文化创新成果传播出去。

第四章 践行社会主义核心价值观

案例四 爱患如亲，救死扶伤

案例

王新华，女，汉族，1972年6月出生，1988年9月入伍，2001年7月入党，现任解放军第三〇二医院妇产科护士长。

多年来，王新华坚守诺言初心，忠实践行党员宗旨，无私为广大传染病患者奉献仁心大爱；牢记军人使命，勇于挺身而出，多次投身重大任务，为战胜危害极大的传染病疫情做出突出贡献。

闻令而动，投身重大疫情，在不惧危险挑重担中坚守军队医疗工作者的庄严承诺。2003年春天，"非典"肆虐，正在休假的王新华撇下年幼的孩子，一头扎进了险象环生的"非典"病房，护理了北京市第一批输入性"非典"患者。2008年5月，汶川地震发生后，王新华主动请战奔赴一线，协助做好灾区防疫工作。2009年，"甲流"疫情爆发，王新华在"甲流"病房一干又是3个月，经她护理的20多位患者全部康复出院。

视患如亲，做好护理工作，在扎根"病毒窝子"中信守医德仁心。当护士难，当传染病医院的护士更难。在小儿肝病科工作期间，她照顾患儿就像呵护自己的孩子一样，打针敷药、喂奶把尿，坚持用母爱般的精心，护理每一位患儿。担任妇产中心护士长后，她查阅大量资料，去多家医院参观见学，较好地掌握了国内外传染病妇产护理知识和管理经验。6年多来，有2000多名乙肝产妇在妇产科顺利生产，98%以上的新生儿成为健康宝宝。医务室里患者送来的一面面锦旗、一封封感谢信，仿佛在诉说着王新华不怕脏累、爱患如亲、坚守救死扶伤、为人民服务的从医初衷。

主动请缨，执行援外任务，在超越国界传播大爱中恪守自己的南丁格尔誓言。王新华常代表国家参加援外抢险救灾、疫情防控和医疗救助任务，每每走出国门，她都以中国形象、中国标准、中国速度，用爱心、耐心、细心、责任心进行各项护理服务活动。2013年，王新华被确诊为宫颈癌，术后3个月，她就主动要求随"和平方舟号"医院船赴菲律宾，参加强台风"海燕"灾后医疗救助行动。2014年9月，王新华又主动请缨赴塞拉利昂执行抗击埃博拉

疫情任务，作为第一批援塞医疗队护士长，牵头制定出 68 类 243 条诊疗制度和防护措施，得到 WHO 和塞国原卫生部的肯定。

王新华 2007 年被评选为首都"十大白衣天使"；2008 年被全国妇联等联合授予"巾帼建功标兵"；2014 年被原解放军四总部授予全军"爱军精武标兵"荣誉称号，被原解放军总后勤部表彰为"优秀共产党员"；2015 年，被红十字国际委员会授予第 45 届"南丁格尔"奖章；荣立三等功 2 次。

案例出处

《全国道德模范军队候选人｜王新华：抗非典援外救护》，见新华社解放军分社 2017 年 8 月 10 日（http://news.sina.com.cn/o/2017-08-10/doc-ifyixcaw3909467.shtml），有删改。

案例解析

青年大学生价值观的养成十分重要，事关每一位学子的健康成长成才，正如 2014 年习近平在北京大学师生座谈会上的讲话中提出的，"这就像穿衣服扣扣子一样，如果第一粒扣子扣错了，剩余的扣子都会扣错。人生的扣子从一开始就要扣好"。从王新华护士长的事迹中，我们不难看出作为一个医者所应确立的正确价值观。特别是作为一位传染科的医护人员，王新华护士长真正做到了把患者的利益和安危放在第一位，真正确立了"服务人民、奉献社会"的高尚人生追求。在多年的医护工作生涯中，尤其是在重大传染病疫情发生时，王新华护士长总是挺身而出，丝毫不顾个人安危，冲锋陷阵在同疫情奋战的一线，她是一位真正将社会主义核心价值观的要求变成了日常行为准则的好护士长，甚至用更高的要求来鞭策自己。王新华护士长正是坚守着救死扶伤、为人民服务的从医初衷，才能几十年如一日地兢兢业业，练就了一身过硬而精湛的专业技能，将护理工作做得细致入微。她仁心大爱，视患如亲，感动了无数经她护理的患者，最终成长为中国特色社会主义医疗卫生事业的优秀一员，成长为全国道德模范。她是我们医护行业的佼佼者，更是我们确立正确价值观的学习榜样。我们青年医学生应该像王新华护士长一样，从选择做医学生的那一刻开始，就要有崇高的职业理想和价值追求，救死扶伤，服务患者，奉献社会，形成和确立正确的价值观，努力成长为德才兼备的优秀医护人员，将人生的扣子从一开始就扣好。

案例启思

（1）如何理解当代中国发展进步的精神指引？

第四章 践行社会主义核心价值观

（2）如何看待大学生的成才成长与正确价值观引领的关系？

教学建议

本案例可用于第四章第三节中"扣好人生的扣子"的案例教学。教师可向学生具体分析大学生成长成才以及全面发展与正确价值观引领的关系。当今世界和当代中国都处于大变革之中，这种变革反映到人们的思想观念中，自然会产生多种多样的思想理论和价值理念。面对世界范围内各种思想文化交流交融交锋的新形势，面对整个社会思想价值观念呈现多元多样、复杂多变的新特点，大学生健康成长成才更加需要正确价值观的引领。教师可通过讲述王新华护士长的事迹，向学生阐明其成为全国道德模范、医护行业的精英离不开其一直坚守的救死扶伤、服务社会的正确价值观的引领。我们作为新时代的医学生，也应像王新华护士长一样，牢记医学誓言，练好精湛医术，积极践行社会主义核心价值观，从一开始就将人生的扣子扣好，努力使自己成长为中国特色社会主义医疗卫生事业的合格建设者和可靠接班人。

案例五　扎根乡村，最美"逆行"

 案例

在山西吕梁山南麓、黄河东岸的临汾大宁县有人口6.9万人，是吕梁山深度贫困地区的贫困县。这里，出了一位乡亲都认识的十九大代表——贺星龙，他是28个村、4600多名村民的"专职医生"。

2000年，卫校毕业的贺星龙，回村做了乡村医生。但村里病人不买账，宁愿去烧香磕头，也不找他看病，直到他看好乐堂村张立山老人的病。当时医院3次下了病危通知书，他一连半个月没回家，在老人床前那把椅子上度过了15个日夜。老人的儿子张保俊说："贺星龙给看完病后，他又多活了十几年。"

这件事迅速在小山村传开，这下找贺星龙看病的病人排起了长队。以感冒为例，县城医院输一次液要80元，乡镇医院要70元，而贺星龙只收35元，就连在外打工的村民生了病，也回村里找贺星龙诊治，图的就是能省几个钱。

"你真傻！在村里赚不到钱，出去开小诊所吧。"朋友鼓动他去县城。他

新时代医者的形塑
——《思想道德修养与法律基础》
（2018年版）教学案例集

并非没有考虑过，但很快打消了念头。为什么？

这得从1996年说起。他考上了省城太原的一家卫校，毕业后包分配，但是学费一次性要交6000元。家里砸锅卖铁，只能拿两三百元。他没吭声，悄悄把录取通知书藏了起来，与村里的年轻人去砖厂打工了。

生活再次给他机会，山西运城市卫校也发来录取通知书。村里出了一个中专生，在村民看来是一件大喜事，大家跑到贺星龙家，和他父亲商量筹集3000元学费："龙龙考上不容易，咱们供他上学吧，娃以后有出息。"

条件不好的村民给30元，条件好的给50元，共筹到了3025元。后来，每次上学前，贺星龙都会哭一场："乡亲们的生活都不容易，硬生生供我上学。"

从小在黄河边长大的贺星龙，知道农民生活不易。12岁那年，一场感冒夺去了爷爷的生命，原因是村里没有医生。等他长大了，本就不多的"赤脚医生"都慢慢老了。在县城医院毕业实习结束时，他放弃了留下的机会，执意回村里做乡村医生，相处两年的女朋友因此分手。

同学和亲戚劝他别在村里，万一治病死人，白给自己找麻烦。父亲却二话没说，拿出给他娶媳妇的两孔新窑洞支持他开诊所。母亲卖了玉米和两只绵羊，把960元交到他手上，作为"创业"资金。

黄土高原，被一道道沟壑切割。出诊时，贺星龙挑上扁担，一头是常用药，另一头是器械，跨过沟沟坎坎，一走就是一两个小时才能到对方家里。冬天要经过小河，他会放下担子，捡一块石头，用力砸到冰面上，确定结实，他才小心翼翼地通过。遇到下雪天，为了抄近路爬坡，连人带扁担滑下去，他甚至学会了顺势滑坡，回到家，常常灰头土脸。

为了抢救病人，他到信用社贷款，买回一辆三轮摩托车，充当起"救护车"，摩托车一箱油只能骑3天，10天要一大桶。

扁担、自行车、摩托车，干乡村医生这几年，他换了几茬交通工具，骑坏7辆摩托车，用烂12个行医包。17年来，贺星龙恪守"24小时上门服务"承诺，一个电话，随叫随到，行程达40多万千米，相当于绕赤道10周。

孩子到了上学年龄，村里没学校，妻子就背着他，悄悄在县城租了一个门面，想逼贺星龙"就范"。乡亲们听说了，有老人拉着他说："你走了，我们都活不成了。"有在外务工的年轻人给他打电话："家里的老人不能没你照顾。"

他心一热一软，决定不走了！

乡村医生每个月收入400元，最大的现实问题是钱不够，家庭责任怎么承担？他种了4亩苹果树、3亩桃树、十几亩玉米，还养了两头驴，忙里偷闲种

158

地补贴家用。夏季的时候,还在天黑之后去抓蝎子卖来补贴家用。

有人说,贺星龙"承包"了给乡里孩子接种疫苗的活儿,每人就有5元。他没多解释:"与城里孩子不一样,我得上门给每个孩子接种,一来一去5元刚刚够上摩托车油钱。"

如今,贺星龙的爱人在县城边缘租了一间价格便宜的即将拆迁的旧民房,带着孩子上学并找了一份打印的活儿。她一周回一趟村里,给贺星龙做上够吃一周的馒头,放在存疫苗的冰箱里。

女儿问:"为什么同学家住楼房,而我们只能住平房?"贺星龙无言以对。心里是不是暗暗后悔?他吐出一句话:"人活一辈子,不能总向钱看。"

有时出差领了荣誉证书,路过县城住一晚,女儿一定会等他,想看看证书上父亲的名字。他先后获得国家卫健委"最美医生"称号和共青团中央"全国向上向善好青年"等荣誉。

出差时,他总会主动结识一起开会的各级医院院长,不是有什么私心,"村民外出治病不容易,咱好歹能说上话,方便他们看病。"

不仅如此,他还主动承担起全村600多只羊和150多头驴的防疫和医疗,一做就是15年。不知从何时起,25盏路灯、12台计算机、140个电视机锅盖的维修也归他管。

如今38岁的他身体大不如前,长年骑摩托车患上了关节炎,每天背三四十斤重的药包,致使脊椎侧弯,8年前患上了慢性糜烂性胃炎。

从医这些年,服务周边28个村、4600余名村民,有时就连黄河对岸属于陕西省的几个村的患者也请他看病,累计出诊约17万次,免收出诊费达35万余元,为五保户患者免费贴补药费达4万多元。回首当年从城市到乡村的"逆行",贺星龙说不后悔:"钱是没挣下,但咱活下了4000多乡亲,值!"

🔍 案例出处

章正《贺星龙:窝在山里的"傻"医生》,见《中国青年报》2017年10月25日(http://zqb.cyol.com/html/2017-10/25/nw.D110000zgqnb_20171025_1-07.htm),有删改。

✏️ 案例解析

回首当年从城市到乡村的"逆行",贺星龙说不后悔:"钱是没挣下,但咱活下了4000多乡亲,值!"从贺星龙这一句质朴的言语里,我们清楚地看到了他的价值取向。在贺星龙的眼里,能够真正服务于乡亲,能够尽自己最大的努力守护万千群众的生命健康,才是一个医者真正的价值所在。无论是毕业时

面对更好的就业选择,还是工作后面对朋友贴心的建议,或是到了孩子上学年龄时面对女儿的受教育问题作为一个父亲的无奈,都未能动摇贺星龙留在艰苦却又最需要他的岗位上的决心,实属让人钦佩。或许他也曾想过离开,可是一旦将父老乡亲的生命健康利益放在了第一位,所有的人生选择便有了更加坚定的方向。

不能否认,处于当今的大变革时代,人们的思想观念中自然会产生多种多样的思想理论和价值理念,这种价值观念多元化和复杂多变的新特点,从客观上使得青年大学生的健康成长成才更加需要正确价值观的引领。贺星龙可以说是一个很好的榜样。他始终不忘初心,十几年的职业坚守,若非有正确价值观的指引,若非有一颗医者仁心,任谁也难在行医条件如此艰苦甚至有些恶劣的深山之中一待就是10来年。金钱无法诱惑他,朋友的劝告无法动摇他,哪怕是女儿的教育问题逼迫着他,也没能让他狠心离开。当我们看到他骑坏7辆摩托车,用烂12个行医包,行医路程达40多万千米,服务周边28个村、4600余名村民,累计出诊约17万次,免收出诊费达35万余元,为五保户患者免费补贴药费达4万多元等这些数据时,相信没有不被感动的。作为当代医学生,如何确立正确的价值观,如何始终站在人民群众的立场,把人生价值追求融入国家和民族的医学卫生事业,做好广大人民群众的生命健康的守护者,贺星龙可以说给我们做出了很好的表率——从来不为名与利,一心只为人民群众的生命健康,救死扶伤,恪尽职守。作为医学生,我们也要牢记医学誓言,像贺星龙一样坚守初心,不负医学使命,做社会主义核心价值观的积极践行者,从一开始就扣好人生的扣子。

案例启思

(1)如何理解社会主义核心价值观和社会主义核心价值体系的关系?
(2)如何从公民层面理解社会主义价值追求?

教学建议

本案例可用于第四章第三节"做社会主义核心价值观的积极践行者"的案例教学。教师可向学生详细说明大学生健康成长成才在当今大变革的时代更加需要正确价值观的引领,通过讲述贺星龙医生的感人事迹,引导学生思考并讨论:贺星龙的人生价值追求是什么?贺星龙能够留守大山深处10余载,兢兢业业,不忘初心,靠的是什么?我们新时代医学生通过学习贺星龙的事迹,又应确立什么样的正确价值观?通过学生自己的独立思考和充分的课堂讨论,教师再进一步做归纳总结,指出服务人民、奉献社会、救死扶伤、医者仁心始

第四章 践行社会主义核心价值观

终是我们必须坚守的价值追求，是我们必须扣好的人生之扣，是我们努力将社会主义核心价值观的要求变成日常行为准则的表现。

通过贺星龙医生的生动事迹，教师也可进一步引导学生思考和讨论：贺星龙是如何通过勤学、修德、明辨、笃实来践行社会主义核心价值观的？少年时，虽条件艰苦，却一心求学，珍惜来之不易的学习机会，练好一身过硬的医学本领；在医者的职业生涯中，更是大爱仁心，始终将患者的利益放在第一位，不畏行医路途艰险，跋山涉水，甚至不顾自己的生命安危，无大德实难坚持；面对更好的人生选择，强烈的道德责任感却让他一直"傻傻地"窝在山里10多年，追求至善至真至美；40多万千米的艰难行医路程，更是让我们看到了"道不可坐论，德不能空谈"的笃实，一步一个脚印，将医者仁心践行在每一次行医途中。

▶ 案例六　人文关怀，慈悲耐心

 案例

"你是蒋医师吗？""我再问一遍，你是蒋医师？""你说你是蒋医师？"在网上热传的一段视频中，一位老人反复询问一名医生，同一个问题问了17遍，而医生的每一次回答都很耐心。蒋医生是江苏宜兴一名社区医生，那位老人与蒋医生已经相识18年，每次看病都是找他。老人最近患上了健忘症，蒋医生这样反复确认。而蒋医生耐心地回复老人，只是想让老人放心。

有人说，如今大医院人满为患，医生一天看几十个病人，连喝水、上厕所也顾不上，累得连话都不想说。假如遇到宜兴老人这样的病人，医生不发火就不错了，怎么可能有如此耐心？

的确，医生也是凡人，也有喜怒哀乐。尤其是大医院的医生，长期超负荷工作，身心疲惫，难免会失去耐心，甚至发脾气，这都可以理解。但是，对于患者来说，医生的每一句话都很重要。因为病人遭受生理和心理双重折磨，不仅身体虚弱，而且精神脆弱。医生一句话，既能让患者跳，也能让患者笑。不管有多大压力，医生都应帮助和安慰患者。即便时间少，话也可以很温暖。因为，语言的冷暖与时间的长短并无关系。

161

——《思想道德修养与法律基础》
（2018年版）教学案例集

有一位脑瘤患者到一家著名医院挂了个特需专家号，经过几个小时的候诊，专家只是从中挑了几张片子，匆匆看了几眼，就开始下结论：必须立即手术。患者问："如果不手术呢？"专家冷冷地说："不手术？那就等着呗！"病人本能地想从医生那里得到希望或者安慰，但医生的话让他经历了一次粗鲁的精神鞭挞。患者说："这位专家很草率地对待胶片，同时更草率地对待病人。"看来，一名医生哪怕技术再高，如果骨子里充满冷漠和傲慢，也不会赢得患者的尊重和信任。

事实上，患者评价一名医生的好坏，既要看治疗效果，也要看就医体验。有时，医生的技术水平很难评价，但服务态度很好比较。在同一家医院，为什么有的医生纠纷很少，有的医生纠纷总是很多？一个重要原因就在于服务态度。有的医生虽然不是专家，但态度和蔼，百问不烦，令人如沐春风。有的医生虽然名气很大，但态度倨傲，说话难听，令人寒意顿生。在很多时候，医生态度粗暴、言语不当，往往会成为激怒患者的"一把火"，引爆医患冲突甚至酿成伤医事件。因此，医生多一点耐心，既能体现人文修养，又是一种自我保护。

医学不是万能的。即便现代医学如此发达，能够治愈的疾病也是有限的。对于很多重症病人来说，即便医生拼尽全力，也未必能够达到理想的效果。而病人往往抱着无限的期待，不仅希望把病看好，而且希望恢复如初，永不复发。可见，患者的期望值和医学的局限性之间存在着巨大鸿沟。在这样的情况下，医生通过耐心解释可以增加医患之间的信任，减少误解和纠纷。如果医生过分相信技术力量，忽视了服务态度，一旦遇到失败的结果，很可能发生医疗纠纷。而良好的沟通和耐心的解释，往往可以弥补技术的不足，降低患者对医学过高的期望值，增加医患之间的黏合度。

好医生的标准有很多，但耐心无疑是重要标志之一。医生的耐心，源自心底的善良与慈悲。一名好医生，必定有一颗慈悲心。有了慈悲的"泉眼"，自然就有耐心的"清流"。医生，请对患者多一点耐心吧！

🔍 案例出处

白剑峰《医生，请多一点耐心》，见《人人健康》2017年第5期。

🖊 案例解析

作为一名医学生，我们今天的学科专业选择几乎就已经决定了未来的职业选择。案例中的蒋医生的故事，可以说为我们未来的职业素养从一个很重要的方面做出了表率。我们通常说的"医者仁心""医乃仁术"，无不告诉我们，

第四章 践行社会主义核心价值观

作为一个从医者，医德丝毫不比医术少一丁点的重要性，有时甚至显得更为重要。医生所面对的对象很特殊，该对象是一个活生生的、有血有肉有情感的人，而此时的这个人又有着特殊性，被病痛所折磨，情感在此时最为脆弱，意志在此时也最为薄弱。在对自己的疾病无奈又无助的病患的眼中，医生是他们心中唯一的希望。医生的同理心，医生一句关切的言语，医生的一点不经意的鼓励，或许都会成为病患战胜病魔的强大动力。从另一方面来看，就像案例中所言，不管今天的医学科学和技术发展到什么程度，人类在疾病面前依然显得如此渺小，很多疾病无法治愈，很多治疗效果达不到人们的预期，这是医学科学和技术本身的客观性和局限性所在，是不为人类的意志所转移的。但是，医生的医德，一颗切实想要为病人减轻病痛折磨的真心，却能让病人依然对医学充满希望、信任与尊重。医术有时或许是冰冷的、残酷的、无情的，医德却永远都是温暖的、亲切的、充满人情味的、给人希望的。对患者多一点耐心，或许与你的医术无关，却凸显了为医者的品行，有时或许能起到医术所达不到的效果。在今天的医学领域，在临床诊疗中，对病患的药物治疗或手术治疗辅之以心理治疗本身也越来越受关注。这一份耐心、这一份医德其实无论是在实际疗效还是在缓解医患冲突中，都发挥着越来越重要的作用。而这，也是我们从医者职业道德的应有之义，是社会主义核心价值观中敬业、友善的应有之义。

案例启思

（1）如何理解社会主义核心价值观的层次性？
（2）如何从国家层面理解社会主义核心价值观的时代要求？

教学建议

本案例可用于第四章第三节"做社会主义核心价值观的积极践行者"中的案例教学。教师可向学生详细讲解当代大学生应如何通过勤学、修德、明辨、笃实来做一个社会主义核心价值观的积极践行者，尤其是作为一名当代医学生应如何去做一个社会主义核心价值观的积极践行者。本案例突出强调了作为一名医务工作者，其高尚的医德的重要性。正如案例最后所言："好医生的标准有很多，但耐心无疑是重要标志之一。医生的耐心，源自心底的善良与慈悲。一名好医生，必定有一颗慈悲心。"而这种耐心的养成，离不开职业道德的修炼，践行社会主义核心价值观亦特别强调修德的重要性。教师可紧密结合教材第86页"修德"部分的内容——"核心价值观，其实就是一种德，既是个人的德，也是一种大德，就是国家的德、社会的德。国无德不兴，人无德不立"进行教学。修德，既要立意高远，又要立足平实。作为未来的医务工作

者,我们医学生不仅仅只是学习医学知识,掌握精湛的医学技术,更要崇德修身,对病人要有人文关怀,要有同理心,其具体表现之一就是对病人有耐心。良好的沟通和耐心的解释,更容易让我们赢得患者的信任和尊重。高尚的医德修养,会让我们的医术真正成为仁术。这既是我们职业道德的必然要求,也是我们践行社会主义核心价值观的必然要求。

▶ 案例七　赤诚报国,游刃肝胆

 案例

吴孟超院士在 94 岁的高龄,依然每周亲自主刀多台高难度的肝胆手术,坐堂周二上午的专家门诊,主持着第二军医大学东方肝胆外科医院院长的日常事务,并亲自带教多名研究生。

"朴素的报国心,伴随一生的选择。为人民服务,则是一生的信仰!"回想走过的人生路,从医 73 年、有着 60 年军龄和党龄的吴孟超告诉记者:"选择回国,我的理想有了深厚的土壤;选择从医,我的追求有了奋斗的平台;选择跟党走,我的人生有了崇高的信仰;选择参军,我的成长有了一所伟大的学校。"在自己选择的人生道路上,吴孟超老人执着地前行着。他说:"即使有一天倒在手术室里,也将是我一生最大的幸福!"

手中一把刀

2016 年 5 月 26 日上午,东方肝胆外科医院 6 号手术室。又一次,老人将手术刀伸向血肉深处,剥离、阻断、切除,双手取出肿瘤,缓缓托起。这一刻,一个 5 厘米×6 厘米大小的肿瘤被分离出肝脏。整台手术操作沉稳笃定,动作熟练灵活。若非亲眼见证,记者很难相信,此时,这位 94 岁高龄的老人在手术台前已经整整站了 1 个多小时。而这,是老人工作的常态。

吴孟超走路从容而矫健,说话思路清晰,声音洪亮,握手时还很有力量。

记者发现,这是一双白皙、修长的手,不颤不曲,灵巧有力。唯有右手食指指尖微微向内侧弯,那是常年握止血钳的结果。这双手曾在马来亚割过橡胶,曾在抗战烽火中为建筑大师梁思成描过图。也正是这双手,在肝脏的方寸

第四章 践行社会主义核心价值观

之地破译生命密码，创造了中国肝胆外科的无数个第一，把近5万名病人拉出了生命的绝境。一场手术，生死之间。肝外二科主任王葵说，吴老平时态度温和，但一站在手术台上自然就会流露出一种威严，紧握手术刀的双手有力又坚定。从拿起手术刀，吴孟超就从来没有放下，至今仍保持着年平均200台的手术量。手中一把刀，游刃肝胆，94岁高龄依然精准无误。

心里一团火

1922年8月，吴孟超出生于福建闽清一贫苦农户家。5岁时他跟随母亲来到马来亚投奔前期过来打工赚钱的父亲。在马来亚，年幼的吴孟超一边帮父亲割橡胶一边读书。吴孟超就读于光华学校，1936年升入本校初中。那时，从国内来了一位新校长，他经常给学生讲国内的形势。1937年，抗日战争爆发。中国共产党的抗日主张和英勇作战的事迹，成为马来亚华侨们的热议话题。

初中毕业，按照当地习俗，校方和家长是要出资让毕业生聚餐一次的。当钱收齐之后，身为班长的吴孟超建议，把聚餐的钱捐给祖国正在浴血抗战的前方将士。此建议立刻得到全班同学的拥护，于是一份以"北婆罗洲萨拉瓦国第二省诗巫光华初级中学39届全体毕业生"的名义募集的抗日捐款，通过爱国人士陈嘉庚的传递，送往抗日根据地延安。令人惊讶的是，在毕业典礼时，学校收到了八路军总部以毛泽东、朱德的名义发来的感谢电文。校长和老师激动万分，立即把电文抄成大字报贴在公告栏上，这件事引起了全校的轰动。受到这次事件的鼓舞，1940年，18岁的吴孟超和6名同学相约回国抗日。到达云南后，他们一时去不了延安，便留在昆明求学。他后来师从被誉为"中国外科之父"的裘法祖院士。"是党让人民看到中国的希望，是毛泽东和朱德为我们捐钱给延安的事专门回信，坚定了我为党奋斗终生的决心。"吴孟超万分感慨。从回国的那一天起，从目睹解放上海的大军露宿街头的那一刻起，他已为自己的忠诚与挚爱找到了扎根一生的土壤。心中一团火，守着誓言，从未熄灭。1949年新中国成立时，同济大学毕业的吴孟超成为第二军医大学的前身华东军区医院的住院医生。1956年，他迎来人生最为重要的一年：参军、入党，成为一名主治医生。"在实践中始终坚持共产党人的理想信念，忠实践行全心全意为人民服务的宗旨，为党的事业忘我工作。这才是一名合格的共产党员。"吴孟超是这么说的，也是这样做的。他牢牢记得，在入医学院之初，恩师裘法祖就讲过这样一句话：医术有高有低，医德最是要紧。"病人生病已经非常不幸了，为了治病他们可能已经花光了家里的钱，有的还负债累累。作为医生，一定要设身处地为病人着想，替病人算账。"这是吴孟超对年轻医生说得最多的话。王葵告诉记者，平时，吴老总是反复强调，要求医生在保证疗效

165

的前提下,哪种药便宜用哪种。

吴孟超创立的"吴氏刀法"对肿瘤"快、准、狠",对病人则是"慢、拙、仁"。"你是哪里人,家里有几口人?"面对千里迢迢前来求医的病人,他总是会先跟病人聊聊家常,让病人消除紧张的情绪。冬天的时候,他会先把手焐热,再去触碰病人的腹部做检查;检查时顺手拉上屏风,检查完后顺手掖好被角,并弯腰将鞋子摆放好……吴老不经意间的动作,常常感动着患者。"我现在94岁了,攻克肝癌,在我这辈子大概还实现不了,我要培养更多人才,让以后的人继续往前走。"吴孟超动情地说。

吴孟超亲手带过的徒弟已是第四代了,仅培养的博士研究生和博士后研究人员就有70多名,绝大多数已成为我国肝脏外科的中坚力量。他常对学生说:看病是人文医学,一定要关心病人,爱护病人,热情接待病人,"医学是一门以心灵温暖心灵的科学"。

案例出处

倪光辉《吴孟超:一个九旬老人还可以做些什么》,见《人民日报》2016年6月6日(http://www.china.com.cn/cppcc/2016-06/06/content_38609892.htm),有删改。

案例解析

吴孟超院士的人生故事很好地诠释了社会主义核心价值观中的"爱国、敬业、诚信、友善"的价值追求,老先生是一名真正用一生的努力践行着社会主义核心价值观的优秀共产党员、优秀医务工作者。我们要培育什么样的公民,或者说我们青年学子应成长为什么样的公民,社会主义核心价值观中的"爱国、敬业、诚信、友善"这8个字给了我们一个明确的回答,吴老先生的一生无不是对这八个字的诠释和践行。

少年时虽随父在异国他乡打工学习,却时刻不忘祖国母亲当时的艰难处境,号召华侨同学为抗日捐款;青年时不顾战火纷飞,毅然回国抗日,虽未能顺利去延安,但赤子忠心可见一斑。这份炽热的爱国之情,这份朴素的报国心,不仅仅只是在那样一个特殊的年代,作为青年学子一时的满腔热情,而是伴随老先生一生的坚定信仰。

老先生在94岁时,却"依然每周亲自主刀多台高难度的肝胆手术,坐堂周二上午的专家门诊,主持着第二军医大学东方肝胆外科医院院长的日常事务,并亲自带教多名研究生",没人能不被这种敬业精神所感动。正如先生自己所说:"即使有一天倒在手术室里,也将是我一生最大的幸福!"先生一生

第四章 践行社会主义核心价值观

勤勤恳恳、兢兢业业，为我国医学领域的肝胆外科事业做出了卓越贡献，成为"中国肝胆外科之父"。

老先生的诚信、友善品质也在日常点滴中熠熠闪光。他从不欺瞒患者，正如其同事王葵所言，平时，吴老总是反复强调，要求医生在保证疗效的前提下，哪种药便宜用哪种。对待患者亲切友善，爱心、耐心、同理心满满，询问病情前聊聊家常缓解病人的紧张情绪，检查前先焐热需碰触病人做检查的手，检查时不忘拉上屏风保护患者隐私，检查完帮病人掖好被角等细节，无不体现了老先生视病患如亲人、真诚友善的可贵品质。

老先生对医德的重视与修炼，更是体现了一位医者的大爱仁心与崇高的职业操守。他时刻牢记恩师裘法祖先生的教诲，"医术有高有低，医德最是要紧"，并身体力行。正如他自己常对学生所言：看病是人文医学，一定要关心病人，爱护病人，热情接待病人，"医学是一门以心灵温暖心灵的科学"。先生一生崇德修身，无论其生活的时代有无提出"社会主义核心价值观"这一概念，先生都是真正践行着价值观中所要求的价值追求的表率，是我们后辈尤其是医学后辈们的学习楷模。

案例启思

（1）吴孟超院士的事迹对医学生践行社会主义核心价值观带来哪些启示？
（2）如何立足岗位践行社会主义核心价值观？

教学建议

本案例可用于第四章第三节"做社会主义核心价值观的积极践行者"中的案例教学。教师可先让学生回顾一下社会主义核心价值观的基本内容，再进一步引导学生思考如何做社会主义核心价值观的积极践行者。然后通过讲述吴孟超院士的人生故事，进一步启发学生去思考并展开讨论：吴老先生的人生价值追求是什么？吴老先生的人生经历对我们青年学子尤其是医学生践行社会主义核心价值观带来哪些启示？我们应该学习吴老先生哪些优秀的品质？

学生讨论并进行课堂发言的过程中，教师可重点从社会主义核心价值观的爱国、敬业、诚信、友善这几个方面结合本案例去引导学生，以老先生为行业榜样，进一步引导学生思考如何将社会主义核心价值观转化为人生的价值准则，切实做到勤学、修德、明辨、笃实。尤其可重点结合教材的"修德""笃实"这一部分。吴老先生德高望重，一生注重医德修炼，不仅医术精湛，创造了中国肝胆外科的无数个第一，拯救了数以万计的肝胆病患者，而且医德高尚，是真正的医者仁心。他设身处地为患者着想，从为病人的医药费精打细

算，到对病人从身到心无微不至的关怀体贴，吴老先生身体力行地为我们解读了什么叫医乃仁术。老先生一生也是做一行爱一行，踏踏实实地在自己的行业领域刻苦钻研，从拿起手术刀，就从未放下，保持着年均 200 台的手术量，并创立了"吴氏刀法"，对肿瘤"快、准、狠"，即便在 94 岁的高龄，手中那把手术刀游刃肝胆间时依然精准无误。

▶ 案例八　厚德行医，扶危济困

 案例

61 岁创办民营医院，设立"不收红包、不收回扣、不接受吃请"的廉洁"高压线"；66 岁患了肝癌，依然坚守岗位，从医惠民；面对肿瘤，坚守生命不息、奋斗不止的人生信条。广州复大肿瘤医院院长徐克成践行雷锋精神不懈怠，用生命谱写了一曲厚德行医的时代之歌。

"行的是医，送的是爱，守的是信"

徐克成创办复大医院以来，截至 2012 年年底，已经累计帮助 400 余名贫困患者，资助和减免费用达 510 余万元。2008 年汶川地震，医院不仅派出了全省第一支民营医疗队，还捐款捐物 950 万元，几乎掏出了医院所有的家底；雅安地震，复大医院又捐款捐物 500 万元。员工们感慨地说："徐院长行的是医，送的是爱，守的是信，让我们看到的是美！"

2011 年 11 月，一个出生才 11 个月、腹部长有巨大肿瘤的沙特患儿娜娜来到复大医院。当时，只能预交很少的费用。徐克成当即指示救人要紧，先尽力治疗。2014 年 5 月，娜娜康复出院了，沙特政府汇来 7 万美金，结算时剩余近 3 万美金，折合人民币约 18 万元。娜娜的父母表示，这些钱你们都留下。但徐院长坚定地说："不，我们一分钱不多收。这是我们老祖宗传下来的规矩。"

"真诚和真实是我们的巨大财富"

徐克成不仅对病人以诚相待，在管理上也始终把诚信作为立院之本。他制定了不收红包、不拿回扣、不接受吃请的"高压线"，做到赏罚分明。有一位

第四章 践行社会主义核心价值观

医生私下收受了患者 8000 元的红包，被发现后，徐克成立即召开会议通报，并开除了这名医生。一位印尼患者出院时硬塞给一位清洁工一包东西，那位清洁工打开一看是面值一万元的五张印尼币，二话不说就上交给医院，她并不知道这些钱折合人民币还不到 40 元。徐克成得知后马上奖励这位清洁工人民币 500 元。

徐克成说："医院失去了诚信，就等于慢性自杀！我们是民营医院，没有大资本。但我们有真诚和真实，这是我们的巨大财富！"

"扶危济困是我一生最大的愿望"

1970 年，徐克成 56 岁的母亲被诊断为晚期肝癌，不久病逝。作为医生，面对自己母亲的病情也无能为力。悲痛之中，他暗下决心，一定要让更多的"母亲"延续生命。不幸的是，2006 年，徐克成自己也患上了肝癌，他更是分秒必争地与癌症做斗争。

2006 年 1 月 26 日，经专家会诊，徐克成接受了肝叶切除手术。按常规，这种手术一般需要静心休养 3 个月以上。然而，徐院长为了救治病人，很快就全身心地投入工作。"记得在徐院长手术后的第 10 天，手术切口下脂肪液化，上腹部 20 多厘米长的伤口全部崩裂，只能用胶布捆住腹部。就在这个时候，一位面部患巨大肿瘤的 12 岁女孩来到复大就诊。徐院长得知后，忍着剧痛，从病床上爬起来要去会诊。我连忙阻止说：'院长，你也是个病人，不能去啊！'但他讨好般地对我说：'我只是去看一下，很快就回来的。'拗不过他，我搀扶他从 8 楼下到 1 楼门诊，看着他一手按着腹部，一边组织会诊。"金利说。

"有人问我，你已年过古稀，自己也身患癌症，每天还看那么多病人，你不觉得辛苦吗？我说，辛苦，但我也觉得幸福，非常幸福！因为能够扶危济困、救死扶伤、积德行善，是我一生最大的愿望。"徐克成说。

案例出处

雷辉《徐克成：用生命谱写厚德行医之歌》，见《南方日报》2014 年 5 月 30 日（http://epaper.southcn.com/nfdaily/html/2014-05/30/content_7310330.htm），有删改。

案例解析

在全社会大力培育和践行社会主义核心价值观的新形势下，广州复大肿瘤医院院长徐克成厚德行医、医德共济，以实际行动诠释大医精诚的价值追求。

从徐克成身上,人们看到了勇攀高峰、不断创新的进取精神,看到了生命不息、奋斗不止的人生境界。这位退休的消化科医生,以 61 岁高龄创办民营医院。他罹患肝癌,却没有停下脚步,而是在积极接受治疗的同时,一边带领团队攻克医学难题。有人好奇,在大医院林立的广州,徐克成创办的复大医院为何能从 1 层楼、20 张床位起步,在短短十几年时间发展成为拥有三家分院的医院集团?这从他的一席话中可以窥见答案:"我 74 岁了,患癌症已有 8 年,但我一天也不敢懈怠,能为患者多工作一天,就是我人生的意义!"

民营医院是要赚钱的,可徐克成总做"亏本的事",他先后救助近 300 名贫困病人,减免治疗费用近 500 万元。他收病人从不分贵贱,在医院里成立了"救助基金",又组织成立广东省生命之光癌症康复协会。复大医院有条"高压线",医务人员接受病人任何礼物,都必须承担病人的全部医药费,除此之外,还要按规定被处罚。与雷锋同龄、学雷锋长大的徐克成,身上闪耀着雷锋精神,正如他所说的:"服务人民是最大的幸福,帮助他人是最大的快乐,作为一名医生,必须有这个医德。"

一段时期以来,暴力伤医事件令人揪心和遗憾,也促人警醒并深思:医患关系究竟为何呈现局部紧张的态势?医患关系的改善,一方面需要患者更多理解和信任医生,也需要医生以更大的爱心和耐心对待患者。徐克成的最大特点,就是视医术为仁术,把责任当使命,用救死扶伤的仁爱,谱写了一个医者的博大情怀。一些患者被他感动,康复后主动在医院当志愿者,接续爱心传递,汇聚爱的洪流。我们学习徐克成,就是要弘扬白衣丹心的职业追求与大爱无疆的奉献精神。

如何发挥重大典型人物在践行社会主义核心价值观中的示范引领作用,正是当今时代需要的。广东是改革开放前沿阵地,学习和弘扬徐克成的精神,感染人、鼓舞人、带动人,可为广东实现"三个定位、两个率先"总目标提供精神力量和道德支撑,在物质文明和精神文明建设方面交出优秀答卷。

案例启思

(1)如何理解社会主义核心价值观的道义力量?
(2)如何发挥典型人物在践行社会主义核心价值观中的示范引领作用?

教学建议

社会主义核心价值观是指生活在社会主义社会中的主体对社会主义的性质、特征、目标等,以及在此基础上对行为和事物的是非善恶荣辱的判断,对事业和目标的认同以及对精神目标的追求等一系列的判断和评价标准体系。在

第四章 践行社会主义核心价值观

社会主义核心价值观体系中，各种价值观的地位并不相同，有些价值观处于主导地位，代表着价值体系的基本特征和基本价值倾向，对其他价值观起着主导和决定作用，是社会主义社会区别于其他社会的基本价值观念，这种价值观就是核心价值观。社会主义核心价值观就是反映社会主义基本的、长期稳定的社会关系及价值追求的价值观，是在社会主义革命、建设和改革历程中逐步形成和发展起来并指导社会主义健康发展的价值目标和价值观念。社会主义核心价值观是社会主义道德建设的重要形式，为人民服务与集体主义是其核心。通过徐克成的案例呈现，挖掘其背后的社会价值因素，引导学生学会如何树立正确的价值观。

医德教育是医学教育的重要内容，医学院校一直以来都注重学生医德医风的培养，同时也在努力探索和拓宽学生社会主义核心价值观的教育路径。基于医德医风树立大学生社会主义核心价值观，对教育发展、学生未来发展以及学校整体管理都有重要的意义。作为一名医生，徐克诚的行为展示了医生爱岗敬业、服务群众与奉献社会的职业道德。引导医学生学习并遵守社会主义医生职业规范，践行社会主义核心价值观。

第五章 明大德守公德严私德

▶ 案例一 妙手仁心，医德楷模

案例

钟南山，一个在"非常时期"家喻户晓的名字。他是义无反顾的勇敢战士，他是众望所归的道德楷模，他用自己的一言一行，书写着妙手仁心的医者传奇。在 2003 年抗击"非典"的战斗中，钟南山主动要求承担广东省危重"非典"病人的救治工作，较早确立了广东的病原，并率领团队总结出"三早三合理"的诊疗原则，成为抗击"非典"的领军人物。

2003 年的春天，我国突发"非典"疫情。在最早发现疫情的广东省，有一个声音清晰而坚定："非典"并不可怕，"非典"可防可治！首先迎击"非典"疫情的广东省呼吸疾病医学专家，在致病病原不明、没有特效药的情况下，短时间内摸索出了一套行之有效的救治办法——"三早三合理"，即"早诊断、早隔离、早治疗"和"合理使用皮质激素、合理使用呼吸机、合理治疗并发症"，把这些病人从死亡边缘上拽了回来，有力地粉碎了"怪病蔓延，无药可医""染病必死"的谣言和由此引发的恐慌。这个团队的领军人物，就是后来闻名全国乃至国际的广州呼吸疾病研究所所长、中国工程院院士钟南山。

那是一场无硝烟的战争，惊心动魄。从收治中国大陆地区第一例非典型肺炎患者开始，其时 67 岁的钟南山就以非凡的勇气站在战斗的第一线："非典"病人送来时，他亲自检查，制订治疗方案；检查患者口腔，头凑到和病人距离不到 20 厘米处；提议把各医院不幸感染倒下的医护人员和最危重的病人送到

第五章　明大德守公德严私德

呼研所来……真正的压力，来自那几次著名的"发言"。从"'非典'可防可治不可怕"到质疑权威机构的结论，钟南山站在了风口浪尖上。

疫情正肆虐，有权威机构传来消息，在病例中发现了典型衣原体，并建议对同类病例使用抗生素进行治疗。钟南山对此表示质疑："到目前为止，我们所有临床的实践都不支持衣原体是'非典'致病病原体这一结论。我认为'非典'由一种未知病毒致病的可能性较大。是什么，不能轻率定论。"后来，在一片"对'非典'已经有效控制"的乐观判断中，钟南山又一次直言，在病原体未明、没有找到对病原处理方法的情况下，不宜用"有效控制"的说法，用"有效遏制"比较客观合适。

出现在媒体前的钟南山，面沉如水，语气平淡，无人窥见他内心的波澜。事隔一年，在和网友对话时，他终于打开心扉："在大家都对疫情缺乏把握的时候大胆发言，压力可想而知。这个事情你没有完全的把握，但需要你做出决策。我所面对的不是一般的学术问题，而是生与死。科学研究往往在反复验证以后才做出最后判断，但紧要关头如果你慢慢研究，后果不堪设想。在生与死的考验面前，如果你还不敢负责任，犹犹豫豫，就会导致更多的死亡。当然，我大胆发言不是没有依据的，是集中了多数人的看法和智慧才得出的结论。"

在钟南山等医务工作者的努力下，广东省创下了"非典"患者在全国死亡率最低、治愈率最高的佳绩。2003年6月，广东省举行"抗击'非典'表彰先进大会"，钟南山被授予唯一的特等功。这一年，他还荣获了全国五一劳动奖章、白求恩奖章，并被评为"感动中国"2003年度人物。

"非典"之后，钟南山的烦恼增加了。媒体过度报道也是钟南山的烦恼之一。"我觉得最尴尬或者说最难以接受的是，媒体注意力过多地集中在我身上，这不太符合事实，因为很多工作都是我们一个集体做的，或者说我组织、协调、最后决策，但是总的来说是大家一块做的。这样下去，时间长了，会使我脱离群众，我最大的顾虑是这个。"他觉得自己什么也没变，还是一名普通的医生。每周的查房和专家门诊，只要不出差，他总是准时出现，实践着自己倡导的对患者"三个一样"的原则——高干和平民一样，有钱和无钱一样，城市和农村一样。业务，在钟南山的排序中永远第一："搞好自己的业务工作，做好防治疾病，这对我们而言就是最大的政治……""什么是医德，不单纯是对病人的态度，最核心的是解决病人的问题。目前来看，医生不少，但真正合格的医生不多。对医生和护士需要有严格的考核制度，让合格的医生能够有更高的待遇和工资，不合格的医生早早离开这个队伍，才能真正地建立起为公众服务的有效机制。"

"只有自己带头，别人才能跟上。"钟南山希望通过言传身教，培养更多

173

的合格人才，为年轻人的成长提供更广阔的天空。在他和同事的努力下，广州呼吸疾病研究所的学科建设不断取得新的进步：2003年成为国家重点学科，2004年建立博士后流动工作站，2005年主持的"广东省传染性非典型肺炎（SARS）防治研究"获国家科技进步二等奖，2006年顺利通过了科技部组织的呼吸疾病国家重点实验室现场评审和答辩。钟南山也成为世界慢性气道疾病防治执行小组组员，2006年年底又被聘为世界卫生组织急性重症传染病应急委员会顾问。年过七旬的钟南山，看起来比实际年龄年轻很多，依然在满负荷工作。如此好的"革命本钱"，得益于长年坚持体育锻炼。钟南山说："长年坚持锻炼为我在'非典'期间承担繁重任务打下了基础。同时，培养了三种精神：力争上游的精神、争分夺秒的精神、团队精神。一生受用无穷。"

这就是钟南山，依然是妙手仁心的医生本色，依然是不断进取的学者风范。

案例出处

《全国敬业奉献模范钟南山：妙手仁心》，见中国文明网2008年2月20日（http://archive.wenming.cn/2008-02/20/content_14365554.htm），有删改。

案例解析

2003年的"非典"，是中国现代医疗史上绕不开的事件，它拉开了中国公共卫生的现代序幕。面对突如其来的疫情，广大医务工作者用沉着冷静、实事求是的科学精神与生命重于泰山、临危不惧、众志成城的职业精神书写了一场可歌可泣、惊天动地的中国医生群体的传奇，而钟南山院士是整个群体的杰出代表。重要的是，在这场没有硝烟的战争中，钟南山院士身体力行，彰显了科学工作者的严谨求实和医者的大爱无疆。

钟南山院士用其科学精神准确确定"非典"发生的原因。"非典"之初，关于其发生根源存在多种解读。其中，北京有关权威机构认为，引起广东非典型肺炎的元凶是"衣原体"。而钟南山从其自身临床实践出发，坚持认为不能盲从这一结论。实践证明，钟南山据理力争是有科学根据的。2003年4月初，由钟南山牵头的广州和香港专家的合作取得突破：初步认定，冠状病毒是本次"非典"的重要病原！这一结论得到WHO的认可。面对"非典"谣言四起，宣称"非典""疫情得到有效控制"的问题，钟南山院士以科学的态度提出"遏制论"。面对权威和谣言，从控制到遏制，钟南山以实践为基础，坚守着科学研究者的严谨求实，明确"非典"根源，赢得民众的信任支持，提出有效的控制方案，为战胜"非典"奠定了坚实基础。

第五章　明大德守公德严私德

从职业道德角度看，凸显了钟南山院士爱岗敬业的品质。爱岗敬业反映的是从业人员对自己职业的一种态度，也是一种内在的道德需要。具体延伸，妙手仁心、大爱无疆是钟南山院士作为医者对患者的关怀。面对"非典"患者极强的传染性和危险性，他不顾个人生命安危，呼吁将"最危重的病人送到呼研所来"。在危机时刻，用自己的生命安全去维护患者的安全。即使在平时，钟南山院士也公平地对待所有患者，践行着"一视同仁地对待患者"的职业操守。

集体主义强调国家利益、社会整体利益高于个人利益。在实际生活中，个人利益和国家利益、社会整体利益难免会发生矛盾。这种矛盾，有的是可以缓和、化解的，有的则会发生或大或小的冲突。从政治高度上说，钟南山院士彰显了一个共产党员为人民服务的精神与集体主义精神，他始终将病人利益放在首位，即使个体面临甚至承担风险。

案例启思

（1）案例中彰显了钟南山院士的什么精神？
（2）如何理解道德的功能和作用？

教学建议

职业道德是社会主义道德建设的重点。马克思主义认为，既然人们的生产活动是人类最基本的实践活动，那么，人们的职业生活当然也应该属于人类最主要的社会生活领域。与此相联系，社会职业生活领域中的道德当然也就成为各个具体生活领域的道德的主体部分。职业道德是所有从业人员在职业活动中应该遵循的基本行为准则，涵盖了从业人员与服务对象、职业与职工、职业与职业之间的联系。职业道德在职业领域的作用是一般道德或公德、家庭道德等无法替代的。当一个人步入社会，进入社会分工行业领域，职业道德的教育使人形成职业道德观念和意识，从而认识了集体以及个人行为在集体中的作用，在与职业活动共生存、共命运的同时走向成熟，在树立起职业信念和理想、养成好的职业道德和习惯的同时，逐渐成熟。可见，职业道德可以促进人的社会化，使人走向成熟。

职业道德是社会主义道德的重要组成部分，爱岗敬业、诚实守信、服务群众和奉献社会是其基本要求。对于不同职业，其具体表现也有不同。教师可以结合案例分析研究者的职业精神与临床医生的执业道德，将职业道德与社会主义道德两个基本原则结合起来，尤其强调道德的知行合一在于长期坚持。医生是众多职业之一，遵循医德是其职业基本要求。钟南山院士认为，所谓医德，

主要体现在"想方设法为病人看好病"。"想方设法"意指医生对病人负责任的态度,"看好病"则指医生应具备解决实际问题的能力。此乃医德的一体两面,统一融入追求生命质量和生命价值的人文维度。通过对案例的剖析,帮助医学生树立正确的职业态度与社会价值观,并提升他们对社会主义道德原则的认同。

▶ 案例二 乙肝博主,普济众生

 案例

骆抗先的感人事迹在广东乃至全国医疗界早已传为佳话。他的同事说,骆老就是毛泽东当年评价白求恩大夫的那"五种人"——"高尚的人,纯粹的人,有道德的人,脱离了低级趣味的人,有益于人民的人"。

高尚的人:从医几十年无一例纠纷

骆老每次出诊必须提前半小时到诊室,看完全部病人后才下班。只要踏进诊室,骆老的心中就只有患者,没有自己。一次,一位山东患者早上7点就来到诊室,看见刚到的骆老便随口问了一句:"您这么早就来了啊!"没想到骆老竟道歉:"医生是为患者服务的,应该比你们来得更早才对,对不住啊。"1999年,骆老应邀到昆明做学术报告,主办方安排他去西双版纳旅游,可他做完报告就赶回广州,因为他不想让在那里等了一个星期的病人失望。一天临近下班,骆老无意间看到一对夫妇在诊室门口张望,却又徘徊不前。正当两人准备离开时,骆老叫住他们询问情况,原来他们来晚了,没挂上号,又估计骆老下班去吃饭,于是没敢进来。骆老二话没说,当即开始诊治。"要是当天看不上,他们得花许多冤枉钱,说不定还延误病情。"这个场景让人不由想起"医者父母心"这句话。

乙肝患者常需要心理干预,倾听和鼓励是骆老的独门"爱心处方"。一名在东莞打工的小伙子患有乙肝,被工友和亲戚疏远,生出轻生的念头。骆老认真听他诉说了20多分钟的苦衷,并详细解释病情,打消他的疑虑,小伙子重拾了对生活的信心。

行医几十年来,骆老从未与患者发生过一次矛盾。每看完一个病人,他都会起身将对方送出诊室,并招呼下一位。"一来可以活动一下身子,二来体现对患者的尊重,平缓大家等待时焦急的情绪。"骆老解释说。正因为如此,骆老的候诊区总是秩序最好的。

纯粹的人:从不用影响力帮药厂推销

熟悉骆老的人都知道他脾气有点怪,平时话不多,但对一些不良现象敢于发声,敢于理直气壮地批评。有一次,他发现科室有个同志给患者开了高价药,立马要求改正,还直言不讳地严肃批评:"我们要依据患者的实际需求来开药。"

为防止一些厂家利用他的影响力做广告、搞推销,骆老从不参加药厂组织的鉴定会或新闻发布会等,还及时披露一些药厂对乙肝治疗药物的不实宣传。尽管得罪一些商家,但树立了医者口碑,赢得了患者的信任。他说:"只要对得起病人、对得起良心,就足够了!"

有道德的人:想方设法为病人省钱

为病人省钱,是骆老最在意的事情。面对患者,他精打细算,不但问病情,也问患者食宿,比如来广州的车费、住宿费等。他选择的诊疗方案总是考虑患者的经济状况,不开大处方、大检查单。对家境贫寒的患者,他会告知,"复诊时不要挂专家号,普通号就行"。

曾经有一个患者病情已经比较严重,但是没有足够的钱治疗,准备放弃。骆老将患者带到自己家楼下,回家拿了一万块钱递给患者:"赶紧住院治疗,这个钱以后有了就还,没有就不用还了。"

"人生在世,哪个没有困难的时候啊!"记不起多少次,有多少位年轻医生,在骆老的感召和带领下,自发为贫困病人解囊相助。

骆老早已是我国著名的传染病学专家,从事传染病学临床、教学和研究半个多世纪,救治数十万患者,在国内外刊物上发表论文 120 余篇,独立编写 125 万字的《乙型肝炎基础和临床》,获国家科技进步二等奖 1 项、军队科技进步二等奖 3 项,荣立三等功 6 次。如今,他身为南方医科大学南方医院一级教授,享受国务院特殊津贴的专家。旁人眼中的职业荣耀与高尚情操,于骆抗先而言只是医者的应有之义。

脱离了低级趣味的人:75 岁乐当"乙肝博主"

75 岁时,不会打字的骆老向学生求助,从零开始学习电脑操作,开通了

"骆抗先的乙肝频道"博客。"我想,我现在年纪大了,应该为患者做点公益的工作,就借助博客喽。"骆老回忆说。虽然年纪大,还有严重的白内障,但他还是每天"钉"在电脑前,一干就是几个小时。每周一篇科普文章,回答30个网友的问题,骆老都是自己一个字一个字敲到电脑里,敲完还要仔细斟酌,确定观点无误、文字准确易懂才会发布。他的理念是,做科普必须知道患者最关注什么,只有继续看门诊才能保证博客内容符合需求;做科普必须与时俱进,只有不断学习国内外最新研究成果,才能保证内容准确无误。

10年间,骆老撰写了近400篇科普博文,博客访问量超过1200万人次,他在耄耋之年成了一名"网红",被广大网友和患者亲切地称为"骆爷爷",为和谐医患关系做出了表率。

有益于人民的人:比病人早到晚走

南方医院的后辈们都知道,86岁的骆老出门诊,雷打不动。行内人也都知道,骆老很少接受媒体采访,也不会为了各种座谈会耽误一分一秒的出诊时间。

某护士长告诉记者,骆老早到晚退数十年如一日。如果按照每周三次门诊计算,早晚各1小时,62年里他比别人多工作17856个小时,相当于义务工作2232天,等于6.2年,多诊治病人10多万人次。

"我没有那么伟大。但你问我是不是个好医生,我肯定是。"骆老是大家眼里的大专家,他自己却认为,大半辈子只是做着分内之事。从医60多年来,他救治了数十万乙肝患者,无一纠纷,垫付药费和资助旅费不过平常事。行内还流传着佳话,为照顾远道而来的病患,这位"骆爷爷"不限号。

"我的号不要限,病人大老远来,带着痛苦来,不能让他们带着痛苦回去。"不限号的一句承诺,对这位八旬老医者而言,意味着经常顾不上吃饭,顾不上喝水。

每天上班早到1小时、晚走1小时,这是骆老几十年养成的习惯。凌晨2时许,他就早早起床,开始读文献,写文章。在家书房伏案工作到6点多钟,他便打着手电筒出门上班,继续治病救人、传道授业。

案例出处

《妙手仁心战乙肝,耄耋名医成"网红"》,见广州日报大洋网2017年8月21日(http://news.dayoo.com/guangdong/201708/21/139996_51688044.htm),有删改。

第五章　明大德守公德严私德

案例解析

道德模范主要是指思想和行为能够激励人们不断向善且为人们所崇敬、模仿的先进人物。道德模范既是一定社会道德实践中涌现的符合特定道德理想类型的人物，又是人们日常生活中能够近距离感受的具有积极道德影响的人物。作为医学道德模范，骆老教授始终坚持患者至上、以诚待人，先后救治了数十万乙肝患者；始终坚持瞄准前沿、敢为人先，在病毒性肝炎研究领域取得了令人瞩目的成就；始终坚持以身作则、甘为人梯，精心培养了一大批乙肝防治专门人才；始终坚持党性第一、廉洁行医，处处发挥先锋模范作用。骆老以身作则，从行医与医学研究两个层面追求极致，不论医疗还是科普研究，始终抓住"以病人为中心"的理念。

（1）积累是道德完善的重要方式。道德模范彰显的大德是在日常生活中日积月累而成的，骆老从小事做起，如早到晚回、严谨科普、不限号等，数十年如一日点点滴滴的坚持才让自己的道德日趋完善。

（2）自律是道德完善的重要途径。自律的方法，即在无人知晓、没有外在监督的情况下，坚守自己的道德信念，自觉按道德要求行事，不因无人监督而恣意妄为。骆老不用自身的影响力替药厂推销，其目的是为病人利益考虑。在75岁高龄，选择开启科普之路，惠及广大乙肝患者，既造福患者，也为我国减少乙肝患者、摘除乙肝大国的帽子做出突出贡献，实现了患者利益与国家利益的统一。

（3）实践是道德完善的关键。道德从根本上是一种实践，知行合一是其根本要求。即把提高道德认识与躬行道德实践统一起来，以促进道德要求内化为个人的道德品质，外化为实际的道德行为。骆老是在道德实践的过程中，实现道德人格的日臻完善。作为大学生，完善自我的道德品格，需要在实践中学习和检验。

案例启思

（1）何为道德模范？请谈谈骆抗先医生作为道德模范的主要表现。
（2）如何理解为人民服务是社会主义道德的核心？

教学建议

道德模范人物在一定意义上代表了一个国家或地区的道德水准，是全社会的道德标杆。在高度集中化的曲折前进期社会，执政党直接塑造榜样，并且主导宣传教育活动；而在价值多元化的渐进转型期社会，民众广泛参与推选道德

179

模范,政府和社会在充分互动中推进教育活动。评选表彰全国道德模范和"感动中国"人物是我国培育公民道德价值观的创新之举。通过树立道德模范人物,丰富了公民道德价值观培育的思想政治教育载体,为正确有效地引导社会主义核心价值观提供了道德示范,为培育公民道德价值观营造了良好的社会环境,奠定了新时代公民道德建设的文化根基。加强社会道德建设,提升公民道德价值观,就要向道德模范学习,大力宣传他们的优秀事迹,弘扬他们的品德精神。

全国道德模范因其典型性备受关注,道德模范不仅是一种荣誉,也是个体道德的充分认同。在教学中,可以从道德的价值与个体道德对社会的作用视角,阐述树立道德模范的社会意义,并从道德模范的形成中挖掘道德品质形成的方式,强调学思并重、道德实践与省察自律作为道德品行形成的方法对医学生品格形成的指导价值。

▶ 案例三　舆论引导,弘扬正气

案例

2010年7月23日上午,深圳市的陈先生带妻子在某医院生产。下午3时45分顺产生下一个男婴。产妇生产时被实施了椎管内麻醉,生产后没觉得身体有什么不舒服。回到病房后,晚上9点多时,产妇开始喊肛门疼。陈先生发现妻子的肛门肿成了鸡蛋大小的凸出物,而且凸出物上面一圈是线,因此认为肛门被缝上了。

医院答复是产妇有痔疮,痔疮急性发作,做了痔疮手术之后才出现这种现状。医生做了阴部侧切手术后,一位助产士称,她见产妇痔疮急性发作,生产时痔疮出血,压迫止血后出血点仍在,于是用外科常用的缝扎法给她做了止血手术,即缝合痔疮上的出血点,缝合范围仅限痔疮部位,并未超出病变范围,更没有缝到肛门。

当晚产妇自觉缝合部位异常疼痛,更由于痔疮靠近肛门部位,产妇不敢自主排便。产妇丈夫查看产妇肛门部位时见肛门部位异常红肿,联想到生产前给了助产士100元红包,自认为是助产士由于红包金额不够而产生报复心理,缝

第五章 明大德守公德严私德

合了产妇的肛门，于是向新闻媒体爆料。根据深圳市卫生和人口计划生育委员会做出的调查报告认定，无证据证明张某存在实施了缝合产妇肛门的事实。

陈先生十分愤怒，认为这是报复，因为助产士曾暗示要红包。但由于出来时匆忙，陈先生身上只带了200元现金，陈先生便先给了助产士100元红包，又承诺等妻子生产完了一定给她一个1000元的大红包。助产士收下了红包，但是脸色特别难看。据家属介绍，助产士又趁陈先生不在场的情况下，不顾产妇疼痛叫喊，强行把肛门缝合的线给拆除了，还称要把缝合的部分切除掉。

陈先生坚持说，把事情向媒体反映并不是想问医院要钱，或希望医院免费，是想为痛得要死的老婆讨个说法。"医院里该花多少钱，我们负担得起，生孩子没有准备是不可能的。这件事情让媒体知道，也不是想把医院怎么样，我就是想给我痛得要死的老婆讨个说法！"陈先生气愤地说道。

医院说法："助产士好心结扎止血"

医院院长表示，确实没有发生将肛门缝起来的事。"分娩时，病人的痔核就脱出来了，而且还有一点出血。"治痔疮确实不是妇产科的范畴，但当时的助产士张女士看到痔核脱出来了，就先用手压了一下，希望能把血止住。"止不住血后，就采取了结扎止血的措施。只是在出血点结扎，没有缝肛门。"助产士说。这名助产士在此工作了近20年，自认为有丰富的经验，有自己的想法，这种想法也并不是说不通。"其实在早前，我给病人做一些手术的时候，要是病人患上阑尾炎，我也会'顺便'帮病人将阑尾切掉。""不过，医疗管理规范了，当然不能再这么做了。"医院院长坦言，"作为一名助产士，严格上讲，即使是帮病人止血，也是不对的。"但她表示，这起事件，"和事故性质还不一样"。关于红包问题，助产士坚称陈先生给她红包的时间是当天晚上11点，小孩已经出生6个小时，当时她抱着小孩，是陈先生把红包塞到她的口袋里，她拒绝未果后，第二天将100元红包悄悄塞到产妇病床的抽屉里。

鉴定结果一审判决结果

深圳市罗湖公安分局鉴定意见告知书原件 ["深公罗（黄贝）行鉴定字（2010）第1207号"] 正文为："我局指派/聘请具有专门知识的人员对林某萍进行了损伤检验鉴定，鉴定意见是林某萍肛门周围见环状痔脱出，水肿；脱出物在9点位，可见黑丝线缝扎，肛门周围皮肤未检见损伤痕。"罗湖公安分局相关人士确认，这份告知书实际就相当于法医鉴定结果，因为内容就是根据法医鉴定做出的。这份告知书的内容真实、有效、权威，就是代表法医鉴定的内容。

备受关注的深圳"缝肛门事件"沉寂许久后又浮出水面。该医院助产士张吉荣诉产妇丈夫陈先生及深圳两家媒体的名誉侵权案在罗湖法院开庭审理。一审判决结束,法院裁定陈先生败诉,赔偿助产士3万元并赔礼道歉。

事件双方生活因官司改变

2012年2月,一年半前的那场"缝肛门事件"至今仍然没有终结,而那场意外的事件本身却彻底改变了双方的生活。产妇的丈夫陈某说事发前他在深圳租住的是高档公寓,而如今,为了照顾妻小、打官司,生意没了,工作没了,屡次被迫搬家,他租住在深圳市城乡结合部,家里只有一些简单的日常用品。

事件的另一方某医院妇产科的助产士张某,因为"缝肛门事件"丢了深圳的工作,回到陕西老家,在一座矿区小城独自生活,生活拮据。

而曾经发生"缝肛门事件"的某医院,因为城市规划的原因,该医院在2011年夏天已经停业。

央视《新闻调查》的回访,让一度闹得沸沸扬扬的"缝肛门"事件再次成为舆论关注的焦点。央视评论员王志安在亲身采访各方之后,认定"缝肛门"事件是条假新闻。是媒体的选择性报道、当事人的误解制造了这一轰动性新闻。他说:"这一事件基本没有受益者,只有受害者。"梳理事件的来龙去脉,综合一些权威意见,基本可以断定:"缝肛门"事件是条假新闻。

捏造事实
索要红包未果报复孕妇?缺乏证据支撑的动机

在丈夫陈某看来,妻子的肛门之所以"被缝","是典型的打击报复,是有原因的,原因就是红包的问题"。随后,他的这一判断被媒体报道渲染,纷纷采用了诸如"产妇肛门被缝""助产士索要红包"等骇人听闻的报道标题,让"缝肛门事件"迅速传遍全国。

但实际上,这种说法只是他自己的一种猜测。他将助产士前后四次来到病房看作索要红包的暗示,然而张护士给出的解释却是担心产妇在病房生产,因为医院不能有这样的事情发生,这关系到她个人的饭碗,所以才会多次进入病房了解情况。

显然,助产士的解释并非没有道理,而产妇丈夫的判断仅仅是自己的一种猜测,缺乏有效的证据支撑。而且,用缝合关闭病人肛门的方式来报复,不符合基本的逻辑,就算罪犯,不达到同归于尽的疯狂程度,也不会用这种马上就会被发现的报复方式。于是,可以认定索要红包不成再行报复的动机说很难成

立。鉴定结论是"缝扎痔疮出血点",而不是"封闭肛门"。

天涯上流传较广的一则网帖道出了对"缝肛门"的不同理解。这则网帖认为,深圳"缝肛门事件"混淆了"把肛门完全封闭"和"缝合(或结扎)肛门痔疮出血点"的区别。在普通民众看来,"缝肛门"是"为了红包把肛门缝合关闭,让你不能排泄"。在医生们看来,所谓的"缝肛门"则"可能是因为生产时腹腔内压力过大,导致痔疮出血,为了临时应急,助产士缝合(或结扎)了痔疮的出血点"。根据后来的专家鉴定可知,助产士确确实实只对痔疮出血点进行了缝合,而根据专家意见,产妇在产后出现突发性痔疮,同时引起大规模活动性出血也极为普遍,缝合这样的处理也并没有什么不妥。至于陈某提到的妻子在分娩后三日没有大便的质疑,医学专家同样给出了相反的意见,认为这种现象十分常见。至此,所谓的"缝肛门事件"基本上水落石出了,助产士只是进行了一次正常的产科手术,"缝肛门"的说法根本立不住脚。

案例出处

《深圳缝肛门事件产妇丈夫起诉助产士人身伤害》,见中央电视台《新闻调查》2012 年 2 月 12 日(https://news.qq.com/a/20120212/000010.htm),有删改。

案例解析

随着现代社会分工的发展和专业化程度的提高,市场竞争日趋激烈,整个社会对从业人员职业观念、职业态度、职业纪律和职业作风的要求越来越高。职业生活中的道德规范,是促进社会持续健康、有序发展的必要条件。媒体在现代社会中扮演着日益重要的角色,甚至影响了人们对事件的判断。媒体是指传播信息的媒介,为实现信息从信息源传递到受信者的一切技术手段。也是人用来传递信息与获取信息的工具、渠道、载体、中介物或技术手段。新闻媒体总是希望自己能够报道的题材越广泛越好,这通常是合理的诉求,因为广泛的报道能够以丰富的新闻信息满足公众利益需求或公众兴趣。但是媒体报道也需要遵守如实、客观与全面的道德原则,并遵守保护相关人员隐私等伦理规范。然而,在市场经济条件下,由于利益的关系,媒体报道必然有其进入的视角,甚至与其主观意愿关联在一起。在这种背景下,如何规避媒体暴力,成为媒体人必须考虑的事情。

案例中,媒体为了博取眼球,变造、伪造、歪曲报道相关事实,以此来迎合大众的兴趣所在、态度倾向,获取最大的经济利益,完全丧失了媒体最基本

的职业操守和社会责任，对已经紧张的医患关系也起了火上浇油的恶劣影响。根据最后的判决结果，我们可以判断，根本就不存在助产士为了报复产妇家属未给予红包而对产妇缝肛门的事情。事件的开端，完全是产妇丈夫的"主观臆测"。产妇丈夫认为，助产士4次来病房，是为了暗示讨要红包。这样的想法或许可以理解，但缺乏依据和证明。助产士对此的解释是，其职责就要求不能让产妇在病房分娩，否则，医院就会按规定炒她鱿鱼。所以，她才会4次进入病房查看产妇的状况。这样的解释，是不是更贴合实际呢？部分媒体为了炒作，完全不顾事实，只顾迎合大众口味，甚至不懂装懂。助产士作为专业人士再三强调，肛门缝合的部位是痔疮所在，是为了止血，而不是把整个肛门完全缝合，结果媒体进行选择性报道，大意是说，医生专家证实肛门有缝合。发端于家属的主观臆测，热议于媒体的选择性报道，落定于法院的盖棺定论与相关方的惨淡收场。一个选择性的炒作，一次极不负责任的报道，媒体道德的失范酿造了一场没有赢家的悲剧。自媒体时代因其快速的传播速度与放大效应，任何一个爆炸性的报道，都会在极短的时间内产生不可估量的结果。正是在这样的背景下，媒体人遵守其相应的道德规范，以"善"为价值导向，传播道德正能量，尤为必要。

案例启思

（1）如何理解职业道德的基本要求？
（2）如何理解网络生活中的道德要求？

教学建议

职业化是现代社会的重要特征，职业道德是社会道德的组成部分。医者应该遵循以病人为中心、维护患者健康的执业道德。案例中助产士因患者生产过程中痔核脱落出血不止而实施止血缝合，遵循了救死扶伤、治病救人的医德。但家属的猜疑、媒体的选择性报道，最终导致案例以悲剧收场。互联网的飞速发展令大众目不暇接，网络新闻媒体用其独特的传播方式改变了传统媒体一统天下的新闻传播格局。但基于从业者自身道德素养缺失等各方面的原因，新闻敲诈等职业道德失范现象日益增多。在教学过程中，剖析职业道德的社会价值，以及遵守职业道德规范的具体要求，教导学生不论从事何种职业，都要熟悉并遵守其职业道德规范。

第五章 明大德守公德严私德

▶ 案例四 弃官孝母，注重家庭

案例

最孝女儿：朱晓晖（"感动中国"2014年度人物）

朱晓晖的父亲在2002年患弥漫性脑梗死，从此瘫痪在床，失去了生活自理能力。为了更好地照顾父亲，朱晓晖辞掉了在报社的工作。为了给父亲治病，她不但卖了房，还欠下一身债务。因为不堪重负，朱晓晖的丈夫带着孩子离开了她。朱氏父女在社区的车库里安了家，一住就是12年。

朱晓晖曾是一位有才气的诗人，诗歌在全国获得过很多奖。父亲生病前，她喜爱读诗、写诗；而现在她看得更多的是医学护理和养生方面的书籍。老人患病后落下了瘫痪的毛病，腿脚不便，大小便也不能控制。朱晓晖几乎每天都要给他擦洗身体。在她的细心照料下，老人卧床12年都没有得过褥疮。但常年的操劳，使得才41岁的她早已满头白发。

维持两人生活的唯一来源是老人每个月一千多元的养老保险。父亲治病的开销不能省，朱晓晖就只能去市场里捡人们不要的菜给父亲吃，自己则用咸菜就着米饭度日。虽然生活环境艰苦，但朱晓晖一直努力让父亲生活得更舒适。老人因为心疼女儿，常常痛哭。

除了每天照顾父亲的起居外，朱晓晖在周末还有一项重要工作，就是给三四个"债主"的孩子补习。对于别人的帮助，朱晓晖感恩在心，她也在用自己的行动把爱和善意传递给更多人。

陈录雪：辞职只为行孝

从2006年到2014年，8年的时间，陈录雪用房改车载着妈妈余中秀老人去了北京8次，福建、陕西、广东……只剩下新疆和西藏没去过。陈录雪说妈妈的精神、身体状态越来越好。

"以前妈妈晕车，一坐车就恶心。现在，高速公路也好，乡间小路也好，甚至是山路，她都很难晕车了。以前妈妈几乎每个星期都有一次打针输液，而

185

现在,车里备了药箱,她却难得吃上一颗。最近在医院的体检中,她身体的各项指标都正常。"陈录雪说,"最令我惊讶的是,妈妈以前一头白发像个头套,现在慢慢竟有了几丝黑发。"

当听到妈妈说"我满足了,全国都走遍了"时,陈录雪憨厚地笑了。关于未来,他还有很多打算。"父母等不起儿女,行孝尽早,现在就准备去俄罗斯旅游。"

只因母亲想去更多地方看看,他将一辆二手车改成可洗澡睡觉的"房车",载着母亲走遍中国。没钱就在当地打零工、捡垃圾卖,攒够路费再出发。只为了多陪陪母亲,他40岁就放弃仕途早早退休。他是65岁的成都双流区人陈录雪,他的孝心之旅,一直在路上。

在沈阳北陵饭店停车场,记者见到了陈录雪和他的"房车"。这台普通国产越野车的特别之处在于,通过太阳能和汽车排气管产生的余热加热外置水箱,在车后面的空地上拉上浴帘,解决了最让他头疼的洗澡问题。母亲腿脚不方便,就调整前排座位,让她保持舒服的姿势。"平时把车顶行李架上的帐篷收起,晚上打开变二楼,我和老婆住。"

2014年6月13日,陈录雪和母亲、妻子从丹东口岸过境到朝鲜一日游。据了解,他103岁的母亲余中秀创造了从丹东口岸出国旅游年龄最大的纪录。陈录雪是家中最小的儿子,由于父亲过世得早,母亲独自将4个孩子抚养成人,一直没有再嫁。他40岁那年,母亲已将近80岁了。

"我年轻的时候在西藏当过兵,转业后留在西藏公安系统,没好好陪过妈妈,后来又调回四川的一个法院工作。"陈录雪说:"妈妈辛苦了一辈子,我要多陪陪她,当时我申请提前退休,那时我已做到处级,很多同事认为我脑子进水了。但我打定了主意,争取了两年后,单位批准我回家陪她。"

2006年的一次旅行,看着妈妈那么开心,陈录雪萌发了带母亲游全国的想法。他花3万元买下一台二手的标致车,改造成了"房车"。开了几年,这台车报废了,他又花9800元买了一台高车龄的二手长城汽车,在福建泉州"爱心妈妈"协会和一个老板的帮助下,自己再凑上5000元,改成"新款"的样子。

虽然"房车"旅游条件艰苦,但行程中充满着快乐。不过,陈录雪也遇到过闹心的时候,尽管车上贴着"百岁母亲游全国"的横幅,但仍遇到被偷的事件,让他伤心地哭了一场。"房车"开到哪个城市,一家人就在哪儿停留一段时间,一边旅游一边打零工。陈录雪说:"捡废纸、塑料瓶子、硬纸壳,一天能卖几十块。我在福建的酒店当过保安,看停车场方便停车。一些酒店知道情况后,会给我们留间宿舍,方便照顾妈妈,也省钱。"

第五章 明大德守公德严私德

📍 案例出处

《朱晓辉：最孝女儿》，见央视网 2014 年 12 月 26 日（http://news.cntv.cn/2014/12/26/ARTI1419581557763968.shtml），有删改。

《孝子辞掉公务员工作载 103 岁老母八年游全国》，见中国新闻网 2014 年 6 月 19 日（http://www.chinanews.com/sh/2014/06-19/6297421.shtml），有删改。

✏️ 案例解析

家庭是社会的基本细胞，是孕育生命的港湾，家庭的前途命运同国家和民族的前途命运紧密相连。家庭关系涉及夫妻、兄弟姐妹、父子等多维关系，不同关系需要不同的道德规范。子女要孝敬、赡养父母及长辈，这是每个公民必须遵守的道德准则，是营造和谐家庭关系的重要纽带，也是应尽的社会责任和法律义务。

常言道，孝行天下，"百善孝为先"。树欲静而风不止，子欲养而亲不在。朱晓晖用 13 年相守，践行孝的真谛，其中有多少日子就有多少道沟坎。命运百般挤兑，她咬紧牙关。小小的车库是冬天里最温暖的宫殿，病重的老父亲是那幸福的王。陈录雪放弃令人羡慕的处级公务员职位，只为回家陪伴多病的母亲，更毅然踏上"孝母游"的旅途。20 多年里，从小小古镇到宏伟长城，从秀美海南到辽阔东北，孝心走遍中国，更走向世界，圆了妈妈看看俄罗斯和朝鲜的心愿。妈妈多病的身体日渐康复，102 岁登上黄山，103 岁踏上世界屋脊青藏高原，创造了一个又一个奇迹。陈录雪的孝心壮举，感动了中国，被老百姓亲切地称为"弃官孝母"的大孝子。时间不等人，"行孝要趁早"。

❁ 案例启思

（1）如何看待"孝"在家庭中的价值？
（2）如何理解注重家庭、家教、家风的传统文化？

🎤 教学建议

中国传统文化本质上可称为"孝文化"。孝文化在中国古代社会具有包括道德教育、社会稳定和民族凝聚的功能。孝文化突出强调了个人对家庭生殖繁衍的职责和义务，家庭对老年人赡养的职责与义务。孝是齐家之宝。从道德建设来看，弘扬中国孝文化是当代社会道德建设不可缺少的内容，从而决定了孝文化所具有的现代意义。不容乐观的是，随着家庭结构的变化，我国家庭养老

的功能有日益弱化的趋势，而且这种趋势随着下一代家庭观念的变化而日益增强。

家庭美德是社会道德的重要维度，家风是衡量社会风气的重要标尺。为让学生全面了解家庭美德的内容，不仅需要阐述家庭美德的原则，也需要培养大学生的感恩之心。通过这些案例，剖析孝的本质、当前社会孝文化遭遇的挑战，引导学生做一个孝顺父母的孩子，懂得感恩父母的养育之恩。

▶ 案例五　贤妻真爱，谱写奇迹

 案例

2005年10月1日，云南省临沧市永德县公安局民警罗金勇在国庆休假期间，携妻子罗映珍到小勐统镇湾甸村委会大龙塘村看望岳父、岳母。途中，与罗金勇同坐一车的三名男子一言不发，并不时打量着罗金勇。当车行至大垭口村旧街坝一修理店时，三名贩毒嫌疑人相互使了一下眼色，拎着手提袋相继下车。罗金勇迅速迎上掏出人民警察证，责令三人接受检查。三名男子见罪行败露，从地上捡起石头和木棍，对准罗金勇的头部、身体猛砸。罗金勇毫不畏惧，赤手空拳地与三名毒贩展开殊死搏斗。最终因头部及身体多处受伤，倒在了血泊中。在群众的协助下，一名毒贩被当场抓获，现场缴获海洛因两块，重1150克。

据罗金勇的主治医生介绍，罗金勇是全脑挫裂伤，不能自主呼吸，要依靠呼吸机的帮助。到2007年，他的病情仍然危重。在这600天之中，妻子罗映珍精心看护，写了600篇的日记。

每天上午忙碌之后，27岁的罗映珍就坐下来，开始给丈夫轻声地念她写的日记。虽然丈夫罗金勇听不到她的声音，但看着那双睁开的眼睛，罗映珍的心里就充满了希望。为了让丈夫早日醒来，罗映珍边照顾丈夫边写日记，每天念给丈夫听。

"只要你能站起来，我再苦再累，受再大的委屈也无怨无悔。老公记住，永远记住，你还有一个家、一个妻子，将来我们还会有一个孩子。这是一个完整的家，这才是一个完整的家。"

第五章 明大德守公德严私德

这已经是罗映珍的第 14 本日记本了,每本都不太厚,因为罗映珍盼着每写完一小本,丈夫就会好起来。在丈夫罗金勇的旧手机里还保留着一段 30 秒的声音,是平时小两口开玩笑的片段,现在也被罗映珍转到录音带上,有空就拿出来听。

为了方便照看丈夫,罗映珍在医院附近租了房子,省吃俭用,每天早上 8 点她都准时到病房,帮丈夫擦洗、翻身、按摩,不等喘口气,又要用管子喂药和喂食。虽然有护工帮忙,但罗映珍还是尽可能自己做,甚至学会了给丈夫理发。罗金勇昏迷一年多来,从没有因为护理不当引起并发症。经过治疗,在昏迷中的罗金勇对光和声音的感觉有所增强,偶尔甚至会用右手去轻轻地握着罗映珍的手。在昏迷了 20 个月后,终于在 2007 年 5 月 24 日醒来。永德县公安局领导来医院看望他时,他还在纸上写下了"谢谢公安局的关心",所有的人都非常欣慰。

云南省第一人民医院神经外科护士长说:这么长时间,日日夜夜,都能像这样做下去,让我们这些年轻人觉得很感动。

2014 年,罗金勇被授予了全国公安系统二级英模称号,他的救治得到了党和政府的关怀,仅医疗费用目前就已支付了 100 多万元。而罗映珍真情照顾丈夫的事迹也在社会上产生了强烈反响,大家纷纷伸出援助之手送钱送物,许多人还来到病房探望,罗金勇挂钩的警区群众和家乡人也经常打电话来询问他的最新情况,盼着他能够重返岗位。

感动中颁奖词:

谁说久病床前无贤妻?罗映珍用行动告诉我们:爱是这个世界上最伟大的力量。

苦难磨砺出爱情的坚强,爱情总因苦难而显光芒。她不仅唤醒了丈夫,也唤醒了许多人在这纷杂时代中对内心情感最深处的拷问。

把爱人从沉睡中唤醒,是生命的奇迹,还是心灵的力量?她用一个传统中国女人最朴素的方法诠释了对爱人不离不弃的忠贞。甜蜜不是爱情的标尺,艰难才能映照爱情的珍贵。

案例出处

《云南民警罗金勇只身斗毒贩身负重伤获二级英模称号》,见人民网 2007 年 5 月 30 日(http://politics.people.com.cn/GB/8198/84740/84741/5799735.html),有删改。

《罗映珍:用爱呼唤生命》,见央视网 2007 年 05 月 11 日(http://news.cctv.com/xwlb/20070511/107118.shtml),有删改。

案例解析

婚姻是家庭产生的重要前提，家庭是缔结婚姻的必然结果，夫妻关系是家庭关系的核心。婚姻的成功体现为家庭的幸福，家庭的美满又彰显婚姻的意义。婚姻不仅代表两情相悦，更代表责任和义务，因而一旦结婚成家，就要及时调整和转换角色，承担起相应的责任和义务。在该案例中，民警罗金勇因与毒贩搏斗脑部受到严重挫裂伤，不能自主呼吸，昏迷不醒并成为"植物人"。但妻子不离不弃，承担起作为妻子的义务，用录音、写日记的方式记录他们的历程，用爱呼唤丈夫的回归，省吃俭用，用真情守候，终于等到奇迹出现。

案例启思

（1）如何看待婚姻家庭中的道德规范？
（2）大学生应当树立怎样的恋爱观和婚姻观？

教学建议

家庭道德是调整家庭中人与人之间关系的行为规范或准则，是社会公德的组成部分。家庭道德从内容上讲包括爱情道德和婚姻道德。爱情道德是家庭道德的基本要素，婚姻道德是家庭道德的重心。社会在不断变化，社会道德不是永恒不变的，而是随着社会的不断发展而发展的；随着社会的需要，每一时代都会产生出相应的新的道德来规范人们的行为。婚姻家庭道德也同样随着社会的发展而不断发展。封建社会里的"男尊女卑""三从四德"是夫妻关系所要遵循的婚姻家庭道德规范。新中国成立以后，我国实行了"婚姻自由，一夫一妻，男女平等"的婚姻立法原则，这就是家庭道德的基本准则，根据这个准则，社会主义婚姻家庭道德逐步建立与完善。社会主义婚姻家庭的特点是，它对社会主义婚姻生活和活动具有约束力，与社会主义婚姻法则具有一致性，它受一定阶段经济关系性质所制约，有着历史的继承性和连续性。社会主义婚姻家庭道德仍是以两性结合和血缘关系为基础，又与婚姻家庭关系紧密结合，具有稳定的亲情心理和伦理传统。

改革开放40多年，随着市场经济的建立，商品经济大潮冲击了计划经济观念，商品经济观念逐步被人们所接受，但是，由此而派生的道德观念在新旧交替中出现了难以避免的混乱。在社会精神生活方面存在不少问题，有的还相当严重。一些领域道德失范，拜金主义、享乐主义、个人主义滋长，这种倾向也影响到家庭，冲击着社会主义婚姻家庭道德。如有人错误地认为，夫妻之间的平等也要有商品经济的观念，这样才能适应社会的发展。为了加强社会主义

第五章 明大德守公德严私德

精神文明建设，弘扬社会主义婚姻家庭道德，树立新型的社会主义家风家规，提高婚姻家庭质量和家庭成员素质，把家庭这个社会的细胞催化成温馨、和谐、稳定的社会"基地"，进一步谋求社会的稳定与发展，必须有正确的道德来规范，调适家庭中的核心关系——夫妻关系。婚姻是爱情发展的终极归宿和必然结果，但是婚姻与爱情又有所不同。婚姻是一种责任与担当，忠诚是婚姻的重要规范。建议教师结合当前婚姻面临的挑战及产生原因，剖析婚姻道德的本质，引导大学生在以后的婚姻中遵守相应的道德规范。

▶ 案例六 自揭黑幕，推动医改

案例

对医院里存在的各种问题，看得最清楚的就是医生。正是因为自己也是既得利益者，或曾经有医生因"敢说话"而遭遇打击报复，当面对不正常现象时，医生往往选择沉默，一些问题就被隐藏和掩盖。

2006年，以陈晓兰为主人公的报告文学《天使在作战》获得了第四届鲁迅文学奖。当时卫生部主管的一份权威学术期刊也曾将其评选为"影响医改进程的20人"之一。由于不断举报医疗机构内存在的欺诈性医疗服务现象，一些同行将陈晓兰视为"叛徒"，但她说，自己之所以坚持10年打假，正是出于医生的责任感。

陈晓兰认为，没有什么工作比医生更神圣。她从小想当外科大夫，就是因为这份神圣感。如果像现在的医生一样拿"昧心钱"，她是不会做医生的。她感觉越来越"乱"了。不该检查的在检查，不该使用的药品在使用，不能混合的药品在乱用，应该监管的不监管……"乱"的问题不解决，国家投入的钱再多，恐怕也解决不了"看病贵"和医患矛盾尖锐的问题。

随着院长责任制的实行和医改的深入，医院也要讲"经济规律"。比如院长规定，完不成工作量指标的医生可以开西洋参或和其他物品来冲抵，每箱西洋参可折合成各科室指标，完成指标的就直接拿100元现金回扣。1993年7月，陈晓兰的工资记录第一次出现了药品回扣收入——10元，是院长直接交给她的。院长有一本黑硬面抄，记录着全院每个医生的"回扣账"即所谓的

劳务费，由她本人计算并亲自发放。"当时我有条件多拿些'回扣'，不允许我拿的不是良心、道德，仅仅是我的职业尊严。"

对于提及当前医疗体制中诟病最多的"以药养医"问题，陈晓兰认为，在医改的前10年，由于大家都把注意力放在药费上，当时的卫生主管部门决心改变"以药养医"的局面，试图体现医务人员的技术和劳务价值，医院已经开始从"以药养医"向"以疗养医"和"以械养医"转化。当时为了限制医院多开药，当时的卫生主管部门规定医院与可使用的医保资金进行比例与总量控制。但是，在实践过程中，这些愿望良好的政策措施出现了变形。真正让老百姓看不起病的，正是"以疗养医"盛行的医改后10年，这也是医患矛盾日趋紧张的10年。

对于"开大单"、"假检查"、假治疗等医疗机构内普遍存在的现象，陈晓兰认为，很多医务人员不知道他使用的医疗器械有问题。2005年10月国家药监局正式发文取缔了一种商品名为"静输氧"的医用自动输气器，但实际上的处理结果只是在药监系统的内部网进行公示。有一次她到外地某医院去查"静输氧"，两位男医生直截了当地质问："静输氧不是加拿大技术生产并进口的吗？你凭什么说它是假劣器械，有什么理论支撑？"她详细地解释后他们才恍然大悟。静输氧能为医院带来巨大的利润，如果医院管理者有指标压下去，医生迫不得已可能还会继续给患者使用。有医生曾对她说："以前我们宁可少拿，或者不拿奖金，也不去干那些违背职业道德的事，现在做不到了，完不成指标你得下岗回家。"更何况他知道使用这种医疗器械只是谋财，并不会害命。

如何杜绝欺诈性医疗服务？陈晓兰认为，欺诈性医疗服务或者医疗诈骗的出现和泛滥，是医改走上歧途的最主要原因。医药监管事实上的分家、药品销售使用的监管失控、假劣问题医疗器械在全国范围内泛滥，最终在医院内形成了畸形的运行机制，并导致很多人看不起病和怕看病，同时使医患矛盾日益复杂尖锐。在这个过程当中，夹杂着大量的刑事犯罪，可是我国至今尚无对医疗欺诈行为以及医疗诈骗事实有明确认定，这些发生在医院内的犯罪现象也就无法得到真正、严肃的惩处，一定程度上纵容了它的蔓延。陈晓兰认为医院不应成为"法外之地"，要把医疗机构内通过医疗服务达到欺诈目的的犯罪事实，从普通的医疗纠纷、医疗事故中剥离出来，加以刑法追究，并引入公益性诉讼和第三方监督机构，让犯罪从医院走开。

🔍 案例出处

张静《陈晓兰：沉默不是选项》，见《新民周刊》2007年12月5日

第五章 明大德守公德严私德

(http://news.sina.com.cn/c/2007-12-05/135914455946.shtml),有删改。

案例解析

医院是救死扶伤、治病救人的场所,陈晓兰是一名维护患者健康的医生。然而她被人们记住,并非因为她在某个医疗行为中的高超技术,而是因为她揭露了医疗中的黑幕。陈医生"打假"的缘起,是医院为推广一种赚钱的假设备,要求医生们将其发出的紫外光说成"激光"。陈医生公开指出,紫外光不是激光。这句话彰显了医生的职业操守,即不能撒谎。其背后的逻辑是,就算人人撒谎,医生也不能,因为医生是跟人的生命打交道。更深层次的是医生的职业尊严,因为对医院乱象最为恐惧和熟悉的,是医生。10多年时间,陈晓兰先后举报光量子氧投射治疗仪、横频核磁共振等十几种问题医疗器械,上海某医院等多家问题医院,均因此被有关部门查实处理。作为一名医生,陈晓兰以另一种形式维护患者利益,她直面的是当时体制下存在的"以药养医"等时代弊病,并因此改变了中国医疗体制改革的进程。这已经超越了职业道德的范畴,并升华为一种公共道德。当然,从整个事件来看,不再沉默经历了从"被动"到主动的过程。

案例启思

(1)如何看陈晓兰的"不再沉默"?
(2)如何自觉遵守职业道德?

教学建议

医生职业道德行为的正确选择是医生实行救死扶伤、革命人道主义的首要前提,是使医疗行为符合社会需要并得以顺利实施的重要保证。道德选择是一种特殊的社会选择,它渗透于人类道德的一切领域,不仅包括行为动机、意图、目的的选择,而且包括行为方式、过程、结果的选择;不仅表现在主体道德行为的外在方面,如行动、交往、调节等道德实践活动,而且表现在主体道德行为的内在因素,即认识、情感、意志等精神活动上。反过来讲,人类道德的一切内容无不具有选择的意义。人生观、人生价值是对生活方式的选择;人生理想、人生信念是对生活道路的选择。不仅道德原则、道德规范指导着人的行为选择、交往选择,而且道德知识、道德情感也标志着人的选择方向和选择手段。概而言之,医生道德行为选择就是医生在一定道德意识的支配下,根据一定的道德标准在不同的价值准则或善恶冲突之间的自觉自愿的抉择。它把医生内在的价值观念、道德品质等以行为活动的形式呈现给自己或别人,同时又

193

表现出医生为达到某一道德目标而主动做出的价值取向。

医生道德行为选择是医生依据一定的标准在多种道德可能性中进行的抉择,是在不同的道德价值之间,甚至是在对立的价值准则之间做出的取舍,因此,是医生自由自觉的活动。职业道德是医生道德选择的体现,它是职业分内要求,但超出职业要求去质疑现实问题,则已经提升为公共道德。在教学中,建议教师结合道德形态的表现形式,挖掘它们在现代语境中面临的挑战及其根源,并让学生提出个体道德升华的几种方式。可以从"医生不能撒谎"的这一道德规范,指出其背后的价值基础,考察职业道德与职业尊严的内在逻辑。

▶ 案例七 敬业奉献,时代丰碑

 案例

不平凡的最后一天

2005年7月25日,华益慰像往常一样,早早来到科里,见到同事章晓莉时悄悄地说:"晓莉,我昨天做了胃肠造影,情况不太好,胃蠕动太慢,最近就不要给我收病人了。"章晓莉一听,连忙劝他:"主任,今天这台手术就算了,让别的医生去做,您还是赶紧去做检查。"华益慰摇了摇头说:"已经答应病人的事儿,怎么能让人家失望呢。"说完,便平静地向手术室走去。

这是一台普通的甲状腺肿物切除手术,按说不需要多长时间,同事们却一直揪着心:这台手术华主任能坚持下来吗?然而,华益慰像什么也没发生一样,全神贯注地做手术。每个动作都那么沉稳细致、准确无误。肿物切除后,他亲自一针一线地仔细缝合,直到最后一针。

下午3点,华益慰来到病房,依然面带微笑,查看患者术后的情况,亲切地对患者说:"现在感觉怎么样?伤口可能会有点疼,过几天就好了。"并交代了注意事项。之后,他又查看了其他病人,直到下班。

这一天,是华益慰从医56年来,为患者解除病痛的最后一天;这一天,也是他从医56年的缩影。

第五章 明大德守公德严私德

为贫困患者省下 2000 元

在华益慰看来,做医生最大的幸福莫过于挽救一个又一个生命。生命都是宝贵的,病人都是平等的。不管是来自农村的贫困患者还是基层战士,华主任总是饱含真情,特别关爱。

河北丰润的农村女孩王文亚,6 岁时开始吐血、便血,求医 14 年,花了几万元,病情依然得不到控制。20 岁那年,她病情恶化,大口吐血,于是凑了仅有的 5000 元钱找到华益慰。华益慰安慰她说:"手术你们不用担心,钱,我也会尽量给你们省!"为给患者节省费用,华主任不用吻合器,而是一针一线地给患者缝合,手术一连做了 9 个多小时。很快,女孩康复了,全部费用加起来才 3000 多元。两年后,这名患者结了婚,有了孩子,过上了幸福的生活。

一张特殊的存折

患者张秋海对退还"红包"一事感触最深。1996 年,华益慰为张秋海的老伴做了小肠癌手术。出院时,张秋海将一个领带夹盒送给华主任,说是纪念品。华主任打开一看,发现里面有钱,忙追出去,可张秋海已离开了。后来,华益慰便将这 1000 元以张秋海的名字,存入医院附近的银行,准备有机会就还给张秋海。直至病重,华益慰还惦记着这件未了之事,郑重嘱咐家人,一定要找到张秋海,退还"红包"。2005 年 6 月,华益慰的爱人几经周折,终于找到了张秋海。76 岁的张秋海看到 9 年前的钱又退回来了,感动得老泪纵横:"我老伴得病十几年了,至今还健康地活着,是华主任给了她一条命,这个钱我绝对不会收。"当天,张秋海就来到医院,对病床上的华益慰说:"这个存折我要把它交给组织,让它成为教育医务人员的一本教材。"如今,这个特殊的存折依然被保存在医院里。

华益慰病重后,想到的是尽量不给组织添麻烦,他要求身后不发讣告,不搞遗体告别,火化后不留骨灰;自愿做遗体解剖,对疾病诊断和医学研究有价值的标本可以保留,供后人借鉴。

伟大见于平凡,崇高源于质朴。华益慰最难能可贵的,就是他一生淡泊宁静、敬业乐群的人生态度,坚持把看似平凡的事情做得很精彩,把应该做的事情做得更完美。他一辈子忠诚于党的事业,一辈子扎根临床,一辈子只想当个好兵、做个良医,一辈子没做过对不起病人的事,用他的人格魅力树起了一座时代的丰碑。

——《思想道德修养与法律基础》
（2018年版）教学案例集

🔍 案例出处

百度百科·华益慰（https://baike.baidu.com/item/%E5%8D%8E%E7%9B%8A%E6%85%B0/7087402？fr=aladdin），有删改。

✏️ 案例解析

华益慰为何能达到如此境界？因为他有医者良心。良心就是被现实社会普遍认可并被自己所认同的行为规范和价值标准。良心是道德情感的基本形式，是个人自律的突出体现，对指导和评价个人行为具有重要意义。

在医患之间，由于医学知识的不对称性，医生往往处于主导地位。因此，做手术不仅是"技术活"，更是"良心活"。一台手术做得是否精心、细致、到位，全凭医生一颗心。华益慰的可贵之处还在于，他从不拒绝做小手术，把每一台小手术都当成大手术做，从开刀到缝合，都亲自动手。宁可牺牲速度，也要保证质量，其精益求精的严谨态度，令人感动。

患者把生命托付给医生，这是对医生极大的信任。对此，有的医生怀着感激之心精心诊治，有的医生却麻木不仁草率应付。例如，有的医生一天赶好几台大手术，每台手术都是"半截子工程"，关键部位动动手，其余部分"大撒手"；有的医生只愿做难度高、成名快的手术，而不愿做常规手术；有的医生上了手术台，没搞清患者的病变部位，甚至糊里糊涂切错了器官；有的医生粗枝大叶，手术做完了，钳子、纱布却留在患者腹中……尽管这只是个别现象，但其影响是恶劣的，给患者造成的伤害也是深切的。对医生来说，做错做坏了一例手术，只是他职业生涯中的几百分之一或几千分之一；对病人来说，就是百分之百。一例失败的手术，影响的不仅是医生本人一生的声誉，也影响到医院的声誉甚至整个行业的声誉。可见，一个医生能否把做手术当成"良心活"，不仅关系着百姓的生命健康，也关系着整个医务界的形象。华益慰为了给病人省钱，亲自缝合9个多小时，没有一种精神，是不可能做到的。

华益慰的高尚情操源于他的坚定信念和责任使命。他始终牢记人民军队的历史使命，自觉筑牢抵御诱惑的思想防线，不断提升德技双馨的人格魅力。在他们看来，权力金钱之上的是人格、品德，物质享受之上的是精神、灵魂。做一个好医生首先要做一个道德高尚的好人，在复杂的社会关系中要顶得住红包、回扣、贿赂等非法利益的腐蚀，在拜金主义、享乐主义、极端个人主义面前要坚持人民军队的好传统和好作风。正是因为这种精神，2018年华益慰被追授为优秀共产党员。

第五章 明大德守公德严私德

案例启思

（1）如何理解医生做手术是一项良心活？
（2）如何理解道德的内涵和基本要求？

教学建议

道德不仅是一种外在规范，更是一种内在约束，人的自主性要求个体面对多种利益诱惑时需要克制。良心是道德的重要构成部分，良心是个人对自己应尽的社会义务和社会责任的主观认同，是个人的自我意识在道德方面的表现，是个人以自律准则的形式积淀下来的道德判断力和自制力。良心作为道德自律性的最高体现，作为道德主体内心的道德法庭，在规范人们的社会行为中起着极为重要的作用。可以说，一个人没有良心也就没有道德行为；没有良心，道德的行为规范功能就很难发挥。道德对个人行为调控的基础在于个人的内心。如果说社会舆论往往使人产生一种畏惧感，而使人们不得不服从道德规范的话，那么，良心则着眼于主体内心深处趋善避恶本性的挖掘。在教学中，建议教师从道德的本质、价值以及道德习惯养成等方面，强调道德与良心的关系，强调道德发展与中华传统文化传承的关系，着重讲解大医精神中传承了中华传统文化的优秀因素，如仁爱、追求理想人格与精神境界等，并引导学生培养高尚的道德情操。

案例八　仁心大医，奉献终生

 案例

活着总得对人有点用处，对人没一点用处多没意思啊！
——胡佩兰

"人活着，就要留下脚印，要经得起检验。我老了，更要利用有限的时间守好这个阵地，多为群众看病。"胡佩兰如是说。作为一名优秀的妇产科医生，她学医行医70年，接生过的新生儿有6万多名，看过的患者更是不计其数。

197

铸就口碑

2014年1月22日凌晨5时30分,"中国最年老的出诊医生"胡佩兰走了,享年99岁。她用简单平凡的一生感动了中国。24日上午8时30分,郑州市殡仪馆内哀乐低回,花圈似海,胡佩兰的遗体告别仪式在这里举行。家人、生前同事、患者等近200人前来给她送行,表达对她的哀思和怀念之情。胡佩兰老人的遗像悬挂在灵堂中间,这是老人生前最喜欢的一张照片,照片上的她,面容平静,眼神温和,伴随老人的是两副黑色的挽联,一副写着"开的是药,给的是情;治的是病,救的是心",另一副是"万众婴儿啼哭送别伟大母亲,廿座希望书角未了今生心愿"。

胡佩兰的大儿子胡大一致悼词时说:"老太太一生学医行医70年,仅接生新生儿就有6万多名;工作拼命、没日没夜,遇到难产或疑难杂症,随叫随到,一干就是十几小时不休息;老人家一辈子不好玩,麻将、扑克等与她无缘,她将所有的时间都奉献给了工作和学习,坚持活到老、学到老,学到新知识、新技术,为患者着想。"

回想起恩师,胡佩兰的学生唐利平几度哽咽,掩面而泣。"医德大于一切,你要对病人好,我不是你最好的老师,病人才是你最好的老师。遇事要冷静,要心里装着病人。"这是26年前唐利平见老师第一面时被面授的"秘诀"。唐利平说:"那个时候我就下决心,要做跟到你最后的那一个学生。"

2014年2月10日,胡佩兰当选中央电视台"感动中国"2013年度人物。感动中国推选委员陈彤给出的推荐理由是,在医患关系如此紧张的今天,胡医生用医德弥合了医患间的裂隙,更难得的是几十年如一日的坚守。"医生是一个有博爱精神的职业、应该投入感情的职业、应该有医德的职业。不应该光看着钱。"胡佩兰在接受白岩松采访时说的一番话,在人们心中久久回荡,令人回味。"活着总得对人有点用处,"胡佩兰说,"对人没一点用处多没意思啊!"

正是在"有用"思想的激励下,她创办了郑州最早的民营医院之一——"胡佩兰妇科专科医院",用自己的专长奉献社会,直到生命的最后一刻。满头银丝、患有严重的腰椎间盘突出、进出都要坐小推椅的胡佩兰,每天都要接待一个又一个病人,一笔一画地伏案写病历,那一幕,让人肃然起敬。当胡佩兰坐在旧式的木头长椅上,下午的阳光照进来,她就开始昏昏欲睡。她的大儿子、国内著名心血管专家胡大一称,母亲可能是中国年龄最大的坐诊医生了。2012年,胡佩兰已经97岁,在郑州市一家社区医院做妇科大夫。虽然出门只能坐着轮椅,但这个高龄的老太太每天都要"捍卫"她的权利:工作。她头发全白,还有些稀疏,脖子上的皮肤已经松弛。她的轮椅也换了两个,但是车

轮仍然"吱吱"前进。

她必须每天 8 时 30 分准时出现在医院,这是任何人都不能破坏的"铁律"。只要她坐着轮椅出了家门,看见那辆专程来接她的旧面包车,她这一天就能收获好心情。只要她一穿上干净的白大褂,就会立刻显得精神焕发。一旦开始坐诊,她就无法闲下来。一个接一个的病人推门而入,围在她身边。

牢记责任

胡佩兰的病人不少是慕名前来找她看病的。胡大夫换医院了,很多病人打听出来新地址,再去找她看病。"胡大夫走到哪儿,我们就跟到哪儿,全家妇女都找她看病。"她的病人说。在病人看来,这位医生值得信赖的地方是,"医术好,看病仔细,而且从不乱开药"。胡佩兰根据自己多年的临床经验,平时看病不太依靠高科技仪器。因为慕名找上门的病人多,胡佩兰每天都会坚持看完所有病人才下班,对患者也极有耐心,给病人开药,很少超过 100 元。

她用几句大白话总结了自己一直以来信奉的准则:"我用药,一是看疗效;二是要便宜,尽量不开进口药。"

"没这毛病,为啥还要检查?"面对一位心急的病人,97 岁的老大夫拿出医生的威严,劝说对方不要花冤枉钱"乱检查"。

2013 年 7 月 7 日上午,胡佩兰的诊室内,木凳上和病床上坐满了病人,墙边还站着四五个病人。看病时,患者诉说病情,她努力地侧过身子,仔细地聆听,有时候实在"听不懂",旁边的学生便帮忙"翻译"。询问完病情,患者走进一门之隔的检查室,她双手用力地摁着桌子,慢慢站起来,将身子扭成 45 度,停留几秒后,扶着椅背,走进检查室。一个上午,老人没有喝一口水,没有上过一次厕所,因为怕耽误了患者的时间;看病从不限号,坚持看完最后一个才结束坐诊回家。

医患矛盾突出的问题,应该怎样改善?胡佩兰老人在世时常说,双方要多沟通、多商量。当一名好医生,要有细心、耐心和爱心,最重要的是要有爱心。患者也要多体谅,医生并不是万能的,不是任何病都能治好,在健康方面,医生只能是拐棍,起辅助作用。

"病人来找你,那是信任你,你得用真心对她们。"老人从来都是为患者着想,开的药便宜有效,有的家境贫困的患者付不起医疗费,她还帮忙垫付,用她的话说:"医生的职责就是治病救人。"

彰显仁心　托起希望

20 多年来,除了坚持出诊,胡佩兰还拿出微薄的坐诊收入和退休金凑一

起，在8年间捐建了50多个"希望书屋"，托起了一片希望的天空。

2000年，她听说共青团郑州市委正在召集志愿者，两次打电话强烈要求参加，2001年4月，终于成为郑州市年龄最大的志愿者，从此开始为公益事业奔波。

2005年，胡佩兰决定想办法为希望工程做点事，她找到解放军三五一九职工医院的陈启明，希望医院帮她开设"爱心门诊"，把收入的40%捐赠给希望工程。从此，只要身体允许，胡佩兰每次坚持坐诊三四个小时，直到看完最后一个病人。

"从2005年开始，胡老先后捐出了7万多元的退休金和坐诊收入，8年时间捐建50多个书屋。"团市委希望工程办公室副主任陈晓蔚说。那时，胡佩兰每月都会从1200元退休金中拿出800元单独存着，积攒到一定数额后捐出，并计划到百岁时捐够10万元。老人生前已经捐赠了7万元，她原打算等自己百岁的时候，"再捐3万元钱"，但遗憾的是，老人没有实现百岁捐赠的目标。

2014年1月24日，在胡佩兰老人遗体告别仪式上，她的大儿子、我国著名的心血管专家胡大一代表家属承诺，要完成老人的未竟遗愿。

1月27日，胡佩兰老人的儿子李宁一、胡心一、李建一等一行来到市希望工程领导小组办公室，代表老人向希望工程捐赠3万元。这笔捐款将用来新建12个以胡佩兰名字命名的"希望书屋"。

案例出处

董艳竹《仁心大医——记"感动中国人物"胡佩兰》，见《郑州晚报》2014年6月18日（http://zzwb.zynews.cn/html/2014-06/18/content_578280.htms），有删改。

案例解析

我国传统美德是社会主义道德的重要源泉。中国传统道德强调责任奉献、仁爱原则，重视道德义务，强调道德修养与道德践行。作为一名医生，胡佩兰用仁爱之心诠释了"医乃仁术"的真谛。从医七十余载，接生婴儿6万多名，用双手拥抱生命。虽已至97岁且腰椎间盘突出，但依然准时上班，在轮椅上用所学知识给患者看病，坚守"以病人为中心"的理念。在"有用"思想引领下，创办最早的民营医院，将工作作为一种"不可剥夺的"权利。正是数十年的习惯与坚持，铸就了胡佩兰医生在患者心目中良好的口碑。胡佩兰医生将维护患者健康作为自己行医的职责，不限号，不多做检查，多沟通，多协商，用自己的爱心、细心和耐心帮助病人。难能可贵的是，胡佩兰医生用自己

第五章 明大德守公德严私德

的退休金建筑希望书屋，使更多的孩子得到学习机会，这是仁心的延伸。

◎ 案例启思

（1）胡佩兰医生体现了我国传统美德的哪些精神？
（2）如何传承中华传统美德？

◎ 教学建议

大医精诚、医乃仁术，是对医学道德的经典表达与深刻诠释，也是医学传统道德的重要表现形式。传统医德首先定位了医学作为治病救人的行医观念，传统医德确立了医乃仁术的仁爱原则，它要求医生尊重生命并尊重病人，传统医德的仁爱原则体现了"笃于情"的感情特点。传统医德是建立在仁爱原则上的利他主义的道德观，它以恻隐之心的感情为基础，强调医生以治病救人为其本职工作，以重义轻利为利益冲突的处理原则。

从胡佩兰医生的行为中，可以看到传统道德在医德中的体现。可以通过该事例引导学生重视传统道德价值，并理解现代道德与传统道德的内在联系。

▶ 案例九　隐善数载，传递大爱

 案例

医者仁心，不仅在病房里，还在千里之外的乡土里……在"2017 寻找最美医生"大型公益活动颁奖晚会上，浙江省已故乡村医生"兰小草"获得"特别致敬奖"。15 年匿名捐献善款，他一次次以"兰小草"之名传播"大爱"，让"兰小草"成为一种精神永存于世。

"兰小草"的真实身份是温州市洞头区大门镇岙面村卫生室医生王珏。2002 年起，每年 11 月中下旬，他都会捐献 2 万元善款。十五载寒来暑往，这笔爱心之款从未迟到。

王珏曾在一封署名"农民的儿子兰小草"的信中写道："这两万元是我们辛苦挣来的，捐给那些急需帮助的孤儿寡母……我们希望用 33 年时间，每年捐献两万元'星雨心愿'善款，以报答农民'粒粒皆辛苦'的养育之情……"

201

多年来默默奉献,"兰小草"感动了很多人,也获得了不少荣誉,但每次他都缺席表彰大会,也没有委托他人领奖,其身份在当地俨然成了一个谜。王珏常对家人说,帮助别人不需要说,做了就好了,为什么一定要让别人知道呢?

在略显神秘的"兰小草"身份背后,是一个默默无闻扎根海岛 28 年的普通卫生室的乡村医生,褪去"兰小草"的光环,他帮助村民、热心公益的行为,身边人都看在眼里。

据了解,从 2002 年至今,王珏夫妇除了每年捐赠两万元用于"兰小草"的捐款外,还常到当地敬老院献爱心,并且为老人们开展义诊;他的妻子侯海平每年除夕前,也会准备分岁酒请敬老院的老人们品尝,并连续多年给一些困难的老人送上年终慰问金。

33 年"星雨心愿"未达,斯人却已故去。2017 年 10 月 20 日晚,48 岁的王珏因晚期肝癌离世,弥留之际,他仍附耳叮嘱妻儿:"一定要多做公益事……"

本次颁奖晚会上,王珏的儿子王子震代父领奖。让他内心最为触动的,是他父亲在生命即将走到尽头之时说的一句话:"左手做的好事都不要让右手知道。"

"兰小草"虽然走了,可他将"爱"的种子播撒在了大地上。如今,"兰小草"已是"大爱"的代名词,正如本次晚会颁奖辞所言,"莫问玉洁在何处,唯有处处'兰花'香"。

据悉,截至目前,"兰小草"王珏获得了"感动中国"2017 年度人物及"中国好人""2017 最美浙江人·浙江骄傲""浙江好人""最美温州人"等称号,"兰小草"爱心宣传日、"兰小草"爱心驿站、"兰小草"志愿者服务队等在温州先后设立,"兰小草"成为当地公益慈善的一座丰碑,将有更多的"小草"以他为榜样,让大爱一直延续。

案例出处

潘沁文《"最美医生"浙江"兰小草":隐善十五载传递大爱》,见中国新闻网 2018 年 3 月 12 日(http://www.chinanews.com),有删改。

案例解析

为了当初的一份庄重承诺,"兰小草"隐姓埋名捐款 15 年,直到因病去世。如此信义之举,可以说惊天动地,震撼着每个人的心灵。"兰小草"的故事鼓励人们特别是年青一代去发现身边的雷锋,传播他们的新形象,以微言大

第五章 明大德守公德严私德

义诠释新时代的雷锋精神。兰小草精神成为社会热点,"星语心愿"不断为人所传颂。"兰小草"已不仅仅是让人难忘的"感动中国"年度人物,更是世间真善美的代名词,一种行善习善的大爱精神。

以诚待人,以信取人,是我们中华民族最为优秀的传统之一。孔子云:"诚者,乃做人之本,人无信,不知其可。"韩非子曰:"巧诈不如拙诚。"陶行知先生也曾说过:"不作假秀才,宁为真白丁。"季布一诺胜过千金,商鞅变法立木求信,君子一言驷马难追。但随着时代的变迁,在迅速发展的市场经济熏陶下,一些人开始摒弃最基本的传统和优秀的东西。"兰小草"王珏信守"希望用33年时间,每年捐献两万元'星雨心愿'善款"的承诺。我们之所以会为之感动,是因为其做出了诚信之举。做善事很简单,我们每天都可以从媒体上,甚至在身边看到各种各样的善行义举,行善不易,坚守实难,一辈子坚持做善事的人并不多。"兰小草"用他短暂的一生给我们每个人都上了一堂生动的德育课,持之以恒做好事其实一点也不难,只要有善心,有善念,善行就可以成为一种习惯。

"闻伯夷之风者,顽夫廉,懦夫有立志;闻柳下惠之风者,薄夫敦,鄙夫宽。"如果说伯夷、柳下惠属于各自时代的精英,其出处语默、动静举止理应躬身践德,做出表率,那么,默默无闻的平凡人,尽管收入不高,生活不宽裕,仍然不忘奉献社会,帮助他人,慎终如始,乐此不疲,更应受到礼赞和褒扬。实际上,正因为平凡人把善行义举当作人生底色,才让道德星空绽放出道道光彩,让践德行善的呼唤引发深切共鸣。因此,我们需要反思,生活中之所以会出现善念不能发扬、善心不能扩充、善行难以持久的现象,固然有着复杂的社会因素,但是否也与我们不能坚持、轻易放弃并给自己过多的借口有莫大关系?

当然,并不是说"兰小草"的"隐善"就比一些常见的"显善"高贵。事实上,不管隐善也好,显善也罢,都是"善"的一种,其本质皆是以助人为目的的无私付出。只不过,有的被报道,有的没被报道,但殊途同归,只要达到最终的目的,都值得人学习、受人敬仰。

人皆可以为尧舜,但未必人人都是尧舜。从可能到实现,显然还有不少路要走。从社会来说,需要多挖掘平民英雄的美德善举,讲述百姓身边好人的心路历程,让人们在倾听中感动,在感动中行动;尤其要多关心好人的生活,给他们以实在的关怀,不断增强道德的吸引力、向心力。从个人来说,更要坚定道德信念,认识到做好事、行善举见诸举手投足之间,而绝非有人所想象的那样"高大上";注重提升涵养,贯穿于生活,践行于平时,积累于点滴,绝不可唱高调而轻笃行;努力持之以恒,具备"气若风云、心如铁石"般的坚定,

而绝不能一曝十寒甚至"三分钟热度"。

案例启思

（1）如何掌握道德修养的正确方法？
（2）大学生如何通过参与道德实践引领社会风尚？

教学建议

善无疑体现为一种价值，而这种价值又高于一般的价值。因为它不仅仅限于一般的物质层面对人产生需要的价值，而更多指向精神价值层面。它所涉及的是个体与自我、个体与他人、个体与社会中展现出来的价值关系。道德意义上的善并非仅限于行为的善，作为主体的行为总是同内在人格相联系。如果说行为的善指向外在的一面，那么人格的善相对于行为的善来说有其内在的一面。实际上，德性是以人格为寓所的，人格的善是人的心灵之善，是人的整体善。善行就是一切以人格为目的的行为。作为人格的内在善总是与目的有着一定联系。从终极层面看，道德所指的善植根于人的人格中。结合案例看，隐善也好，显善也罢，都是在传递爱心，都值得我们点赞。隐善让我们看到了无私奉献的人间大爱，显善则为社会树立了可敬可学的慈善标杆。在颂扬"兰小草"隐善事迹的同时，我们也要赞许那些显善榜样，不能给好人带来舆论压力，使其背上"做好事就要不留名，留名就是动机不纯"的思想包袱，从而对投身慈善瞻前顾后，犹豫徘徊。不论我们做什么，追求善是应有之义。教师可以通过案例引导学生树立善念，践行善行。

案例十　悬壶救世，积善成德

案例

杭州富阳一个"任性"的医生打动无数人。他叫杨力，是富阳江南医院院长。亲自送病人回家后，身为医生的他难过得一夜无眠，第二天一早又执拗地把病人接回了医院。"做这么'任性'的一件事，只因为她是我的病人。"杨力说。

204

第五章 明大德守公德严私德

这个让很多人牵挂的故事，有了圆满结局：在杨医生的坚持和照看下，老人已病愈出院。几个月前，那个在病痛中惶恐无助的老人的命运就此转弯。

故事的开始

2018年6月，71岁的湖南怀化籍老人向老太由于摔跤导致右腿骨折，被家属送到富阳江南医院进行治疗，杨力是她的接诊医生。

"老人的身体状况不太好，心脏、肺部都有问题，除了右腿，还有多处骨折旧伤。"根据杨力的诊断，向老太需要先把基础疾病治疗好，等到身体条件允许时，再进行手术治疗，得住院一个多月。在医院住不到10天，家属突然要求放弃治疗，让老人出院回家。出于尊重家属的意见，当天，杨力护送老人回到她的住所。当把向老太送到住处时，他却震惊又心酸。

"老人住的地方就是一个以前人家用来堆柴火的棚屋，昏暗又闷热，设施非常简陋，只有一张硬板床。"杨力说，自己被眼前的情景刺激到了，"我甚至能想象到老人以后的日子，一边要忍受病痛的折磨，一边是糟糕的护理，加上酷暑高温，这种居住环境对老人身体的恢复非常不利，过不了多久就会有各种并发症出来。"

"老人放在这里是不行的。"他当场便与向老太的儿女商量，建议把老人接回医院，并承诺如果是经济问题，医院可以免费治疗，但家属婉言谢绝了。

"儿女不同意，我也不能强求，可是回去的路上我非常难过，就又打了个电话给向老太的儿子，让他们再考虑一下。"杨力说，那天晚上他一夜无眠，那间破败的小屋始终浮现在他眼前。"老人家虽然神智不太好，可也清楚地知道在哪里舒服。那天把她抬回家时，她牢牢地抓住我们担架的护栏不放手，家属花了好几分钟才掰开。"杨力告诉记者，可能就是这个细节让他无法对向老太不管不顾。"要是不把她接回医院治疗，我过不了自己这一关。"迟迟没等到向老太儿女的回音，当天晚上杨力再次拨通对方电话。经过多次劝说，向老太的儿女终于同意了。

第二天早上8点，杨力把向老太接回医院。他说不管别人怎么想，就这么"任性"了。"有人说悬壶只能济世，不能救世。救不了全部，那就救一个是一个；救不了一世，那就救一时算一时。"

故事的后续

为什么要坚持让病情未愈的母亲出院？

向老太的小女儿梁女士告诉记者，自己没有工作，两个哥哥都是造纸厂工人，一个月工资也就两三千元，经济状况都不好。"家乡没有医保，妈妈如果

住院，手术治疗得自费10多万元，这对我们来说就是天文数字，不得已才选择提前出院。"梁女士说，这是她和两个哥哥纠结了好几天的决定，"因为在医院也只能先养着身体，一天至少要花两三百元，当时已经花了5000多元。"

当杨医生提出接老人回医院免费治疗时，他们很意外又不好意思，就拒绝了。"不仅仅是费用的问题。我妈妈有点老年痴呆症，神智有时清醒，有时不清醒，无论是白天还是晚上都会习惯性地喊叫，吵得周围人都睡不好，甚至有时她会打医生和护士，我们实在觉得过意不去。"梁女士告诉记者，由于向老太的特殊情况，很难租到合适的房，"这几年，几乎每次不到一个月就得给妈妈搬一次家，因为经常会有周围的邻居投诉，房东都不愿意租房给我们。现在她住的地方，是我一个小姐妹家的偏房，关系好，这才安顿下来。"

没想到的是，素不相识的杨医生对向老太这么关心，而且执着。"我们也知道妈妈只有在医院才能得到好的治疗，作为儿女，也不想让她痛苦，但欠的人情是怎么也还不上了。"

经过七八次褥疮手术和骨折手术之后，向老太已能下地走路了，老人终于能回家和家人团聚。整个治疗期间的所有费用，在杨力院长的坚持和统筹下，全部由院方承担。并且，因为向老太事件的启发，医院还成立了一笔救助金，将为更多没有医保的困难病人提供帮助。

那个始于昏暗柴房的揪心故事，因为一份恻隐、一份坚持，有了最圆满温暖的结局。

🔍 案例出处

《医生送病人回家后，竟因这事伤心得一夜无眠……结局太暖！》，见上观新闻 2018 年 10 月 21 日（https://www.jfdaily.com/news/detail?id=111749），有删改。

🔍 案例解析

案例充分彰显了个体道德在现代社会道德建设中的基础作用。悬壶济世，侠义心肠。故事的开始并不罕见，贫寒的子女、重病的老人，在现实和道德的角力中，天平一点点倾斜，直至那令人揪心的一幕发生。我们也惊讶地看到，一个陌生人为了改变老人的处境拼尽全力。在这份不忍里，我们不只看到了一个善良人面对他人困境的恻隐之心，也看到了一份融进血液的救死扶伤的使命。虽然家属曾经拒绝，但是杨力医生的执着与"任性"，真诚地打动了患者家属。因为内心深处的善良，不忍身染重病的老人因家庭经济困难而居住在昏暗闷热、设施简陋的棚屋，为解决此类患者经济问题成立一笔救济金；因患者

第五章 明大德守公德严私德

老年痴呆，不时大叫影响他者休息，医院将独立空调房拨给患者，经过医务人员的精心照料，患者最终出院与家人团聚。这充分彰显了医生"以病人为中心"的理念、为病人谋利益的信条。个体道德弥补了现实制度的不足，并推动了社会的进步。

案例启思

（1）如何理解个体道德在社会道德建设中的作用？
（2）如何锤炼高尚的道德品格？

教学建议

个体道德是指作为道德实践主体的个人，经过后天的教育、修养与实践而形成的内心道德准则与道德行为倾向的总和。就其本质来说，是社会道德在个体身上的具体化，体现了道德的社会性与个体性的有机统一。个体道德的发生是通过道德内化来实现的，或者说，道德内化是个体道德发生的机制所在。道德内化就是道德社会化的人，经过一定方式的社会学习，接受社会的道德教化，将社会道德目标、价值观念、道德规范与行为方式等转化为其内在的道德品性，形成其自身稳定的道德人格特质和道德行为反应模式的过程。道德内化过程充分地体现了社会与个体的动态结合。个体道德是个体人格完善的标志，也是个人素质的重要组成部分。个体道德对社会发展与经济建设具有重要作用，为此可以引导学生掌握"知行合一"与"积善成德"两种方法。

第六章 尊法学法守法用法

案例一 追诉温岭杀医,维护法律权威

案例

2015年5月25日上午,浙江温岭杀医案凶手连恩青被执行死刑,发生在一年半前的病患杀医案终于画上了一个句号。

鼻子手术引发凶杀案

根据公诉机关的起诉书,2013年10月25日8点20分左右,连恩青携带事先准备的榔头和尖刀,来到温岭市第一人民医院门诊大楼五楼耳鼻喉科门诊室,走到正在坐诊的王云杰医生背后,用榔头猛击其头部。王云杰被击后,转身用手隔挡致榔头木柄断开落地。连恩青又掏出尖刀追捅王云杰。

王云杰最终倒在血泊中,因抢救无效死亡。法医鉴定发现,王云杰身上不同的部位共有14处刀伤,其中6处深及胸腔,最后一刀直接刺中心脏。

连恩青的暴行,显然是有预谋的。《新闻晨报》记者曾在案发后进入连家采访。在连恩青卧室内的墙上,当时还留有用粗重记号笔写下的黑色大字:"7·31王云杰、林海勇死"。林海勇是CT室的医生,曾为连恩青拍了多张CT片。

这一切,始于2012年3月20日的一次微创手术。当时,连恩青为了治愈鼻炎,在温岭市第一人民医院做了鼻中隔纠正及双侧下鼻甲下部分切除手术。院方的结论是"手术成功"。但连恩青在手术后仍感到鼻子难受,并不断到医院请求再次手术。医院经过多方会诊,始终不认为具备再次手术的适应证,不

必再次手术。

这样的交涉持续了19个月。连恩青称鼻子"太难受","喘不上气";而王云杰医生和同事们则一直安慰他,"你的鼻子没有问题","心理压力不要太大"。

"鼻子"成了连恩青生活的全部。他的家人说,他"十句话里面有八句都是说鼻子的",他甚至会让母亲用筷子帮他捅捅,说这样能通气,但母亲哪里下得了手?

为了看鼻子,连恩青先后到过椒江、台州、杭州、上海,结果都一样。但连恩青认为,医院都是联网的,医生们是串通起来在欺骗自己。

家人开始担心他出现精神疾病,其间曾将连恩青送到上海市精神卫生中心,医生诊断为"持久的妄想性障碍",需要入院治疗。然而,治疗两个月之后,连恩青的妄想症并未明显减轻。10天之后,在偏执念头的支配下,连恩青带着榔头和匕首,走进了温岭市第一人民医院。

确认行凶时无精神疾病

从二审判决时维持死刑判决,到最高法院核准死刑后被执行,其间有一年多的时间。

2014年4月1日,浙江省高院对温岭杀医案进行二审宣判,维持此前台州市中院对连恩青的死刑判决。

在二审中,浙江省高院认为,经鉴定,医院在对连恩青手术过程中不存在医疗事故,医院在处理连恩青投诉的过程中,的确存在进一步加深其误解的情形,但该情形并非被害人所造成。

另外,连恩青行凶时是否有精神疾病,也是该案的一个焦点。法院曾对连恩青进行法医精神病鉴定,认为连恩青患有疑病症,但作案时意识清晰,作案动机现实,辨认和控制能力存在,有完全刑事责任能力。连恩青对此没有异议。从作案过程看,连恩青作案前准备了工具,作案对象明确;当发现他捅刺的对象错误后,即停止继续捅刺,反映出连恩青具有清晰的辨认判断自己行为性质的能力,对自己的行为能够自由控制。

二审认为,一审判决定罪和适用法律正确,量刑适当,审判程序合法,因此维持连恩青死刑判决,并报最高人民法院核准。

"死刑洗刷我就医的耻辱"

据连恩青的家属透露,在狱中服刑期间,连恩青曾向家里寄出多封信件,其中还包括得知死刑复核结果后亲笔书写的遗书。

2015年5月25日下午，连恩青书写的部分信件在网上公开。

在写给家人的信中，连恩青先是向母亲请求宽恕。他说，死刑让自己可以解脱鼻部疾病"难以忍受的折磨"，并摆脱曾经求医投诉无门时带来的"莫大的耻辱"。

显然，连恩青对于自己的暴行，在书信中并未表现出一点后悔。他甚至在信中称死刑是"最好最完美的方式"，以及"有意义的归宿"，更能体现"所作所为的价值"。

认定自己的鼻子手术失败，认定医生们在"共谋"欺骗他，连恩青甚至将这样偏执的逻辑，连同沾血的双手，一起带进了坟墓。

与家人的最后十几分钟

连恩青被执行死刑的消息，最早是其亲属向媒体透露的。

连恩青的妹妹连巧告诉媒体，昨天清晨五点半左右，她的父亲连德友就接到台州市中级人民法院工作人员的电话，让他们全家到温岭市人民法院见连恩青最后一面。5月25日早上7点钟，连德友和所有亲戚赶到法院门口，却被告知只有直系亲属才能进去会面，其余的亲戚只能在法院外等。

随后，连巧和父母被带往温岭市看守所，见了连恩青最后一面。据连巧透露，整个会见和谈话时间只有十几分钟。因为连恩青情绪混乱，当时谈了些什么内容都已经忘记了。

连巧告诉媒体记者，家人已经无法改变结局，但她仍然认为，连恩青是因为鼻子手术失败，才导致情绪一步步异常，最终酿成悲剧。

连恩青的父亲连德友则在会见之后告诉记者，在与亲人的最后一次见面中，连恩青显得很从容，说自己很喜欢今天的这套新衣服，还不时地劝父母及妹妹不要流泪。连恩青说，在看守所关押期间，所有人都对他很好，坦言他自己早已做好迎接法律制裁的准备，称如果有来生，自己将永不犯法，做一个人人赞颂的好人。

案例出处

《浙江温岭杀医案凶手至死无悔 感觉解脱》，见人民网2015年5月26日（http://history.people.com.cn/peoplevision/n/2015/0526/c371453-27057223.html），有删改。

案例解析

面对死刑，连恩青没有一点悔意，反而认为是一种解脱和荣耀，他在给家

人的信中写道:"死刑,无可畏惧!除了藐视,只有期待和荣耀。"他有一种视死如归的感觉,他有一种大义凛然、慷慨赴死的感觉,这种状态,让人不寒而栗。在央视记者采访连恩青的过程中,他不仅始终没有对自己的行为悔过,反而认为自己要去解开一个黑幕,把自己塑造成正义的化身,认为自己是除暴安良的"英雄",坚定地认为自己杀人不是逞一时之快,泄一己之愤,还带有暴露医院重重黑幕的性质,"把内幕给它揭出来,同我一样遭遇的人,他们可以得到应有的医治"。当记者询问"退一万步讲,即使是医生错了,应该由谁来处置他"的时候,连恩青无法回答,认为记者扯得太远,他完全没有法律意识和法律思维方式,从没想到要用法律手段维护自己的合法权益,更谈不上尊重和维护法律权威。在现实生活中,我们每个人都可能会遇到这样或那样的个人权益受到侵害的问题。有人把当今社会称为风险社会,这种看法不无道理。在应对各种风险时如何维护和保障自身权益呢?在法治社会,只有依靠法律。有权威的法律能够威慑人、警示人、保护人,防范违法犯罪行为,能够增强个人的安全感。因此,公民尊重和维护法律权威,也是对个人幸福的最大尊重和保护。

　　温岭暴力杀医案不是一个孤立的案件,近年来,医闹呈现愈演愈烈的发展态势,出现在医疗机构违规停尸、设灵堂、摆花圈、烧纸钱、拉横幅、堵塞大门等一些扰乱医疗秩序的行为,暴力伤医也屡屡发生,医患关系领域出现了从普通的民事纠纷发展为医闹的一般违法行为,再到暴力伤医的严重刑事犯罪,矛盾不断恶化。在温岭杀医案之前有"徐州杀医案""安徽医大杀医案""天津王运生杀医案""北京同仁医院杀医案""衡阳杀医案"等在全国有重大影响的暴力杀医案。这些暴力伤医案严重破坏正常的医疗秩序,恣意践踏法律权威,造成非常恶劣的社会影响。这些案例启示我们要坚定维护法律权威,保证社会秩序的稳定。法律权威源自人民的内心拥护和真诚信仰。我国宪法法律是党的主张和人民意志的统一体现,具有最高的权威。法律有权威,必须维护法律权威,这本来是一个常识性问题,但真正理解和做到并不容易。一些人不把法律当回事,把个人意志凌驾于法律之上,藐视法律权威;一些人之所以走上犯罪道路,也与内心不信仰法律、行为不尊重法律有很大关系。我们要牢固树立宪法法律至上、法律面前人人平等、权由法定、权依法使等基本法治观念;面对各种危害法治、破坏法治、践踏法治的违法犯罪行为,克服事不关己、高高挂起的消极心态,敢于挺身而出,坚决与之斗争。因此,尊重法律权威,不仅要求尊重法律,更要求崇尚法治。只有思想上尊法崇法,才能实践中守法护法。为遏制暴力伤医事件,公安部等五部委于2014年4月联合公布了《关于依法惩处涉医违法犯罪维护正常医疗秩序的意见》,明确将对医院内殴打或故

意杀害、伤害医务人员等 6 类涉医违法犯罪行为进行严惩。2013 年 10 月国家卫生计生委、公安部联合印发的《关于加强医院安全防范系统建设的指导意见》，也升级了医院的安保措施，在医院配备了警务室。2015 年 8 月 29 日，十二届全国人大常委会第十六次会议通过的《中华人民共和国刑法修正案（九）》首次将破坏医疗秩序行为纳入聚众扰乱社会秩序罪，规定"聚众扰乱社会秩序，情节严重，致使工作、生产、营业和教学、科研、医疗无法进行，造成严重损失的，对首要分子，处三年以上七年以下有期徒刑"，这也意味着"医闹"正式入刑。不断完善法律制度，加大对暴力伤医违法犯罪行为的打击，维护法律权威是国家治理现代化的必然要求，法律权威是国家治理的坚实基础和关键。"以法安天下则天下安，依法治天下则天下治"，这是千古不易的经验之谈。法律是一种超越个人意志的普遍性规则，并且具有稳定性和连续性，因此，当国家的最高权威系于法律时，任何组织和个人都不能拥有超越法律的特权，从而有助于保持政治与社会秩序的稳定和连续。完善法治，维护法律权威对于推进国家治理体系和治理能力现代化、实现国家的长治久安极为重要。

🌸 案例启思

（1）如何尊重和维护法律权威？
（2）联系我国实际，说明社会主义法律的本质特征。

❗ 教学建议

对温岭暴力杀医案可以从不同的视角去分析和阐释，结合案例特点和教材大纲的内容，可以从尊重和维护法律权威的角度来解析。尊重法律权威，既要尊重一般法律的权威，更要尊重宪法至高无上的权威。大学生要培养法治思维，关键是要深刻认识到尊重社会主义法律权威的重要意义，以实际行动维护社会主义法律权威。

第一，讲清楚法律权威的含义和价值。法律权威是指法律在社会生活中的作用力、影响力和公信力，是法律应有的尊严和生命。法律是否具有权威，取决于 4 个基本要素：一是法律在国家和社会治理体系中的地位和作用，法律只有占主导地位和起决定作用，才具有权威；二是法律本身的科学程度，法律只有反映客观规律和人类理性，才具有权威；三是法律在实践中的实施程度，法律只有在实践中得到严格实施和遵循，才具有权威；四是法律被社会成员尊崇或信仰的程度，法律只有反映人民共同意愿且为人民真诚信仰，才具有权威。我国法律保护和实现的是人民的根本利益。全体社会成员尊重社会主义法律权

威，不仅是保证法律发挥作用的基本前提和要求，也是保障个人平安幸福的底线和红线。尊重和维护法律权威，对全面依法治国至关重要，是社会主义法治观念的核心要求和建设社会主义法治国家的前提条件。

第二，引导学生树立法治观念，尊重法律权威。法律与国家前途、人民命运息息相关。树立法律权威，就是树立党和人民共同意志的权威；捍卫法律尊严，就是捍卫党和人民共同意志的尊严。只有切实尊重并有效实施法律，人民当家作主才有保证，党和国家的事业才能顺利发展。反之，如果法律受到漠视、削弱甚至破坏，人民的权利和自由就无法保证。一个现代法治国家，"法律必须被信仰，否则它将形同虚设"是全社会的基本理念。但在法律成为信仰之前，公众必须认识它，熟悉它，将之融入血液。这需要更多的"案例教学"。公民应当相信法律、信奉法律，树立崇尚法律、信仰法律的牢固观念，增强对法律的信任感、认同感。对法律常怀敬畏之心，常思敬重之情。

第三，引导学生注重实践，在学习生活实践中遵守法律、服从法律、维护法律。尊重法律权威是公民的法定义务和必备素质，要在学习和生活中积极作为，养成敬畏法律的良好品质，努力成为尊重法律权威的先锋。注重实践就要做到遵守法律、服从法律、维护法律。遵守法律要求参与社会活动，实施个人行为，都要以法律为依据，不得违反法律规范。要用实际行动捍卫法律尊严，保障法律实施。处理问题、做出决定时，要先问问在法律上"是什么"和"为什么"，是否合法可行。服从法律要求拥护法律的规定，接受法律的约束，履行法定的义务，服从依法进行的管理，承担相应的法律责任。对一切依据法律和事实做出的决定，真心接受与认可，自觉执行。对学校依据法律和校纪校规做出的各种奖惩决定，要严格执行，在日常生活中逐步培养尊重法律权威的习惯。维护法律，要求对违法犯罪行为要敢于揭露、勇于抵制，消除袖手旁观、畏缩不前的恐惧心理，抵制遇事回避的惧法现象。大学生要遵守法规，争当法律权威的守望者、公平正义的守护者、具有良知的护法者。

— 《思想道德修养与法律基础》
（2018年版）教学案例集

▶ 案例二　反思投毒整人，培养法律意识

综合新民网、《上海法治报》消息，复旦投毒案二审庭审现场，原审被告人林森浩一度情绪失控，低头痛哭，并表示："我是一个很'空'的人，我没什么价值观。"林森浩回忆，2013年3月31日晚，黄洋回来得比平时晚。4月1日早，林森浩看见，黄洋喝了口水，然后很快吐了出来，说"像被鱼骨头卡住的感觉"。随后，黄洋将饮水机和水桶拿去盥洗室清洗，之后将水桶倒扣在地上。因为害怕黄洋问自己，林森浩一直在装睡。等黄洋走后，林森浩刷牙后就离开寝室。2日中午，林森浩回寝室想"看看黄洋的态度"，感觉他不大舒服，说肚子疼，但精神状态还不错。当天晚上得知黄洋住院后，林森浩慌了。3日，慌乱的林森浩在寝室等同学来谴责自己，但始终没有坦白，林森浩说"和一个人的勇气有关"。林森浩称，在黄洋毒发后，自己第一次见到黄洋父亲时，"看到他的样子我觉得很愧疚"，但仍没有说出投毒行为，"我觉得和勇气有关"。而在黄洋毒发后，他曾和同学一起去看过他。"透过玻璃窗，他好像脸带微笑的样子，像平常一样。我当时没敢跟他说话"，"我心虚，没敢逗留多久"，但黄洋告诉同学他大概两个星期后就能出来。刚被警方带走时，林森浩一度以为自己可以"调解"出去，以为双方父母聊一下就可以了。

林森浩在讲到对二甲基亚硝胺的毒性的了解时表示，两年前做大鼠实验时，并不知道二甲基亚硝胺的毒性，也没有刻意去查过，当时注射的剂量自己也并不清楚。2013年3月底，有同学约林森浩去当血液测评志愿者，他是被检查的对象。如果不当志愿者，林森浩是进不了实验室的，也拿不到二甲基亚硝胺。林森浩说，他回到寝室后，将部分原液倒入饮水机，注射器内的没倒。之后看到饮水机呈油黄状，特别明显，所以用刷牙杯将水舀起，倒到盥洗室，这样弄了两三次，才将饮水机放回原位。此后，林森浩有些后怕，才开始上网查二甲基亚硝胺的情况："想看看这种药有没有问题，想找一个自我安慰。"听了林森浩的供述后，公诉方当庭指出了其中的矛盾之处：当时投毒时，林森浩反锁了房门，怕被别人撞见；但之后两三次往返楼道内的盥洗室倾倒毒水，更换清水，这样显然更易被人发现不正常。对此，林森浩回应，人的行为有时不一定非要有思维的参与，是一种下意识行动。当检方追问上诉人林森浩究竟为什么会想到用已经尘封已久的二甲基亚硝胺去投毒，而不是用其他化学用品时，林森浩回答，可能是一种很微妙的联想，曾经有人问过他"你会不会用这种东西去毒害别人"，所以当时就勾起了这个回忆。林森浩称，自己和黄洋平时无冤无仇，没有吵过架，没有打过架，不妒忌黄洋。奖学金双方都拿过。不妒忌黄洋考博，自己不考博是因为考虑到家庭经济条件去找工作了，根本没有报名考博。

  2013 年 4 月 15 日，复旦大学校方深夜发布官方微博，该校医学院一名医科在读研究生因身体不适入院，后病情严重，学校多次组织专家会诊，未发现病因。校方遂请警方介入。4 月 16 日，投毒事件受害者黄洋去世。警方经现场勘察和调查走访，锁定黄洋同寝室同学林森浩有重大作案嫌疑。当月 19 日，上海警方以涉嫌故意杀人罪向检察机关提请逮捕犯罪嫌疑人林森浩。2013 年 11 月 27 日，该案在上海市第二中级人民法院开庭审理。检方指控，林森浩与黄洋居住在同一寝室内，林森浩因琐事与黄洋不和，逐渐对黄怀恨在心。2013 年 3 月底，林森浩决意采取投毒的方法杀害黄洋。3 月 31 日下午，林森浩从其实习过的复旦大学附属中山医院影像医学实验室取得装有剧毒化学品二甲基亚硝胺的试剂瓶和注射器，当日 17 时 50 分许，林森浩将剧毒化学品全部注入宿舍内的饮水机中。次日上午，黄洋从饮水机中接取并喝下已被注入了剧毒化学品的饮用水。之后，黄洋即发生呕吐，赴医院治疗。4 月 16 日，黄洋经抢救无效死亡。经鉴定，黄洋符合生前因二甲基亚硝胺中毒致肝脏、肾脏等多器官损伤、功能衰竭而死亡。一审庭审时，林森浩表示，黄洋曾戏称欲在即将到来的愚人节"整人"，便产生整黄洋的念头，并由此实施投毒行为。他说，自己和黄洋关系一般，且无直接矛盾，只是彼此间"有些看不惯"。在他看来，黄洋聪明，勤奋好学，很优秀，但有点自以为是。在庭审结束前，他说："我的行为导致我同学黄洋的死亡，给他家庭带来了巨大打击。我对不起我父母近 30 年的养育之恩。我罪孽深重，我接受法庭给我的任何审判。"在一审开庭前，黄洋的父亲黄国强称，黄洋的遗体已经在殡仪馆放了半年多，他们只有在凶手受到应有惩罚之后，才会让黄洋入土为安。一审宣判后，黄洋的亲属于 12 月 19 日将黄洋遗体火化。2014 年 2 月 25 日，林森浩的二审代理律师唐志坚正式受林森浩委托向法院提起上诉。事件发生后，在复旦校园内乃至社会上引发巨大争论。黄洋家坚决要求依法处理，不接受道歉，但是为林森浩求情的声音也不断传来。2014 年年初，复旦大学 177 名学生联合签名了一封关于不要判林森浩同学"死刑"的请求信寄往上海市高级人民法院，建议给被告人

林森浩一条生路,让他洗心革面,将来可照顾受害人黄洋的父母。随后又有媒体报道称,一位贵州的退休教师致信上海高院,找黄洋父母,为林森浩"求免死"。当时黄国强表示,这样的行为"太幼稚"。黄国强表示如果二审改判,他肯定要去有关部门问个理由。其代理律师则表示"相信法院会秉公办案"。

案例出处

《复旦投毒案林森浩:我没什么价值观 缺乏勇气坦白》,见人民网2014年12月8日(http://edu.people.com.cn/n/2014/1208/c1053-26168248.html),有删改。

案例解析

林森浩案引发全民围观,案件发生之后顷刻间掀起舆论浪潮,"感谢室友不杀之恩"成了流行语。一方面与受害人和被告人的大学生身份有密切的关系,社会公众不愿意接受大学生犯罪这个事实。另一方面,与媒体的"复旦投毒案"这个著名的标签有关,社会公众不愿意接受犯罪行为与复旦大学这所著名高校的学生联系起来,从而也引发了"求免死"以及案件审理过程中控辩双方的激烈交锋,从一审到二审,再到死刑复核历时两年多,引发社会持久的关注和讨论。案件凸显了注重培养大学生法律意识和法律思维方式的必要。

从林森浩在法庭上的陈述来看,他说"我是一个很'空'的人,我没什么价值观"。在黄洋毒发后,自己第一次见到黄洋父亲时,"看到他的样子我觉得很愧疚",但仍没有说出投毒行为,"我觉得和勇气有关"。在二审的法庭上,当检方质疑"投毒"为愚人节玩笑一说时,林森浩表示:"我对这种玩笑的认识还不够。现在我也说不清楚,每个看守所里都有开玩笑开到翻脸被抓进去的,每个人的程度都不一样。"这些反映出林森浩法律思维方式的缺失,对自己的行为及行为后果认识不足。而在黄洋毒发后,林森浩曾和同学一起去看过他,"透过玻璃窗,他好像脸带微笑的样子,像平常一样。我当时没敢跟他说话"。面对黄洋毒发住院的事实,他说"我心虚,没敢逗留多久",始终没有说出黄洋住院可能跟自己有关,使黄洋错失了最佳抢救时机。

这个案例使人们反思培养法律意识和法律思维方式的重要性,虽然我国大学课堂中都有法律教育,但很多学生并没有树立法律意识,没有遵守法律的意识和责任感。就像林森浩反复辩称"是愚人节的玩笑",没有意识到自己行为后果的严重性。没有守住法律的底线,没有意识到法律红线不可逾越、法律底线不可触碰。法律不能成为"橡皮泥""稻草人",触犯法律底线就要受到

追究。

林森浩在上诉状中表示，判决书上认定"林森浩因琐事对黄洋不满，逐渐对黄怀恨在心，决意采取投毒的方法加害黄洋"存在事实错误。实质上上诉人只是出于愚人节捉弄黄洋的动机而实施投毒，没有杀害黄洋的意图。用投毒的方式来捉弄同学，不计后果，可见其法律素质的缺失。林森浩本身是具有高学历、高智商的年轻人，用极端的方式处理心中的问题，排解积累的怨气，做法非常不对。同时通过这件事，说明高校在除了向学生传授知识和技能之外，更应该关注学生思想道德和法律素质的培养。从教育角度看，案件最值得我们反思的是，我们在对学生进行专业教育的同时，应加强对其思想道德素质的教育。思想道德素质和法律素质是一个人成长成才的根本要求。目前，很多学校的人才培养存在空心化趋向。对人才的培养与评价，不能只重知识而忽视德行，不能只有知识教育，而没有思想道德素质和法律素质的教育。不少大学生不重视自身思想道德素质的提升，家庭教育和学校教育大都以成绩论英雄，以结果论英雄，缺乏素质教育与责任意识，与人为善的基本道德和传统伦理美德缺失尤为严重，这不仅仅是教育缺失的问题，也不仅仅是一个法律问题，更是一个社会问题。思想道德修养和法律基础课要更加接近学生实际和他们的心理诉求。我们教育的主渠道是课堂，因此要抓住课堂这个渠道来进行这方面的教育。死刑解决不了根本问题，两个年轻生命的悲剧，折射出生命教育、心理教育、生活教育的苍白，敲响的是教育的警钟。这警钟不仅仅敲响在学校，而且也在每个家庭和整个社会中回响。因此，大学生应当坚持从我做起，从身边做起，形成底线思维，严守法律底线，带头遵守法律。

案例启思

（1）大学生如何强化法律意识，培养法治思维？
（2）如何理解以宪法为核心的中国社会主义法律体系？

教学建议

复旦投毒案经上海市高级人民法院二审宣判，被告人林森浩被判处死刑。这一引起社会广泛关注的案件已经终审。两个名校高才生的生命陨落令人嘘唏。但是，如何避免类似悲剧再次发生，反思不能停止。从大学生思想政治教育的层面来看，怎样培养人？必须以实践为基础，注重大学生法律意识和法律思维方式的培养，大学生尊法、学法、守法、用法，必须养成良好的法治思维和行为方式，做到在法治之下，而不是法治之外，更不是法治之上。必须引导和培育学生养成守法习惯。法治思维是一种习惯性思维，与长期自觉养成的生

活习惯有很大关系。办事遇事习惯找"关系",有问题习惯找政府,指望行政化手段干涉等,都是缺乏法治思维的具体表现,说明没有养成用法解决问题、依法办事的习惯。相反,在生产生活中养成遇到纠纷去查找法律的习惯,就是具备法治思维的具体表现。公民只有自觉遵守宪法和法律,坚持从具体事情做起,才能养成守法的习惯和法治思维。

要引导学生准确学习和掌握法治思维的基本含义和特征,正确理解法治思维的基本内容,逐步培养法治思维,提高运用法治思维分析、解决问题的能力。法治思维是指以法治价值和法治精神为导向,运用法律原则、法律规则、法律方法思考和处理问题的思维模式。法治思维内涵丰富、外延宽广,它将法律作为判断是非和处理事务的准绳,要求公民崇尚法治、尊重法律,善于运用法律手段协调关系和解决问题。对公民而言,法治思维就是当自己的理想目标、思想感情、行为方式、权利诉求和利益关系等与法律的价值、规则或要求发生冲突时,能够服从法律,做出符合法律的选择,按照法律的指引实施自己的行为。

掌握培养法治思维的方法。在日常生活中,大学生可以通过各种途径学习法律知识,掌握法律方法,养成守法习惯,守住法律底线等,在学习和生活中逐渐提高法治思维能力,培养法治思维方式。学习和掌握基本的法律知识,是培养法治思维的前提。一个对法律知识一无所知的人,不可能形成法治思维。学习法律知识,就要弄明白享有哪些权利和应当履行哪些义务,什么事能干,什么事不能干,心中高悬法律的明镜,手里紧握法律的戒尺。只有既了解法律法规在某个问题上的具体规定,又了解法律的原理、原则,才能更好地领会法律精神,养成法治思维。掌握法律方法,一要正确理解法律的方法,二要正确运用法律的方法。法治思维的过程,就是运用法律方法思考、分析和解决法律问题的过程。

引导学生多参与法律实践。法治思维是在丰富的法律实践中训练、培养和应用的思维方式。脱离法治建设的生动实践,难以养成法治思维方式。只有通过参与各种法律活动,在法律实践中运用法律知识和方法思考、分析、解决法律问题,才能养成自觉的法治思维习惯。

第六章 尊法学法守法用法

▶ 案例三 专家辅助人制度，彰显法治进步

上海市高级人民法院（2015年1月）8日对复旦学生林森浩投毒案二审公开宣判：驳回上诉，维持原判。在一审判决中，林森浩因犯故意杀人罪被判处死刑，剥夺政治权利终身。

此次宣判中，上海市高院就二审庭审中的三大争议焦点进行了综合评判。

涉案毒物认定：投入物为二甲基亚硝胺

辩护人提出，认定本案涉案毒物系二甲基亚硝胺证据不足，并申请调取相关检验报告的质谱图。经查实，林森浩2011年进行动物实验时使用了二甲基亚硝胺。其中的证据包括：证人孙某的证言证实，其作为天津市化学试剂研究所课题组组长，按《现代化学试剂手册》研发生产了100毫升装的二甲基亚硝胺，经检测含量大于99%；证人吕某证言证实，其于2011年3月向天津市化学试剂研究所购买了一瓶100毫升装的二甲基亚硝胺，用于与林森浩等进行的大鼠肝纤维化实验；且多名证人证言均证实，林森浩、吕某等人于2011年使用二甲基亚硝胺进行大鼠肝纤维化实验；林森浩对此亦供认不讳。林森浩案发前从204实验室取得了二甲基亚硝胺。证人吕某证实，实验结束后，剩余的约75毫升二甲基亚硝胺等存放于204实验室一柜子里，林森浩知道试剂存放的位置；另一证人证言证实，2013年3月31日下午，林森浩两次到过204实验室，第二次去时，林还向吕要了一个黄色的医疗废弃物袋；证人盛某的证言和相关监控录像等证实，林森浩于2013年3月31日17时41分至47分，持一个黄色医疗废弃物袋与盛某返回宿舍楼。林森浩向421室饮水机内投入二甲基亚硝胺。多位证人的证言分别证实，因怀疑黄洋中毒，他们于2013年4月4日、4月7日，先后将黄洋喝过的水、使用过的杯子以及黄洋的尿液、血液等物送去检测；司法鉴定科学技术研究所司法鉴定中心《检测报告书》证实，所送饮用水中检出二甲基亚硝胺成分；上海市公安局文化保卫分局刑事侦查大队《情况说明》及上海市公安局物证鉴定中心《检验报告》证实，送检的饮

用水、421 室的饮水机和相关饮水桶出水口封装盖上均检出二甲基亚硝胺成分。林森浩供称,其将上述取回的二甲基亚硝胺全部倒入 421 室的饮水机内,林的供述得到上海市公安局文化保卫分局《侦查实验笔录》及相关录像、照片的印证。上海市高院认为,现有证据足以证实上诉人林森浩将其与他人进行动物实验后剩余的二甲基亚硝胺投入 421 室饮水机的事实。辩护人关于认定涉案毒物系二甲基亚硝胺证据不足的意见,不能成立;辩护人申请调取相关检验报告质谱图的意见,不予支持。

黄洋的死因:系二甲基亚硝胺中毒死亡

辩护人提出,认定被害人黄洋系死于二甲基亚硝胺中毒的证据不足,相关鉴定意见的鉴定程序不合法,申请对黄洋的死亡原因进行重新鉴定。经查证,黄洋饮用 421 室饮水机内的水后即发病并导致死亡。黄洋的医师规范化培训体检材料证实,黄洋于 2013 年 2 月 21 日进行医师规范化培训体检时身体健康;证人孙某、王某的证言均证实,黄洋在案发前晚未饮酒;黄洋的病历资料及多位证人的证言分别证实,黄洋于 2013 年 4 月 1 日上午饮用了 421 室饮水机内的水后发病,后经抢救无效于同年 4 月 16 日死亡;林森浩亦供称,黄洋于 2013 年 4 月 1 日上午饮用了饮水机内被其投入二甲基亚硝胺的水。此外,黄洋体内检出二甲基亚硝胺。证人葛某、孙某的证言证实,2013 年 4 月 8 日深夜,葛某根据黄洋系急性肝损伤,林森浩曾使用二甲基亚硝胺做过动物肝纤维化实验等情况,提示孙某针对二甲基亚硝胺进行鉴定;证人向某证言证实,在前述送检的饮用水样本中检出二甲基亚硝胺,后向某将相关检测样本交给了公安机关;上海市公安局物证鉴定中心《检验报告》证实,送检黄洋尿液和黄洋使用过的饮水杯中均检出二甲基亚硝胺成分。黄洋系二甲基亚硝胺中毒死亡。上海市公安局物证鉴定中心《法医学尸体检验鉴定书》、上海市司法鉴定中心《法医病理司法鉴定意见书》以及鉴定人陈忆九当庭证言证实,黄洋符合二甲基亚硝胺中毒致急性重型肝炎引起急性肝功能衰竭,继发多器官功能衰竭死亡。另查明:相关鉴定机构及鉴定人均有鉴定资质,其鉴定程序规范、合法,鉴定依据的材料客观,检验方法、检验过程、分析说明和鉴定结论不存在矛盾之处,且能够相互印证,均应予采信。

综上,现有证据足以证实,被害人黄洋系二甲基亚硝胺中毒致急性重型肝炎引起急性肝功能衰竭,继发多器官功能衰竭死亡。北京云智科鉴咨询服务中心《法医学书证审查意见书》和有专门知识的人胡志强当庭表示的"黄洋系爆发性乙型病毒性肝炎致急性重型肝炎,最终因多器官功能衰竭死亡"的意见,与查明的事实不符,不予采信。辩护人关于认定被害人黄洋系死于二甲基

亚硝胺中毒证据不足、相关鉴定意见鉴定程序不合法的意见，不予采信；申请对黄洋死亡原因进行重新鉴定，不予准许。

林森浩是否故意杀人：已构成故意杀人罪

林森浩上诉提出其主观上没有杀人故意，辩护人认为林森浩不构成故意杀人罪。

经查，多位证人证言和林森浩的硕士毕业论文、林森浩等人发表的《实时组织弹性成像定量评价大鼠肝纤维化》等论文及林森浩的供述等证据证实，林森浩于2011年与他人用二甲基亚硝胺做过大鼠肝纤维化实验，二甲基亚硝胺是肝毒性物质，会造成大鼠急性肝功能衰竭死亡；林森浩到案后直至二审庭审均稳定供述，其向饮水机中投入的二甲基亚硝胺已超过致死量。据此，林森浩具备医学专业知识，明知二甲基亚硝胺系剧毒物品会造成人和动物肝脏损伤并可导致死亡，仍故意将明显超过致死量的该毒物投入饮水机中，致使黄洋饮用后中毒死亡，依法应以故意杀人罪追究其刑事责任。林森浩关于投毒后将饮水机内的水进行稀释的辩解，仅有其本人供述，缺乏相关证据证实，不予采信。林森浩关于其没有杀人意图的上诉理由及其辩护人关于林森浩构成故意伤害罪及过失致人死亡罪的意见，均缺乏事实和法律依据，不予成立。上海市高级人民法院认为，上诉人林森浩为泄愤采用投放毒物的方法故意杀人，致一人死亡，其行为已构成故意杀人罪，依法应予惩处。林森浩的犯罪手段残忍，犯罪后果严重，社会危害极大。林森浩到案后，虽能如实供述自己的罪行，但其所犯罪行极其严重，不足以对其从轻处罚。原判认定被告人林森浩故意杀人的犯罪事实清楚，证据确实、充分，适用法律正确，量刑适当，审判程序合法。林森浩的上诉理由不能成立。辩护人的辩护意见，本院不予采纳。上海市人民检察院建议驳回上诉，维持原判的意见，应予支持。依照《中华人民共和国刑事诉讼法》相关规定，驳回上诉，维持原判。同时依照《中华人民共和国刑事诉讼法》第二百三十五条的规定，本裁定依法报请最高人民法院核准。

案例出处

《解读复旦投毒案：二审三大辩护意见为何未被采纳？》，见新华网2015年1月8日（http://legal.people.com.cn/n/2015/0109/c188502-26352530.html），有删改。

案例解析

从案件的二审审理以及辩护情况看，严密的诉辩逻辑，环环相扣、层层递

进。此案审理过程体现了法律至上、权力制约、公平正义、权利保障等内容。二次审判的主要焦点围绕在是否投毒、认罪以及证据链是否完整等情况。对于投毒案本身来说,如果事实清楚,证据确凿,按照国家法律的规定,继续维持死刑的审判,在法律上是合适的。这个案件的审理过程,体现了程序的正当性。程序的正当,表现在程序的合法性、中立性、参与性、公开性、时限性等方面。合法性是指程序运行合乎法律的规定,有关机关或个人不得违反或变相违反;中立性是指程序设计和运行应平等地对待双方当事人,不得偏向任何一方;参与性是指案件或纠纷的利害关系人都有机会进入办案程序,充分表达自己的利益诉求和意见主张,为解决纠纷发挥作用;公开性是指程序运行的过程和结果应当向当事人和社会公开,以接受各方监督,防止办案不公和暗箱操作,让正义以人们看得见的方式实现;时限性是指程序的运行必须有合理的期限,符合时间成本和效率原则的要求,不得无故拖延或没有终结。

林森浩投毒案中,"有专门知识的人"胡志强的出现,不仅带来审判中最吸引眼球的一幕,也引起人们对这一身份的好奇。"有专门知识的人"参与庭审更突出体现了对当事人的权利保障。在法治时代,即使林森浩十恶不赦,他也有权利请律师为自己辩护,聘请"有专门知识的人"提供有利于自己的证据。这才是法治社会的基本正义。权利保障首先是立法保障,立法保障是权利保障的重要条件,专家辅助人制度的规定就是比较突出的体现。"有专门知识的人",有时也叫作专家证人,一般出现在民事案件中。不过,2013年1月1日起施行的《中华人民共和国刑事诉讼法》第一百九十二条明确规定:"公诉人、当事人和辩护人、诉讼代理人可以申请法庭通知有专门知识的人出庭,就鉴定人做出的鉴定意见提出意见。"换言之,无论公诉人还是辩护人,都有权利请"有专门知识的人"出庭。"有专门知识的人"能发现案件中不为人知的漏洞,从而更好地维护当事人的合法权益。"有专门知识的人"出庭体现法治进步。

林森浩一审时被判处死刑,就在一些人认定林森浩死罪难逃之际,事情仿佛起了变化。二审最受关注的不是林森浩的变供,而是"有专门知识的人"的出庭,这体现了公平正义。权利公平,国家对每个权利主体"不偏袒""非歧视",实现权利主体平等,每个主体享有的权利特别是基本权利平等,权利保护和权利救济平等。刑事诉讼法被誉为"保障人权的小宪法",新刑诉法更加注重人权保障,强化证据意识、程序意识和监督意识。在庭上,"有专门知识的人"挥洒自如,做到了用证据说话,给人留下极深印象,使投毒案充满变数。体现了救济公平,为处于弱势地位的公民提供平等有效的救济。胡志强在庭上称,黄洋死亡原因是爆发性乙型病毒性肝炎致急性重型肝炎,继发多器

官衰竭死亡。他根据目前的检测报告，认定黄洋中毒致死缺乏依据，确定死者死亡性质是中毒并且是特定二甲基亚硝胺中毒，是"不客观、不科学的"。无论这些说法能否被法庭认可，都是法治进步的表现。

案例启思

（1）如何认识建设中国特色社会主义法治体系的重要意义？
（2）如何理解法治思维的基本内容？

教学建议

习近平在《加强党对全面依法治国的领导》一文中指出："近年来，司法机关依法纠正了呼格吉勒图案、聂树斌案、念斌案等一批冤假错案，受到广大群众好评。造成冤案的原因很多，其中有司法人员缺乏基本的司法良知和责任担当的问题，更深层次的则是司法职权配置和权力运行机制不科学，侦查权、检察权、审判权、执行权相互制约的体制机制没有真正形成。"因此，引导学生了解案件审理的过程，对培养法治思维，进行法律监督，提升法治素养具有重要意义。"复旦投毒案"从一审到二审再到死刑复核程序，每一个环节都有社会广泛的关注，法律界对此案进行了深入的讨论，在二审过程中有"专家辅助人"参与案件调查和庭审。并且辩护人提出了深入详细的辩护意见。此案可以用来讲解法律思维的基本内容。一般来讲，法治思维主要包括法律至上、权力制约、公平正义、权利保障、正当程序等内容。

以案件二审遵循的法律程序为切入点，引导学生理解"法律至上"。法律至上是指在国家或社会的所有规范中，法律是地位最高、效力最广、强制力最大的规范。现代国家有很多规范，如宗教规范、道德规范、团体规范和行业规范等，法律至上要求这些规范都不得超越法律规范，不得与法律规范相抵触。这里的法律，既包括宪法，也包括其他一般法律。法律至上具体表现为法律的普遍适用性、优先适用性和不可违抗性。法律的普遍适用性，是指法律在本国主权范围内对所有人具有普遍的约束力。所有国家机关、社会组织和公民个人都必须遵守法律，依法享有和行使法定职权与权利，承担和履行法定职责与义务。法律的优先适用性，是指当同一项社会关系同时受到多种社会规范的调整而多种社会规范又相互矛盾时，要优先考虑法律规范的适用。法律的不可违抗性，是指法律必须遵守，违反法律要受到惩罚。任何人不论权力大小、职位高低，只要有违法犯罪行为，就要依法追究其法律责任。

结合司法机关处理案件的过程，引导学生了解"权力制约"。权力制约是指国家机关的权力必须受到法律的规制和约束。在我国，国家权力是人民的，

即一切权力为民所有。因此,只有依法对权力的配置和运行进行有效制约和监督,才能防止权力私用、权力滥用和权力腐败。权力制约分为权力由法定、有权必有责、用权受监督、违法受追究。权力由法定,即法无授权不可为,是指国家机关的职权必须来自法律明确的授予。国家机关必须严格依照法律规定的权限范围行使职权,而不得行使法律未授予的权力。有权必有责,是指国家机关在获得权力的同时必须承担相应的职责和责任。用权受监督,是指国家权力的运行和行使必须接受各种形式的监督,让人民监督权力,让权力在阳光下运行。违法受追究,是指国家工作人员违法行使权力必须受到法律的追究和制裁。

结合案例对诉辩双方权利义务的规定,引导学生了解"公平正义"。公平正义是指社会的政治利益、经济利益和其他利益在全体社会成员之间合理、公平分配和占有。一般来讲,公平正义主要包括权利公平、机会公平、规则公平和救济公平。权利公平,国家对每个权利主体"不偏袒""非歧视",实现权利主体平等。机会公平是指生活在同一社会中的成员拥有相同的发展机会和发展前景,反对任何形式的歧视。规则公平是指对所有人适用同一的规则和标准,不得因人而异,包括法律规则面前人人平等、法律内容面前人人平等和法律保护面前人人平等,任何人不得享有法律之外的特权,任何人也不会被法律排除在保护范围之外。救济公平是指为权利受到侵害或处于弱势地位的公民提供平等有效的救济。

结合案件中专家辅助人制度的使用,引导学生了解"权利保障"。权利保障主要是指对公民权利的法律保障,具体包括公民权利的宪法保障、立法保障、行政保护和司法保障。宪法保障是权利保障的前提和基础。宪法表明尊重和保障人权的鲜明态度,确立保障权利的有效机制,明确列出宪法保障的公民基本权利,能够推动整个国家和法律体系加强权利保障。立法保障是权利保障的重要条件。宪法有关基本权利的规定一般较为原则化,各项具体权利的保障由立法机关通过立法做出明确规定。行政保护是权利保障的关键环节,行政机关在行使行政管理权的过程中必然要涉及处置社会成员的利益问题,很容易发生损害或侵犯公民权利的现象。行政机关是否能够有效地保护公民权利,直接反映出一个国家的权利保障状况。司法保障是公民权利保障的最后防线,既是解决个人之间权利纠纷的有效渠道,也是纠正和遏制行政机关侵犯公民权利的有力机制。

第六章 尊法学法守法用法

▶ 案例四 遏制暴力伤医，推进依法治国

"北京大学第一医院妇产科赫英东等三位医生值班期间遭患者及其家属殴打"一事有了最新进展。2018年10月13日，北京西城区公安分局对郑某宇依法刑事拘留，考虑到郑某蕊系在校大学生，且对自身行为真诚悔过，并得到了赫医生的谅解，对其采取取保候审。目前，案件正在进一步审理中。

2018年10月12日晚间，一段"北大医院妇产科医生被患者家属殴打"的微博视频引发网友关注。根据《北京日报》客户端发布的一段视频显示，9月22日21时许，一名男医生在手术室门口与一名男子对话，突然男子伸手推搡医生，医生躲避几下后，两人扭打在一起，随后被工作人员拉开，男子仍不依不饶追了上去。身穿绿色工作服的男医生被三名男女按着头部殴打，被旁边几名医生拉开后，又有人上前对该医生脸部挥拳，用脚踹其身体，直至医生趴在地上。其间，一位孕妇一直用手揪着该医生的衣服。

据网友爆料，"一位高龄产妇不想自己生，但没有解剖指征，家属就把医生打了"。被打医生系北大医院妇产科医生赫英东。还有网友指认，视频中一名打人女子疑为首都师范大学在读学生。

12日19时26分，北京大学第一医院发布了《关于我院郝英东等三位医生受伤害事件的声明》。该院在声明中表示："2018年9月22日晚，北京大学第一医院妇产科赫英东等三位医生在值班工作期间，遭到患者孙某某及家属郑某某等三人的无端殴打，警方已经介入调查，目前仍在处理中。事件引起公众关注，我院高度重视，在第一时间慰问了受伤害医师和妇产科全体医护人员。"

这份声明同时指出，医院将积极配合公安机关，尊重司法程序，强烈谴责破坏正常医疗秩序的肇事者，坚定不移地捍卫医护人员的尊严。强烈呼吁严厉打击暴力伤医事件，维护医护人员人身安全，全力为患者营造一个和谐有序的就医环境。

13日，首都师范大学在官方微博发布消息，对该事件做出进一步回应：

新时代医者的形塑
——《思想道德修养与法律基础》
（2018年版）教学案例集

"昨日（10月12日）有网友披露，某师范大学一学生作为患者家属参与殴打北大第一医院医生。学校对此事高度重视，立即启动调查核实工作。经初步调查，该生确为我校大一新生。学校对受伤医生表示深切慰问，将严格依照校规校纪对涉事学生予以严肃处理。感谢网友、媒体和社会各界的关切和监督。"

此外，中国医师协会也于13日在官方微信公众号发表声明，对受伤医师表示慰问，并强烈谴责一切暴力伤医行为。声明指出，《医疗纠纷预防和处理条例》刚刚实施，我们期待公安机关快速准确地定性履行条例规定的职责；期待医疗机构强力维护医护人员的执业安全，让平安医院建设落到实处；期待广大患者理解和尊重医师的专业建议。希望全社会能让医师有安全的、温暖的外部环境。

同日，北京西城区公安分局经过调查取证后，迅速公布了对案件的初步审理结果。其通过官方微信"西城警讯"发布的《情况通报》指出，2018年9月22日21时50分许，在北京大学第一医院发生一起妇产科医生被患者家属殴打案件。西城区公安分局接到报案后，为准确案件定性，细致还原案发过程，开展了以下调查取证工作：询问当事人，并对双方陈述内容中的矛盾点进行了反复核实；走访现场目击群众，特别是访问了多名在现场的其他就医患者及家属，获取了客观的第三方证人证言；调取了案发时的完整视频监控录像；针对被打医生先后到多家医院就诊治疗，伤情鉴定较为复杂的情况，启动了专家会商；针对医院及医疗主管部门对此事件的关切，保持与院方及医疗主管部门的沟通，动态介绍工作进展。

经前期工作，认定案件事实如下：产妇孙某（女，44岁，本市人）在北大医院妇产科待产，因已超预产期，就能否剖宫产问题，产妇丈夫郑某宇（男，46岁，北京市人）在诊室外走廊处拦住当日值班的妇产科医生赫某某，要求解决，赫医生在解释过程中，郑某宇情绪激动，突然挥拳击打赫医生，赫医生被迫还击，被现场其他人员劝开。随后，郑某宇的妻子孙某和女儿郑某蕊（女，19岁，北京市人）闻讯赶来，郑某宇和郑某蕊再次对赫医生进行殴打，因考虑孕妇人身安全，赫医生始终保持克制，未予还手，后被现场医务人员及其他患者家属拉开。

西城区警方认为，郑某宇、郑某蕊父女二人妨碍值班医生正常工作，并对医生进行殴打的行为，既侵犯了医生的人身权利，也影响了正常医疗秩序。维护良好的医疗秩序，保障医务人员和患者人身安全，是公安机关、医院及相关主管部门、患者的共同责任，对危害患者和医务人员人身安全、扰乱医疗秩序的行为，公安机关将依法严肃查处。

产妇孙某在事发后第二天在医院产下一女，身体状况不稳定，需要亲人照

顾,警方在法定办案时限内,对郑某宇、郑某蕊采取强制措施的时间上进行了适度考量,对此,赫医生表示体谅。

2018年10月13日,西城区公安分局对郑某宇依法刑事拘留,考虑到郑某蕊系在校大学生,且对自身行为真诚悔过,并得到了赫医生的谅解,对其采取取保候审。

案例出处

杨迪、董童《北大医院医生遭殴打事件始末:打人者被刑拘》,见人民网2018年10月14日(http://health.people.com.cn/n1/2018/1014/c14739-30339476.html),有删改。

案例解析

近年来,医患冲突成为最主要的社会矛盾之一,暴力伤医案愈演愈烈,触目惊心,据不完全统计,截至2018年9月,全国医院共发生9起暴力伤医案件,造成两名医生死亡。有机构统计,2016年共发生典型伤医事件40多起。保护医务人员的合法权益刻不容缓,零容忍、依法打击暴力伤医行为一直是全社会的态度。

面对愈演愈烈的暴力伤医事件,近年来,国家出台了一系列治理措施,推进依法治来解决医患矛盾:第一,最具有里程碑意义的是,"医闹"入刑,依据《中华人民共和国刑法修正案(九)》,"聚众扰乱社会秩序,情节严重,致使工作、生产、营业和教学、科研、医疗无法进行,造成严重损失的,对首要分子,处三年以上七年以下有期徒刑;对其他积极参加的,处三年以下有期徒刑、拘役、管制或者剥夺政治权利"。第二,2016年10月,最高人民检察院出台《关于全面履行检察职能为推进健康中国建设提供有力司法保障的意见》,不仅明确伤医、"医闹"构成犯罪,在医疗机构私设灵堂、违规停尸、公然侮辱或诽谤、诬告陷害医务人员,利用互联网等媒体恶意炒作,侮辱、诽谤、诬告陷害医务人员等都将构成犯罪。第三,国务院公布的《医疗纠纷预防和处理条例》已于2018年10月1日起施行,其中明确提出通过加强医疗质量安全的日常管理,强化医疗服务关键环节和领域的风险防控,突出医疗服务中医患沟通的重要性,从源头预防医疗纠纷。《医疗纠纷预防和处理条例》重在化解矛盾,通过进一步的关口前移,让医疗机构更好地执行医疗安全制度、病历书写制度并重视患者的投诉,通过一系列的措施促进医患互信。第四,2018年10月16日,国家发展和改革委员会、中国人民银行、国家卫生健康委员会等28部门联合发布《关于对严重危害正常医疗秩序的失信行为责任人

实施联合惩戒合作备忘录》，打击暴力杀医伤医以及在医疗机构寻衅滋事等严重危害正常医疗秩序的失信行为，开展跨部门联合惩戒措施。该备忘录对严重危害正常医疗秩序的失信行为及6类涉医违法犯罪活动进行了明确定义，若成为失信被执行人，还将限制其乘坐飞机、列车软卧、G字头动车组列车、其他动车组列车一等以上座位等高消费及其他非生活和工作必需的消费行为。我国推进医疗服务领域信用体系建设迈出实质性的一步，涉医违法犯罪行为人被正式纳入社会信用体系。28部门的这一措施，是进一步强化打击涉医违法犯罪的社会综合措施，强化了对医务人员职业环境的改善和权益的维护，这一举措让医务人员看到国家维护医务人员执业安全和打击涉医违法犯罪的决心，也将让涉医违法犯罪者付出更大的代价。

2013年以来，我国在国家层面出台了一系列有关化解医疗纠纷、维护医疗秩序的文件、措施，一些地方也注重医疗纠纷的预防、人民调解，出台了地方性法规或相关政策，取得了实效。数据显示，2013年到2017年，我国医疗纠纷数量实现了5年小幅递减，但纠纷总量仍处于高位水平。官方数据显示，近两年随着国家打击涉医违法犯罪力度的加大，医疗纠纷和涉医违法案件较前些年有下降趋势。2018年9月7日举行的国家卫生健康委员会例行新闻发布会数据显示，近5年来，在我国诊疗服务量持续增长的情况下，医疗纠纷数量和涉医违法犯罪案件数量连续5年"双下降"，医疗执业环境和患者就诊秩序得到持续有效改善。从统计数字来看，我国医疗纠纷发生率低，医患关系主流是好的。主要表现在三方面。一是医疗纠纷数量和涉医违法犯罪案件数量持续下降。2013年以来，全国医疗纠纷总量累计下降20.1%，涉医案件累计下降41%，2018年1—8月仍保持持续下降的趋势。2017年，全国门诊人次81.8亿，住院人次2.4亿，同诊疗服务量相比，医疗纠纷发生率较低。二是医疗纠纷多元化解机制已经形成。超过85%的二级以上医院设立投诉专门管理部门。医疗纠纷人民调解组织达到6400余个，基本实现县级区域全覆盖，医疗纠纷人民调解成为解决医疗纠纷问题的主渠道，每年超过60%的医疗纠纷通过人民调解的方式化解，调解成功率达到85%以上。三是医疗风险分担机制基本确立。全国有超过11万家医疗机构参加了医疗责任保险，北京、江苏等20余个省市建立调保衔接工作模式，为处理医疗纠纷提供了有力保障。由此可见，用法治来解决医患矛盾取得了成效。

案例启思

（1）如何理解全面依法治国的基本格局？
（2）如何认识我国社会主义法律的运行？

第六章 尊法学法守法用法

教学建议

北京大学第一医院的暴力伤医案件反映了法治对解决医患矛盾的价值，结合此案例引导学生学习和了解依法治国以及中国特色社会主义法律运行等相关知识。"科学立法、严格执法、公正司法、全民守法"十六字方针，展现了全面依法治国的基本格局。推进全面依法治国，必须从立法、执法、司法、守法四个方面统筹推进。习近平在《加强党对全面依法治国的领导》一文中指出，"全面依法治国是一项长期而重大的历史任务，也是一场深刻的社会变革。当前，立法、执法、司法、守法等方面都存在不少薄弱环节，法治领域改革面临许多难啃的硬骨头，迫切需要从党中央层面加强统筹协调"。

引导学生理解和掌握全面依法治国的关键环节，了解"坚持全面推进科学立法、严格执法、公正司法、全民守法。解决好立法、执法、司法、守法等领域的突出矛盾和问题，必须坚定不移推进法治领域改革"。

结合我国出台的规制暴力伤医的系列法律法规，引导学生认识"科学立法"。"立善法于天下，则天下治；立善法于一国，则一国治。"法律是治国之重器，立法是法治的龙头环节。要坚持以民为本、立法为民的理念，使每一项立法都符合宪法精神，反映人民意志，得到人民拥护。习近平在《加强党对全面依法治国的领导》一文中指出，"要紧紧抓住全面依法治国的关键环节，完善立法体制，提高立法质量"。要把公正、公平、公开原则贯穿立法全过程，完善立法体制机制，增强法律法规的及时性、系统性、针对性、有效性。加强党对立法工作的领导，完善党对立法工作中重大问题决策的程序，健全有立法权的人大主导立法工作的体制机制，依法赋予设区的市以地方立法权。深入推进科学立法、民主立法，完善立法项目征集和论证制度，健全立法机关主导、社会各方面有序参与立法的途径和方式，拓宽公民有序参与立法的途径。加强重点领域立法，加快完善体现权利公平、机会公平、规则公平的法律制度，实现立法和改革决策相衔接，做到重大改革于法有据，立法主动适应改革和经济社会发展需要。

从行政机关制定行政法规、加大执法力度、采取综合整治措施等方面引导学生了解"严格执法"。"天下之事，不难于立法，而难于法之必行。"法律的生命力在于实施，法律的权威也在于实施。严格执法以深入推进依法行政，加快建设法治政府为目标。习近平在《加强党对全面依法治国的领导》一文中指出，"要推进严格执法，理顺执法体制，完善行政执法程序，全面落实行政执法责任制"。要加快建设职能科学、权责法定、执法严明、公开公正、廉洁高效、守法诚信的法治政府，推进各级政府机构、职能、权限、程序、责任法

定化,推行政府权力清单制度。健全依法决策机制,把公众参与、专家论证、风险评估、合法性审查、集体讨论决定确定为重大行政决策法定程序,建立行政机关内部重大决策合法性审查机制,建立重大决策终身责任追究制度及责任倒查机制。深化行政执法体制改革,坚持严格规范公正文明执法,依法惩处各类违法行为,加大关系群众切身利益的重点领域的执法力度,建立健全行政裁量权基准制度,全面落实行政执法责任制。

结合近年对系列暴力伤医案件的审理和执行,引导学生理解"公正司法"。"理国要道,在于公平正直。"公正是法治的生命线,是司法活动最高的价值追求。公正司法是维护社会公平正义的最后一道防线。要保证公正司法,提高司法公信力,努力让人民群众在每一个司法案件中都能感受到公平正义。习近平在《加强党对全面依法治国的领导》一文中指出,"要支持司法机关依法独立行使职权,健全司法权力分工负责、相互配合、相互制约的制度安排"。要完善确保依法独立公正行使审判权和检察权的制度,建立领导干部干预司法活动、插手具体案件处理的记录、通报和责任追究制度,建立健全司法人员履行法定职责保护机制。要优化司法职权配置,推动实行审判权和执行权相分离的体制改革试点,最高人民法院设立巡回法庭,探索设立跨行政区划的人民法院和人民检察院,探索建立检察机关提起公益诉讼制度。要坚持严格司法,推进以审判为中心的诉讼制度改革,确保侦查、审查起诉的案件证据经得起法庭的检验,保证庭审在查明事实、认定证据、保护诉权、公正裁判中发挥决定性作用。要保障人民群众参与司法,完善人民陪审员制度,构建开放、动态、透明、便民的阳光司法机制。加强人权司法保障,强化诉讼权利保障,健全落实罪刑法定、疑罪从无和非法证据排除等法律原则的法律制度,健全冤假错案有效防范和及时纠正机制。加强对司法活动的监督,完善人民监督员制度。规范媒体对案件的报道,防止舆论影响司法公正。

从要求医患双方在医疗过程中依法行事的角度,引导学生学习"全民守法"。"邦国虽有良法,要是人民不能全部遵循,仍然不能实现法治。"法律的权威源自人民的内心拥护和真诚信仰。全民守法以增强全民法治观念,推进法治社会建设为目标。要弘扬社会主义法治精神,建设社会主义法治文化,增强全社会厉行法治的积极性和主动性,形成守法光荣、违法可耻的社会氛围。习近平在《加强党对全面依法治国的领导》一文中指出,"要加大全民普法力度,培育全社会办事依法、遇事找法、解决问题用法、化解矛盾靠法的法治环境"。推动全社会树立法治意识,深入开展法治宣传教育,把法治教育纳入国民教育体系和精神文明创建内容。要推进多层次多领域依法治理,坚持系统治理、依法治理、综合治理、源头治理,深化基层组织和部门、行业依法治理,

第六章 尊法学法守法用法

支持各类社会主体自我约束、自我管理，发挥市民公约、乡规民约、行业规章、团体章程等社会规范在社会治理中的积极作用。要建设完备的法律服务体系，推进覆盖城乡居民的公共法律服务体系建设，完善法律援助制度，健全司法救助体系。健全依法维权和化解纠纷机制，建立健全社会矛盾预警机制、利益表达机制、协商沟通机制、救济救助机制，畅通群众利益协调、权益保障的法律渠道。

▶ 案例五　重建医患信任，依靠德法并行

 案例

因对医生不信任引发的"八毛门"事件刚刚平息，另一宗同样反映医患关系困境的"录音门"事件近日又在广州浮出水面。

40多天前，1岁5个月大的男孩小海（化名）因患手足口病，被送到广东省妇幼保健院治疗，随后经历治疗、回家、重新返院治疗的一系列波折。在此期间，男孩父亲因对医生的一些做法产生怀疑，要求全程参与专家会诊讨论并进行录音，同时复印孩子病历、检验结果等咨询院外专家。

2011年11月10日，小海仍在广东省妇幼保健院儿科ICU病房接受救治，医生表示他的病情已经达到"极其危重"的地步，而小海的父亲则显得十分疲惫，在儿科病房的病床上堆满他复印的孩子病历、病情记录、检查资料、写给医院的控诉书……2011年11月10日下午，广东省妇幼保健院主动约见媒体，介绍小海的最新病情，并就小海父母对医院的一些疑问做出回复。该院儿科主任王波介绍，2011年9月21日，1岁5个月的患儿小海因重症手足口病入院，经过呼吸机通气等治疗10天后，医生认为孩子已达到出院标准，建议出院继续康复治疗，而孩子家属表示不愿办理出院手续，但认为孩子回家更利于休养，便于当月30日在未办理出院手续的情况下，将小海带回了家。

上海专家参与会诊

王波表示，10月9日，小海因发热、咳嗽返院，随后相继出现高热、皮疹、肝脾肿大、黄疸、多脏器功能损伤等情况，病情呈进行性发展，"孩子病

情疑难复杂,对治疗反应不理想"。10月28日,小海出现持续高热、精神反应差、呼吸循环功能不稳定,再次转入儿科ICU接受救治。"现在孩子的病情虽然与前几天相比稍微稳定了一些,但仍极其危重,病情进展十分凶险。"王波表示,经过来自中山二院、珠江医院、广医一院、市妇女儿童医学中心、市八医院专家的会诊,小海被诊断为患有"传染性单核细胞增多综合征""噬血细胞综合征",同时还有"全身炎性反应综合征""多器官功能障碍综合征"及肺部感染。2011年11月10日,上海儿科医学中心王莹教授也来到广州,对小海进行会诊。"上午还活蹦乱跳的孩子,怎么突然就进了ICU?"小海的父亲徐先生说,这是他最不能理解和接受的地方。徐先生说,他曾拿着孩子的病历咨询院外医生,他们认为孩子的手足口病情并没有那么严重。而作为广东省手足口病防治专家小组成员的王波2011年11月10日对此表示,小海入院时已出现神经系统的异常表现,比如烦躁、右手持物不稳等,这些都符合重症手足口病的诊断标准。他表示,重症手足口病虽然只占手足口病患儿的很小一部分,但重症患儿发作十分凶险,在很短时间内就可导致死亡。广东省妇幼保健院副院长陈运彬2011年11月10日指出,"活蹦乱跳是一个很模糊的概念,有经验的医生可能发现父母没有发现的症状"。他同时表示,小海父亲曾提出质疑的腰椎穿刺术其实是个非常简单的检查,"医生不会平白无故地让你做一项检查,如果发现有神经系统的问题,做这个检查能对病情判断有很大帮助"。然而,对于医院的这些解释,小海的父母并没有表示认同,小海母亲甚至对记者表示"孩子入院时根本没有'右手持物不稳'的表现"。

医院承认有疏忽之处

此前,医生在让小海父母签用药的知情同意书时,曾错用了旧版模板,里面有"巨细胞病毒阳性"的字样,让小海父亲误认为孩子患了巨细胞病毒感染。医院工作人员发现后进行了更正,而这件事情也让小海父亲更加不信任医生。2011年11月10日王波在解释这件事情时表示,当时是工作人员疏忽,打印了电脑系统中一个旧的模板,但这件事并没有对小海的治疗造成影响。

让小海父母产生不信任感的还有另一件事:他们在ICU探视孩子时,发现孩子的尿布上竟有血迹。对此,2011年11月10日王波解释说,"经过反复检查,系抢救时导尿管擦伤尿道口所致,调整导尿管并加强护理后未再出现类似情况"。

"医学本来就是一门具有争论性的学科,没有百分之百的对和错。"陈运彬2011年11月10日通过媒体呼吁患者给医生多一点信任。他说,小海的父亲全程要求参加专家会诊,并对谈话进行录音等做法,已经超越了"医疗常

第六章 尊法学法守法用法

规","本来专家会诊时医生的意见就可能有不同,如果家属在场而且录音,有些观点和看法医生可能就不敢说了"。

针对"录音门"事件,广东省妇幼保健院公开回应质疑。

事后,省妇幼保健院举行新闻发布会,介绍患儿救治情况,并逐一回应患儿父亲徐先生对医院的质疑。

一入院就上呼吸机,是否过度治疗?回应:已是重症手足口病,治疗符合原卫生部指南。

徐先生质疑,孩子9月21日因发烧、皮疹入院时,病情不算严重,医院马上把他送进重症监护室,上呼吸机,是为了牟利,是过度治疗。"孩子当时已经是重症手足口病。"省妇幼保健院儿科主任王波回应说,该院是全省手足口病救治的专家组长单位,已救治过1000多例重症手足口病,有丰富的临床经验。小海入院时除具备手足口病一般临床表现(如发热、皮疹)外,还有神经系统异常表现(如烦躁、右手持物不稳、右侧上肢肌力下降)、肺部湿啰音、外周白细胞以及随机血糖升高等,符合原卫生部2010年版重症手足口病诊断标准。鉴于手足口病出现重症表现后进展十分迅猛,根据原卫生部诊疗指南,医院及时给予呼吸机机械通气支持,治疗处理是及时得当的。

手足口病已愈,为何病情发展迅速?回应:病毒感染引起免疫紊乱,具体病原还在排查。

"为什么我的孩子9月30日离院时,医生说手足口病已经基本康复,但后面病情发展这么迅速?是不是医生在治疗上出了问题?"这也是徐先生的一个心结。王波解释说,医院多次邀请中山二院、珠江医院、广医一院、广州市妇儿中心等权威专家会诊,症状诊断已经明确,主要是传染性单核细胞增多综合征、噬血细胞综合征、全身炎性反应综合征、多器官功能障碍综合征、肺部感染。基本判断是由于病毒感染后免疫功能紊乱,导致全身多脏器损伤。但到底是什么病毒感染引起的,目前还在排查,已将样本送到广东省疾控中心。省妇幼保健院副院长、儿科专家陈运彬说,孩子目前的病情与第一次入院时患的手足口病没有直接联系,但有可能是手足口病引起孩子的免疫功能低下,身体抵抗力下降,所以容易受病毒感染,引发免疫功能紊乱。

孩子是"巨细胞病毒阳性"?
回应:文书写作有疏忽,检测是"阴性"

徐先生还提出,10月23日医院要给孩子用抗病毒药物"更昔洛韦",在知情同意书上写着有"巨细胞病毒阳性"字样。他当即质疑,孩子此前的检查结果并没说"阳性"。随后医院承认是文书写作失误,但他一直心存疑虑,

"现在孩子的病到底是不是巨细胞病毒感染引起的？医院是否刻意隐瞒了什么？""这确实是我们工作有疏忽，但用这个药没错，不影响治疗。"王波解释说，用更昔洛韦是院外专家会诊建议的，因为考虑病毒感染相关的"传染性单核细胞增多综合征"，给予利巴韦林等治疗效果不佳，专家建议使用更昔洛韦加强抗病毒力度。但在签署更昔洛韦知情同意书时，因工作人员疏忽，使用了旧版模板，该文书有"巨细胞病毒阳性"字样，导致家属误以为患儿有巨细胞病毒（CMV）感染，医务人员发现后及时予以更正。并先后对患儿的血、尿进行 CMV 的抗体与核酸检测，结果均为阴性，可以确定患儿目前不存在 CMV 感染的证据。

案例出处

《"录音门"事件广东省妇幼保健院公开回应质疑》，见《南方日报》2011 年 11 月 1 日（http://gd.people.com.cn/GB/123937/123963/16091217.html），有删改。

案例解析

医患关系日益恶化谁之过？患儿的父亲用心良苦，因质疑医生的一些做法，要求参与专家会诊并全程录音，同时复印病历、检验结果，另找院外专家进行咨询。这与智能手机的普及以及人们法律意识的增强有关，与道德信任感的降低亦大有关联。关键在于医患双方为什么要对立起来？患者一开始就想到医生要敛财，医生一开始就想到患者要闹事，这样的"病"如何治呢？医师应该有一颗对生命敬畏的心，但不应该揣着如何不被患者讹的心态工作。在医学的问题上，并没有谁赢，也不知道谁输！

患者对医生的不信任源于医疗行业的不正之风，有学者认为，如果看病难、看病贵的"社会病"得不到根本改变，"以药养医"的体制没有实质性革新，医生"吃回扣""拿红包"的问题无法根除，医疗事故鉴定的权威性一再经不起考验，就无法拔掉过度医疗、藐视生命等引发医患关系紧张的根。这需要法治来规范，法治主要依靠制定和实施法律规范的形式来推进和实施，国家要保护什么、不保护什么，倡导什么、禁止什么，都得有明确的法律依据，实行法有禁止不得为，体现的是规则之治。国家出台相应的法律、法规、规章，对医疗管理人员、医师、护士、医技人员、药学技术人员及其他人员给出明确的行为规范，其中要求医师应使用适宜诊疗技术和药物，因病施治，不过度医疗。

拿出行之有效的办法整顿医风医德呼声日急，早已迫不及待。如果医风医

第六章 尊法学法守法用法

德不正成为常态，公众凭什么重拾信任？德治主要依靠培育和弘扬道德等途径来推进和实施，道德是内心的法律，以价值、精神和理念等形式表现出来，引导人们自觉地在行动上做到符合道德才可为，违反道德不可为。强化德治，才能解决医患间不信任的问题。一旦生病，无论平日多么刚强的人，顿时坠入弱势之境，生怕遭遇"过度医疗"，患者的生命健康权利根本得不到保障，由此产生的恐慌心理比疾病本身更折磨人。说到底，"过度医疗"的关键是受到了利益的驱动。全国各地屡发医患纠纷，主要还是因为医患双方缺乏起码的信任，尤其是患者不敢相信医生。比如"八毛门""录音门"等事件，就是典型的例子。公众时常困惑，难寻悬壶济世的好医生，不敢轻易地托付自己的生命和健康；怕生病，担心被过度检查和过度医疗，不仅花冤枉钱，也可能损害患者身心；怕到医院，知情同意权的贯彻落实有瑕疵，医院检查和治疗的各个环节信息不对等。面对一些医疗从业人员的逐利心，必须要有相应的约束规范。

案例启思

（1）如何理解依法治国和以德治国相结合？
（2）如何理解习近平关于法治和德治的重要论述？

教学建议

"录音门"事件突出反映了医患之间的不信任，要解决这个问题，不光要靠道德拷问，更重要的是从根源上解决问题。原卫生部部长陈竺就曾经指出，医患冲突有着复杂的经济和社会根源：医疗服务提供能力与人民群众日益增长的健康需要之间存在矛盾；医疗机构的公益性要求与管理体制和运行机制之间存在矛盾；医学技术发展的有限性与患者期望值的无限性之间存在矛盾；医疗行业的高风险性与缺乏有效的医疗风险分担机制之间存在矛盾；医疗纠纷处理机制的不完善与人民群众的诉求需求之间存在矛盾。医患关系紧张不仅是两个群体之间的事，还与医疗卫生体制息息相关。医风医德的改善有赖于良好社会风气的沐浴。可以从坚持依法治国和以德治国相结合的角度引导学生掌握相关知识。

习近平在参加第十三届全国人大一次会议重庆代表团审议时指出："要既讲法治又讲德治，重视发挥道德教化作用，把法律和道德的力量、法治和德治的功能紧密结合起来，把自律和他律紧密结合起来，引导全社会积极培育和践行社会主义核心价值观，树立良好道德风尚，防止封建腐朽道德文化沉渣泛起。"法治和德治，是治国理政不可或缺的两种方式，忽视其中任何一个，都将难以实现国家的长治久安。只有让法治和德治共同发挥作用，才能使法律与

道德相辅相成，法治与德治相得益彰，做到法安天下，德润人心。医患关系带有人命关天的特殊性，社会敏感度极高，一举一动都足以掀起轩然大波，不容轻视。不能因医患纠纷事件频发而对所有的医院、医德、医风一棍子打死，也要相信几乎没有一个医护人员会存心害患者。必须承认的是，这场极为罕见的医患"暗战"，不仅是医患关系紧张的表现，也是社会互信缺失的表现。在社会诚信体系崩溃的语境之下，"八毛门""录音门"事件的发生有一定的社会根源，要靠法治和德治来规范。要正确认识法治和德治的地位。对国家和社会治理而言，法治和德治都非常重要且不可或缺。法治是治国理政的基本方式，依法治国是基本方略，法治具有根本性、决定性和统一性，它强调对任何人都一律平等，任何人都必须遵守法律。德治是治国理政的重要方式，以德治国就是通过在全社会培育、弘扬社会主义核心价值观和社会主义道德，对不同人群提出有针对性的道德要求。正确认识法治和德治的作用。法治和德治对社会成员都具有约束作用，法律规范和道德规范也都具有必须遵守的性质，但约束作用的内在要求和表现形式不同，行为人违反两种规范以后承担的后果也不相同。法治发挥作用要以国家强制力为后盾，主要依靠法律的预测作用、惩罚作用、威慑作用和预防作用对公民和社会组织的行为进行约束，并对违反法律的行为追究法律责任；德治发挥作用主要通过人们的内心信念、传统习俗、社会舆论等进行道德教化，并对违反道德的行为进行道德谴责。

习近平在《加强党对全国依法治国的领导》一文中指出："全面依法治国必须正确处理政治和法治、改革和法治、依法治国和以德治国、依法治国和依规治党的关系。社会主义法治必须坚持党的领导，党的领导必须依靠社会主义法治。"改革与法治如鸟之两翼、车之两轮"，要坚持在法治下推进改革，在改革中完善法治。要坚持依法治国和以德治国相结合，实现法治和德治相辅相成、相得益彰。要发挥依法治国和依规治党的互补性作用，确保党既依据宪法法律治国理政，又依据党内法规管党治党、从严治党。"推动法治和德治的相互促进。一是强化道德对法治的支撑作用。坚持依法治国和以德治国相结合，应重视发挥道德的教化作用，提高全社会文明程度，为全面依法治国创造良好人文环境；在道德体系中体现法治要求，发挥道德对法治的滋养作用，努力使道德体系同社会主义法律规范相衔接、相协调、相促进；在道德教育中突出法治内涵，注重培育人们的法律信仰、法治观念、规则意识，引导人们自觉履行法定义务、社会责任、家庭责任，营造全社会都讲法治、守法治的文化环境。二是把道德要求贯彻到法治建设中。以法治承载道德理念，道德才有可靠制度支撑。法律法规要树立鲜明道德导向，弘扬美德义行，立法、执法、司法都要体现社会主义道德要求，使社会主义法治成为良法善治。要把实践中广泛认

第六章　尊法学法守法用法

同、较为成熟、操作性强的道德要求及时上升为法律规范，引导全社会崇德向善。要坚持严格执法，弘扬真善美，打击假恶丑。要坚持司法公正，发挥司法断案惩恶扬善功能。三是运用法治手段解决道德领域的突出问题。法律是底线的道德，也是道德的保障。要加强相关立法工作，依法加强对群众反映强烈的失德行为的整治。

▶ 案例六　规制"影子药师"，完善法治体系

案例

2017年5月8日，北京市医改新政满月。

这个月，对于患者李箐来说，感触最大的莫过于吃药吃得"安心"。今年（2017年，本案例下同）春节后，因为身体不适，李箐频繁和各大医院"约会"。"药开了一堆，有中药，也有西药。我一般是吃上一两周后，感觉效果不大，就换家医院。可看着这些药，我又犯了难，真怕一起吃会有什么不良反应。"李箐说。4月8日，北京市医药分开综合改革全面实施，所有公立医院全部取消挂号费、诊疗费，设立医事服务费。新政落地后，李箐发现，大部分医院都开设了用药咨询中心。药物有什么副作用？多个药一起吃会不会有不良反应？她有任何关于服药的问题，都有值班药师给出专业答复。《法制日报》记者了解到，为了配合医药分开改革，为患者改善用药服务，目前北京市22家市属医院全部设置了临床药师及用药咨询中心。多位专家指出，在医药分开改革的大背景下，药师的作用没有被削弱，而是越来越凸显了。"药师应该如何定位，药师应有怎样的职责，药师发现医生处方开错后有没有权利干预等，类似这些问题都需要有专门的法律来界定，否则将无法发挥出药师应有的作用，不利于人民群众的健康用药。"南京中医药大学卫生经济管理学院田侃教授近日对《法制日报》记者说，我国有关药师的立法工作迫在眉睫。

安全用药问题日益突出

今年2月，国务院发布"十三五"国家药品安全规划，明确提出：执业药师用药服务作用发挥不到位，不合理用药问题突出。同时也提出："到2020

年，执业药师服务水平显著提高。每万人口执业药师数超过4人，所有零售药店主要管理者具备执业药师资格，营业时有执业药师指导合理用药。""简单来讲，药师就是帮助患者做两件事，一件是吃对的药，另一件是把药吃对。"中国健康促进基金会医药知识管理委员会秘书长于国超说。"随着经济社会的发展，药品的种类越来越多，用药出现的不良反应事件也越来越多，与健康有关的用药问题不断出现，迫切需要药师发挥作用。"田侃特别提到，老年人安全用药问题变得日益突出。"一些老年人随着年龄的增加，服用的药物也越来越多，少则五六种，多则二三十种。事实上，有些药物并非必须服用，而且，服用的药物种类越多，出现不良反应的概率也会越大，甚至成倍增加。"田侃认为，没有药师的指导，人民群众的用药安全在很大程度上得不到保障。药用好了治病，用不好致命。如果不合理用药，可能会导致严重后果。曾经红遍全国的《千手观音》，表演的21名演员都是聋哑人，其中有18人是因为药物致聋，且大多是在幼儿时期因发烧使用抗生素所致。数据显示，我国每年有20000～30000儿童因为药物导致聋哑。2014年4月，一枚直径6毫米的泡腾片，由于母亲在喂药方式上的错误操作，18个月大的幼儿命悬一线。首都医科大学附属北京天坛医院药学部主任、北京市医管局总药师赵志刚，在医院工作了近30年，他对类似的案例和数据极为敏感。赵志刚认为，药师作为医疗团队的一员，除了保障药品供应外，还在医疗实践中扮演管理患者用药安全、监护患者用药过程的角色。"药师通过多接触患者，了解患者的用药情况，提供专业咨询服务并指导用药，帮助患者进行药物重整，都能极大地提高患者用药的合理性，保障患者生命安全。"赵志刚说。

每家药店均配药师难落实

今年2月，北京市医疗保险事务管理中心发布通知，启动新增定点医疗机构和定点零售药店申报，明确规定，零售药店须配备与经营范围相适应的至少1名执业药师和两名药师或以上职称的药学技术人员，营业时间内应有执业药师或药师在岗，为公众提供药学服务。但这样的规定，落实起来仍存在一定难度。5月6日，记者在北京市朝阳区随机走访了多家药店后发现，尽管每家店内都能看到"执业药师证"，但并非每家药店都能保证营业时间有药师在岗。当记者走进一家社区药店进行咨询时，正巧一名女士推门进来，询问是否有抗过敏的药物。药店工作人员在了解相关症状后，便开了几种药。"我看你对这些药的功效挺熟悉的，请问你是药师吗？"记者询问开药的工作人员。"不是，我们店里的药师去药厂进药去了，人手有时候安排不开。这些常见的小毛病我们都比较了解。"该工作人员回复记者。与患者在用药时的困惑一样，如何更

第六章 尊法学法守法用法

好地发挥药师的作用来保障用药安全,也是政府部门、医院等机构一直思考的问题。"目前,我们尝试用'互联网+'的方式进行试点,对于没有配备药师的药店,通过电脑传输药方,平均50秒就能审查完一个药方。"黑龙江省绥化市食药监局局长王伟学告诉《法制日报》记者。王伟学指出,现在的探索是在当前条件有限的情况下所采取的过渡方案,最终目标还是要实现"每家药店都配有药师"的目标。

建一元化药师管理制度

2017年全国人大会议期间,全国人大代表、中国工程院院士钟南山等16位代表提交了一份《中国药师立法工作迫在眉睫》的建议。此外,全国人大代表、湖南万家丽投资控股集团有限公司董事长黄志明等15位人大代表也建议加快制定并颁布药师法,制定统一的药师制度和准入标准,明确药师的法律地位和责任权利,保障合理用药和百姓的用药安全。与此同时,不少业内专家也呼吁,尽快出台药师法,对我国药师行业健康发展予以规范和保障。目前,我国实行的是职称药师与执业药师双轨制,药师队伍主要是原国家卫计委管理的医院药师体系与原国家食品药品监督管理总局管理的执业药师体系两类。然而,在《中华人民共和国药品管理法》和《中华人民共和国药品管理法实施条例》中,并未就两类药师的资格和准入等做出明确规定。在田侃看来,解决我国当前药师管理体制中的双轨制,是药师立法要解决的首个难题。长期从事医药卫生法律和药事管理研究的田侃,在中医药法和药师法的立法工作中都受政府部门的委托,进行过深入研究,在他看来,双轨制带来了明显的弊端,急需解决。"双轨制下的药师行业,存在准入门槛不同、互相之间不能流动等显著弊端。例如,社会药店的药师几乎不能评职称,正因如此,即使医院里的药师有富余,也出于种种考虑而不会选择加入社会药店。毫无疑问,这种制度不利于药师最大限度地覆盖更多的社会药店,人民群众的安全用药也因此受到了影响。"田侃指出。"职称药师与执业药师的根本职责均为保障药品质量和药学服务的质量,应通过药师立法,构建起一元化药师管理制度。"田侃建议。"我国药师队伍整体学历偏低,这与我国医疗行业的发展速度完全不相匹配。因此,有必要通过立法,提升药师服务能力与专业学历。"赵志刚说。

服务模式急需立法调整

目前,我国执业药师注册人员已达34万人。但与此同时,我国现行药师法律规范仍然停留在部门规章层面,药师的责、权、利缺少法律的明确界定。钟南山等代表提出,药师服务缺乏相应的价值回报,亟待通过立法调整药师的

服务模式。2015年以来，我国公立医院已陆续取消药品加成，但并未出台药事服务收费的相关政策，各地陆续发布的"医疗服务价格调整"相关文件中，也未能体现药师为患者实施药学服务的技术价值。而我国多数社会药店，依然停留在传统的依靠药品加成的商业模式。原国家食品药品监督管理总局执业药师资格认证中心专家顾问康震指出，药师服务缺乏相应的价值回报，亟待通过立法调整药师的服务模式。"既然社会要求药师承担患者用药安全和优化治疗结果的责任，就应该予以相应的经济回报，改变药师靠卖药谋生的窘境。一味趋利与用药安全是矛盾的。因此说，立法的目的是重建药师的商业模式，得到真正的责、权、利。"康震强调。医疗卫生体制改革的推进过程中，一些地方的医院将药房进行托管，对此，赵志刚并不认可："药师需要高学历，才能开展审核处方和医嘱，指导患者用药，这些药学服务需要高成本；药房托管之后，商业公司追求的目标是多卖药，绝不是患者的合理用药，它们不会支付这些高成本，药师的作用势必会在'降低成本，多卖药物'的思路下被削弱，这也与医改的初衷背道而驰。因此，有必要通过立法的方式，对药房配备药师、药师的职责等内容做出明确规定。"

案例出处

《为药师立法，是时候了》，见法制日报网2017年5月9日（http://epaper.legaldaily.com.cn/fzrb/content/20170509/Articel09002GN.htm），有删改。

案例解析

习近平在《加强党对全国依法治国的领导》一文中指出："党的根基在人民、力量在人民。现在，人民群众对美好生活的向往更多向民主、法治、公平、正义、安全、环境等方面延展。人民群众对执法乱作为、不作为以及司法不公的意见比较集中，这要成为我们厉行法治的聚焦点和发力点。"群众的用药安全事关群众身家性命，具有敏感性和严重性。药品安全一丝都不能放松，监管检查一刻都不能松懈。只有坚持最严谨的标准、最严格的监管、最严厉的处罚、最严肃的问责，才能维护好最广大人民的身体健康。药师是用药安全的重要保障。药师是负责提供药物知识及药事服务的专业技术人员，是药物的专家，同时也是解答市民大众有关药物问题的最适当人选。药师是医生用药错误的把关者，是医生处方、用药医嘱的审核者，是处方点评的实施者，是药事管理相关法律、法规、部门规章的执行者和监管者，是药品质量的保障者，是医师临床药物治疗的合作者、临床用药的直接参加者……随着经济社会的发展，药品的种类越来越多,用药出现的不良反应事件也越来越多,与健康有关的用药问题不断出现,迫切需要药师发挥作用。国家有关部门和行业协会应尽快出台规范的药学服务标准,明确医疗机构药师所应提供的基本药学服务的内容,并对每项服务进行量化,设定考核标准。

从法律层面明确药师地位,实现立法和改革决策相衔接,做到重大改革于法有据,立法主动适应改革和经济社会发展需要。药师的作用不容忽视,2017年1月24日,国务院办公厅印发的《关于进一步改革完善药品生产流通使用政策的若干意见》提出,要积极发挥药师作用。落实药师权利和责任,充分发挥药师在合理用药方面的作用。各地在推进医疗服务价格改革时,对药师开展的处方审核与调剂、临床用药指导、规范用药等工作,要结合实际统筹考虑,探索合理补偿途径,并做好与医保等政策的衔接。

"影子药师"乱象体现的是法律监督的缺失,要发挥党内监督、人大监督、民主监督、行政监督、司法监督、审计监督、社会监督、舆论监督的合力,推进法治监督工作规范化、程序化、制度化,形成对法治运行全过程、全方位的监督。《中华人民共和国药品经营质量管理规范》第一百二十八条和第一百四十条明确要求,企业应当按照国家有关规定配备执业药师,负责处方审核,指导合理用药。处方审核岗位的职责不得由其他岗位人员代为履行。新开药店必须配备执业药师。然而,当前很多药店只见证件不见人的"影子药师"现象依然存在,把证放到药店,按月就能领取一两千元租金且形成了一条药师租证、药店用证、专业网站牵线搭桥的黑色产业链。有专门的租赁网站提供租证交易,甚至衍生出大批只为"租证"而考证的人群,严重影响患者的用药安全,亟须加强监管。药品生产和销售企业应树立以人为本、安全至上、诚信经营的信念。而政府和监管部门更应着力完善相关制度法规,强化执法力度,对药品安全问题严厉处置,实现零容忍,用最严厉的法规守住药品安全的底线。

案例启思

(1) 如何理解中国特色社会主义法治体系的主要内容?
(2) 如何理解我国社会主义法律体现了党的主张和人民意志的统一?

教学建议

维护药品安全,要进一步完善法律法规和制度规则,明晰和落实监管责任。习近平在《加强党对全国依法治国的领导》一文中指出,"中国特色社会主义法治体系是中国特色社会主义制度的法律表现形式。必须抓住建设中国特

色社会主义法治体系这个总抓手,努力形成完备的法律规范体系、高效的法治实施体系、严密的法治监督体系、有力的法治保障体系,形成完善的党内法规体系,不断开创全面依法治国新局面"。本案例涉及如何结合我国不断发展的实践推进医药体制的改革,人大代表建议"为药师立法"。结合这个案例,引导学生学习了解完善中国特色社会主义法治体系的必要性,了解建设法治体系就是形成完备的法律规范体系、高效的法治实施体系、严密的法治监督体系、有力的法治保障体系,这是依法治国的重要内容。

从药师的作用不可忽视,需要法律保障的角度,引导学生认识完备的法律规范体系及其路径。药师是用药信息的收集者和反馈者,是药品不良反应的监测者和报告者;是患者安全、有效、经济用药的指导者。国家对药师的相关法律有待完善。完备的法律规范体系,是中国特色社会主义法治体系的前提,是法治国家、法治政府、法治社会的制度基础。完备的法律规范体系,是以宪法为核心,由部门齐全、结构严谨、内部协调、体例科学、调整有效的法律及其配套法规所构成的法律规范系统。完善法律规范体系的基本要求包括:坚持立法先行,发挥立法在改革开放和经济社会发展中的引领和推动作用,加快完善法律、行政法规、地方性法规体系,为全面依法治国提供基本遵循;科学立法、民主立法、依法立法,坚持上下有序、内外协调、科学规范、运行有效的原则,立改废释并举,实现从粗放立法向精细立法转变,提高立法质量和效率。

以"为药师立法"为切入点,让学生了解依法治国需要高效的法治实施体系。建设高效的法治实施体系,是建设中国特色社会主义法治体系的重点。高效的法治实施体系,是指执法、司法、守法等各个环节有效衔接、协调高效运转、持续共同发力、实现效果最大化的法治实施系统。完善法治实施体系的重点内容包括:健全宪法实施制度,把树立宪法权威作为全面推进依法治国的重大事项抓紧抓好;加快建设职能科学、权责法定、执法严明、公开公正、廉洁高效、守法诚信的法治政府,依法全面履行政府职能,完善行政组织和行政程序法律制度,健全依法决策机制,深化行政执法体制改革,坚持严格规范公正文明执法;深化司法体制综合配套改革,规范司法行为,提高司法公信力,努力让人民群众在每一个司法案件中感受到公平正义;着力培育公民和社会组织自觉守法的意识和责任感,充分调动全社会自觉守法的积极性、主动性,营造全社会共同守法的良好氛围。

结合"影子药师"乱象,引导学生了解严密的法治监督体系的价值。"销售员当药师,有时感冒药也能吃死人。"药店药师的缺位,还可能加剧抗生素的滥用。药店导购经常推荐阿莫西林、头孢等,可能不对症,还容易导致细菌

第六章 尊法学法守法用法

耐药。这意味着患者真正需要时，这些救命药可能会失效。贴近民生开展监督工作，推动解决人民群众所需所急所盼，努力增强人民的获得感、幸福感、安全感。严密的法治监督体系，是指以规范和约束公权力为重点建立的有效的法治化权力监督网络。它以有权必有责、用权受监督、违法必追究，坚决纠正有法不依、执法不严、违法不究行为等为主要任务，是宪法法律有效实施的重要保障，是加强对权力运行制约和监督的迫切要求。完善法治监督体系的重点内容包括：健全宪法实施和监督制度，强化对行政权力的制约和监督，加强对司法活动的监督。

结合"影子药师"见证不见人导致的危害后果，引导学生认识有力的法治保障体系及其意义。药品安全具有敏感性和严重性，必须依靠法治保障。有力的法治保障体系，是全面依法治国的重要依托。有力的法治保障体系，是指在法律制定、实施和监督过程中形成的结构完整、机制健全、资源充分、富有成效的保障系统，包括政治和组织保障、人才和物质条件保障、法治意识和法治精神保障等。完善法治保障体系的重点内容包括：切实加强和改进党对全面依法治国的领导，提高依法执政能力和水平，为全面依法治国提供有力的政治和组织保障；加强高素质法治专门队伍和法律服务队伍建设，提高法治工作队伍和法律服务队伍思想政治素质，为全面依法治国提供坚实的人才和物质保障；努力推动形成办事依法、遇事找法、解决问题用法、化解矛盾靠法的良好的守法社会氛围，为全面依法治国提供丰厚的法治文化保障。

▶ 案例七　严惩疫苗乱象，坚持法治道路

案例

2018年8月16日，中共中央政治局常务委员会召开会议，听取关于吉林长春长生公司问题疫苗案件调查及有关问责情况的汇报。中共中央总书记习近平主持会议并发表重要讲话。会议指出，这起问题疫苗案件发生以来，习近平总书记高度重视，多次做出重要指示，要求立即查清事实真相，严肃问责，依法从严处理，坚决守住安全底线，全力保障群众切身利益和社会稳定大局。在党中央的坚强领导下，国务院多次召开会议研究，派出调查组进行调查，目前

243

已基本查清案件情况和有关部门及干部履行职责情况。会议强调，疫苗关系人民群众健康，关系公共卫生安全和国家安全。这起问题疫苗案件是一起疫苗生产者逐利枉法、违反国家药品标准和药品生产质量管理规范、编造虚假生产检验记录、地方政府和监管部门失职失察、个别工作人员渎职的严重违规违法生产疫苗的重大案件，情节严重，性质恶劣，造成严重不良影响，既暴露出监管不到位等诸多漏洞，也反映出疫苗生产流通使用等方面存在的制度缺陷。要深刻吸取教训，举一反三，重典治乱，去疴除弊，加快完善疫苗药品监管长效机制，坚决守住公共安全底线，坚决维护最广大人民的身体健康。会议强调，要完善法律法规和制度规则，明晰和落实监管责任，加强生产过程现场检查，督促企业履行主体责任义务，建立质量安全追溯体系，落实产品风险报告制度。对风险高、专业性强的疫苗药品，要明确监管事权，在地方属地管理的基础上，要派出机构进行检查。要加强监管队伍能力建设，尽快建立健全疫苗药品的职业化、专业化检查队伍。要提高违法成本，对那些利欲熏心、无视规则的不法企业，对那些挑战道德和良知底线的人，要严厉打击，从严重判，决不姑息。对涉及疫苗药品等危害公共安全的违法犯罪人员，要依法严厉处罚，实行巨额处罚、终身禁业。要加强干部队伍建设，激励担当作为，切实履行职责，对失职渎职行为严肃问责。会议要求，各级党委和政府要落实习近平总书记的重要指示精神，深刻认识药品安全的敏感性和重要性，深刻吸取教训，落实监管责任，坚守疫苗质量安全底线。要健全问题疫苗处置后续工作机制，做好疫苗续种补种工作，稳妥有序地开展赔偿工作，完善疫苗管理长效机制。会议同意，对金育辉（吉林省副省长，2017年4月起分管吉林省食品药品监管工作）予以免职，对李晋修（吉林省政协副主席，2015年12月至2017年4月任分管吉林省食品药品监管工作的副省长）责令辞职，要求刘长龙（长春市市长，2016年9月任长春市代市长，2016年10月至今任长春市市长）、毕井泉（市场监管总局党组书记、副局长，2015年2月至2018年3月任原食品药品监管总局局长）引咎辞职，要求姜治莹（吉林省委常委、延边朝鲜族自治州委书记，2012年3月至2016年5月任长春市委副书记、市长）、焦红（国家药监局局长）做出深刻检查；对35名非中管干部进行问责；决定中央纪委、国家监委对吴浈（原食品药品监管总局副局长、原卫生计生委副主任，分管药化注册管理、药化监管和审核查验等工作）进行立案审查调查。会议责成吉林省委和省政府、国家药监局向中共中央、国务院做出深刻检查。

案例出处

《中共中央政治局常务委员会召开会议　听取关于吉林长春长生公司问题

第六章 尊法学法守法用法

疫苗案件调查及有关问责情况的汇报　中共中央总书记习近平主持会议》，见央视网 2018 年 8 月 16 日（http://news.cyol.com/content/2018-08/16/content_17489737.htm），有删改。

案例解析

2018 年吉林长春长生公司问题疫苗案件发生后，习近平总书记主持专门会议并发表重要讲话。会议对处理问题疫苗案件、确保疫苗质量安全做出部署，充分体现了以习近平同志为核心的党中央对人民群众身体健康和生命安全的高度重视和深切关注。就具体民生事件召开政治局常委会会议，这是中共十九大以来的公开报道中的第一次，重视程度罕见。纵观这起案件，从疫苗生产者逐利枉法，到地方政府和监管部门失职失察，吉林长春长生公司问题疫苗案不仅暴露出监管不到位等诸多漏洞，也反映出疫苗生产流通使用等方面存在的制度缺陷。

吉林长春长生公司问题疫苗案件发生后，党中央高度重视，国务院派出专门调查组对事件进行了全面调查，中央纪委、国家监委开展了监管责任调查和审查调查工作，对 6 名中管干部做出予以免职、责令辞职、要求引咎辞职等处理，对涉嫌职务犯罪的原国家食品药品监督管理总局党组成员、副局长吴浈给予开除党籍处分并移送检察机关依法审查起诉。同时，有关部门和地方根据调查认定事实，依规依纪依法对涉及原国家食品药品监管总局、国家药监局、吉林省各级药品监管部门、长春市人民政府、长春市高新技术产业开发区管委会等 42 名非中管干部进行了严肃处理，其中，厅局级干部 13 人、县处级干部 23 人、乡科级及以下干部 6 人，对涉嫌职务犯罪的原吉林省食品药品监管局 3 名责任人给予开除党籍处分并移送检察机关依法审查起诉，对包括原国家食品药品监管总局药品化妆品监管司 1 名副司长、原吉林省食品药品监管局两名副局长在内的 6 名责任人给予留党察看或撤销党内职务、政务撤职处分，对 29 名责任人给予其他党纪政务处分。此次问责速度之快、力度之大，问责对象级别之高、人数之多，均属罕见，充分体现了以习近平同志为核心的党中央全面从严治党、坚定去疴除弊的担当精神，对人民群众切身利益的高度负责，对安全质量工作的高度重视。

随后，全国人大常委会积极协调推动制定专门的疫苗管理法，及时安排审议法律草案，抓紧建立对疫苗进行全过程、全链条监督的长效机制，《中华人民共和国疫苗管理法》起草出台，中国首部疫苗法也呼之欲出。药品安全是最基本的公共安全，疫苗安全保障着广大群众的生命健康，疫苗立法，创造了立法的"特快"速度。党的十八大以来，全国人大及其常委会坚持以人民为

中心，始终把最广大人民的根本利益作为人大工作的出发点和落脚点。坚持立法为民，及时通过立法回应社会各界关切问题和人民群众期盼。"疫苗关系人民群众健康，关系公共卫生安全和国家安全"，此次疫苗立法，将分散在多部法律法规中的各种疫苗规定统筹整合在了一起，从疫苗研制、生产、流通，到异常反应监测、监督管理、法律责任等，全流程、全链条覆盖，顶层设计清晰，末端治理明确，针对性和可操作性极强。"最严谨的标准、最严格的监管、最严厉的处罚、最严肃的问责"，习近平总书记曾对食品药品安全监管提出明确要求。一定程度上，问题疫苗的处理正是在努力践行"四个最严"。这应当作为一个样本，扩展到其他相关领域中去，力求做到万无一失，严把从农田到餐桌、从实验室到临床的每一道防线。

案例启思

（1）如何认识中国特色社会主义法治道路？
（2）如何理解党的领导和依法治国的关系？

教学建议

这起问题疫苗案件发生以来，习近平高度重视，多次做出重要指示，要求立即查清事实真相，严肃问责，依法从严处理，坚决守住安全底线，全力保障群众切身利益和社会稳定大局。疫苗立法不仅缓解了公众焦虑，更重塑了法治的刚性。时下，法治中国的建设还有很多短板需要补齐，立法不全、执法不力等问题依然存在，善于用法治手段回应社会关切问题，使之成为常态机制，法治中国的步伐才会愈加坚实。通过对吉林长生疫苗案的处理来引导学生学习和掌握中国特色社会主义法治道路，坚持中国共产党的领导，坚持人民主体地位等相关知识点。

首先，通过中央政治局召开会议部署处理疫苗案件，引导学生理解走中国特色社会主义法治道路，必须坚持党的领导，认识党的领导和依法治国的关系。

习近平在《加强党对全国依法治国的领导》一文中指出，"关于党的领导和法治关系问题，我反复讲过。推进党的领导制度化、法治化，既是加强党的领导的应有之义，也是法治建设的重要任务。为什么我国能保持长期稳定，没有乱？根本的一条就是我们始终坚持共产党领导。党的领导是党和国家事业不断发展的'定海神针'。这次修改宪法，在宪法序言确定党的领导地位的基础上，我们又在总纲中明确规定中国共产党领导是中国特色社会主义最本质的特征，强化了党总揽全局、协调各方的领导地位。宪法修改后各方面反响很好。

第六章 尊法学法守法用法

我们要继续推进党的领导制度化、法治化，不断完善党的领导体制和工作机制，把党的领导贯彻到全面依法治国全过程和各方面"。党的领导是中国特色社会主义最本质的特征，是社会主义法治最根本的保证。社会主义法治必须坚持党的领导，党的领导必须依靠社会主义法治。法是党的主张和人民意愿的统一体现，党和法、党的领导和依法治国是高度统一的。全面依法治国，方向要正确，不能把党的领导和依法治国二者对立起来。坚持党的领导，是社会主义法治的根本要求，是全面依法治国题中应有之义。要把党的领导贯彻到依法治国全过程和各方面，坚持党的领导、人民当家作主、依法治国有机统一。习近平在《加强党对全国依法治国的领导》一文中指出，"党的领导是社会主义法治最根本的保证。全面依法治国决不是要削弱党的领导，而是要加强和改善党的领导，不断提高党领导依法治国的能力和水平，巩固党的执政地位。必须坚持实现党领导立法、保证执法、支持司法、带头守法，健全党领导全面依法治国的制度和工作机制，通过法定程序使党的主张成为国家意志、形成法律，通过法律保障党的政策有效实施，确保全面依法治国正确方向"。依法治国是我们党提出来的，把依法治国上升为党领导人民治理国家的基本方略也是我们党提出来的，而且党一直带领人民在实践中推进依法治国。只有在党的领导下依法治国、厉行法治，人民当家作主才能充分实现，国家和社会生活法治化才能有序推进。

我国人民民主与西方所谓的"宪政"本质上是不同的。习近平在《加强党对全国依法治国的领导》一文中指出："我们讲依宪治国、依宪执政，不是要否定和放弃党的领导，而是强调党领导人民制定宪法和法律，党领导人民执行宪法和法律，党自身必须在宪法和法律范围内活动。"坚持党的领导，不是一句空的口号，必须具体体现在党领导立法、保证执法、支持司法、带头守法上。党领导立法，就是抓住提高立法质量这个关键，完善以宪法为核心的中国特色社会主义法律体系，坚持立法先行，发挥立法的引领和推动作用。党保证执法，就是深入推进依法行政，建设职能科学、权责法定、执法严明、公开公正、廉洁高效、守法诚信的法治政府。党支持司法，就是要保证公正司法，提高司法公信力。党带头守法，就是要带头弘扬社会主义法治精神，建设社会主义法治文化，形成守法光荣、违法可耻的社会氛围，使全体人民都成为社会主义法治的忠实崇尚者、自觉遵守者、坚定捍卫者。

其次，通过对疫苗案件中违纪党员干部的处理，引导学生认识完善的党内法规体系，是中国特色社会主义法治体系的本质要求和重要内容。

疫苗是防病的，疫苗行业更要打好"疫苗"，而其中最有效的"成分"便是完善的监管制度和严肃的惩戒体系。吉林长生疫苗案在党中央的坚强领导

下,案件情况得以基本查清,多名领导干部受到严肃处理,彰显了党中央重典治乱、去疴除弊的坚定决心和鲜明态度,充分体现了全面从严治党。"要加强干部队伍建设,激励担当作为,切实履行职责,对失职渎职行为严肃问责"。建设完善的党内法规体系,是中国特色社会主义法治体系的本质要求和重要内容。完善的党内法规体系,是指科学、程序严密、配套完备、运行有效的党内制度及其运行、保障体系。完善党内法规体系的总目标是到建党100周年时形成比较完善的党内法规制度体系、高效的党内法规制度实施体系、有力的党内法规制度建设保障体系,党依据党内法规管党治党的能力和水平显著提高。完善党内法规体系的重点内容包括在党章之下分为党的组织法规制度、党的领导法规制度、党的自身建设法规制度、党的监督保障法规制度。确保药品安全是各级党委和政府义不容辞之责,责任重于泰山。此次最严问责,是惩戒,更是警示。透过现象看本质,吉林长春长生公司问题疫苗案件之所以会发生,一方面是由于那些利欲熏心、无视规则的不法企业在利益驱动下,不惜挑战道德和良知底线;另一方面,有关地方政府和主管部门失职、失责、失察、不作为,负有不可推卸的责任。按照习近平总书记的重要指示,在党中央的坚强领导下,调查组在查清案件情况的同时,深入开展监管责任调查,对玩忽职守、失职渎职的坚决一查到底,对贪赃枉法、搞利益输送的重拳打击,对负有领导责任的依规依纪依法严厉追责,及时向社会公布结果,切实回应了群众关切问题,给出了一个负责任的交代。

最后,通过为疫苗立法的过程,引导学生认识中国特色法治道路,坚持人民主体地位。

习近平在《加强党对全国依法治国的领导》一文中指出,"最近发生的长春长生疫苗造假案,背后的原因也是有法不依、执法不严,把法律法规当儿戏。这就要求我们必须促进严格规范公正文明执法,让人民群众真正感受到公平正义就在身边"。疫苗关系人民群众健康,关系千家万户幸福,关系公共卫生安全和国家安全,容不得丝毫马虎。各级党委和政府要本着对人民切身利益高度负责的态度,深刻认识药品安全的敏感性和重要性,坚持标本兼治、惩防并举,坚决守住疫苗质量安全底线。在社会主义法治国家,人民是依法治国的主体和力量源泉,坚持人民主体地位是依法治国的基本原则。必须把人民当家作主贯彻到依法治国的全过程之中,保证人民的广泛参与。人民代表大会制度是保证人民当家作主的根本政治制度,保证了人民依法民主选举、民主协调、民主决策、民主管理、民主监督,维护国家法制统一、尊严权威。坚持人民主体地位,必须坚持法治建设为了人民、依靠人民、造福人民、保护人民,以保障人民根本权益为出发点和落脚点,保证人民依法享有广泛的权利和自由,承

第六章 尊法学法守法用法

担应尽的义务，维护社会公平正义，促进共同富裕，为保证人民当家作主提供坚实的法治基础。在立法上，要保证人民的意志和利益得到体现，也保证人民能有充分的机会表达自己的意见，使每项立法都体现人民意志，都得到人民的拥护。在法律实施上，要确保立法上体现的人民意志得到实现，要保障人民依法享有各种程序性权利，通过法律的实施切实维护自己的合法权利。人民权益要靠法律保障，法律权威要靠人民维护。依法治国的根本目的是实现人民幸福，尊重和保障人权。要把体现人民利益、反映人民愿望、维护人民权益、增进人民福祉落实到依法治国全过程，保证人民在党的领导下，依照法律规定，通过各种途径和形式，行使管理国家事务和社会事务、管理经济和文化事业的权力。中共正是因为坚持人民主体地位，始终重视老百姓关心的问题，导向极为明确，态度极为鲜明，才始终顺民意、解民忧、得民心，并在人民支持下取得一次又一次的伟大胜利。

▶ 案例八　化解医疗纠纷，树立法治思维

案例

中科院女博士去世引发的医疗纠纷，因"公文大战"而朝着闹剧演化，这说明了那种靠"拼背景"的医疗纠纷处理路径的跑偏。而要化解纠纷，"公文助战"是歧路，法治才是正途。2016年1月11日，因妊娠在北医三院住院的中科院女博士杨某在医院死亡。因为三份官方声明的出现，此事迅速在网上发酵。先是死者单位中科院理化所发函，请求医院给出真实、完整的调查结论；紧接着，北医三院回应事件经过，指出死者家属打砸物品，追打医务人员；16日，中国医师协会发布声明力挺院方，质疑中科院理化所发声明的程序合理性。而死者丈夫则发文否认网帖"指控"的聚众闹事和巨额索赔。高级知识分子（简称"高知"）孕妇不幸去世，还是一尸两命，让人痛惜。这起悲剧，被导向医疗纠纷，个中或许有些"结"待解，遗憾的是，如今此结未解，反而有朝着闹剧衍化的态势：多方公文的掺和，将问题解决路径导向了比嗓门大、比背景深，而非"向真相要是非"。回溯起来，涉事医患双方起初的矛盾焦点并不复杂：一者，院方对死者死因的医学解释合不合理；二者，此前

院方是否存在死者病历信息缺失、不告知家属其死因等情况；三者，当事家属在与院方沟通时有无"打砸物品，追打医务人员"，又是否牵涉请"职业医闹"……尽管目前双方各执一词，但在有现场监控与警方出警记录的情况下，这不难廓清。就在真相未明的节点上，两个"国"字头机构以娘家姿态先后发声，让这起医患纠纷变得复杂化：两方有公章加持的公文声明中，都带有明显的护犊底色，这让原本挺寻常的个案纷争超出了简单的真相之争，掺入了更多的"机构（或协会）撑腰"的成分。原本二者间并无民事法律关系，可因其在各自领域的公信声望，其公文对阵难免被视作跨行业界别的"掰手腕"。在网上，有些网友就将其解读为"国家顶级研究机构和原卫生部直属国家一级行业组织隔空对撕"，而相关舆论也在基于身份立场的站队潮中陷入撕裂。这显然无益于事件的合理解决。对于中科院理化所而言，科研骨干遽然去世，表达痛惜本无可厚非，其公函也跟"以权压人"型的红头文件式公函有本质差别，但不通过工会等组织出面协调帮助员工，而是直接发函，难免给人外力干预的想象；同样，中国医师协会倾向明显的"力挺"，也给人"立场先行"的质疑。作为"高知"的专业机构或协会，不表现出专业力量，将问题纳入法治轨道中，或促使各方达成更有效的沟通，而是搞站队式表态和官方意志角力，这又岂能不令人叹息？实质上，国务院2002年颁布的《医疗事故处理条例》中，已明确了几种解决医疗纠纷的方式，如行政处理、医患协商和司法诉讼。就此事而言，对于院方有无过失，争议双方完全可以请医患纠纷人民调解委员会或相关主管部门介入调查；而对于当事家属有无闹事行为，院方无妨报警维权，若其属实，会受到"医闹入刑"等法规规制。可而今，这起事件由普通医疗纠纷上升为几个机构至不同职业群体间的站队角力，这说明了传统医疗纠纷处理路径的跑偏。正是这种跑偏，让很多人陷入公平焦虑：觉得遇到医疗纠纷，就得找关系、拼背景，而不是看事实、找真相。某种程度上，那些掺和者都起到了"医闹"作用，把问题拉离法治轨道。说到底，化解医疗纠纷，法治是正途，"公文助战"只能是歧路。而这起多家或顶级或权威的机构参与的事件，则是个标志性案例，揭示出"背景""势力"等因素对医疗纠纷法治化解决的扭曲，而要规避这种扭曲，还须重申起码的原则：让法律的回到法律，别让公文压倒真相。

🔍 案例出处

《解决医疗纠纷别让公文压倒真相　法治才是正途》，见《新京报》2016年1月18日（http://www.chinanews.com/gn/2016/01-18/7720872.shtml），有删改。

第六章 尊法学法守法用法

案例解析

一起医患之间的私权纠纷，引发双方背后的单位剑拔弩张，这样的舆论战自然引人注目。虽然双方都"挟"法律以伸正义，主张通过法定渠道解决；但从一开始，双方的表现就缺乏对事实的足够敬畏，也缺乏对法律的充分信赖。否则，就不用如此急于袒护自己人，拉开互相施压的阵势。该案中孕妇杨女士不幸离世后，其家属与医院之间的法律之争还没弄清，舆论战已先在网上沸沸扬扬，甚至还闹出了背后的单位出面干预的事情。而该案的关键事实，如是否存在医疗事故，病患家属都有哪些过激行为等，双方至今仍各执一词。在没有权威调查结论之前，网络围观就成了只管立场，不顾事实、不问是非曲直的情绪宣泄。

医患纠纷如何解决？法律规定有三种途径：和解、调解和诉讼。具体而言，患者对治疗结果不满意，医患双方达不成一致，可以有以下三种途径解决：首先，每个医院都有医患关系办公室或者是专门处理医疗纠纷的科室，患者可向其投诉，提出对医生诊疗服务不满的意见。同时患者有权要求封存病历，并复印除了病程记录之外的所有客观病历。其次，患者可以申请第三方进行调解，包括行政调解和医疗纠纷人民调解委员会调解。最后就是司法诉讼。医疗纠纷不管怎么闹，都不会因为你闹得凶就能得到更多的赔偿，医疗损害赔偿必须遵循过错赔偿原则，一定是医院的诊疗行为有过错，给患者造成人身损害等不良后果，才能赔偿。

单位介入不是解决问题的方法。孕妇死亡后，需要调查的是，医院面对家属的质疑有没有充分的信息开放？有没有提供有效的沟通渠道？有没有推荐第三方专业评估和鉴定的方案？究竟是如家属所言"迟迟不提供妻子的死因，跟医院的沟通特别艰难"，还是如院方所言，家属追打医务人员，打砸物品？护犊之心人皆有之，单位出具公函亦反映出一种普遍的大众心理：公家说话自然要比势单力薄的个人管用。而医师协会声明中传递出的鲜明立场，也不免让公众担心，对患者死因的医学判断能否做到客观中立。无论如何，两家单位所做的功课，看似在积极推动事件公正处理，实则带有一定情绪，缺乏对事实的应有尊重。毕竟，纠纷的起点是患者死因，而死因判断则需要医学专业知识，当医院垄断了专业知识与患者信息，家属就会对医院产生怀疑。这种情况下，任何拖延与推诿都只能加深怀疑、激化矛盾。矛盾总是存在，但冲突不应该是医患关系的常态。在中国，医生不光要承受医术有限而带来的无力感，还要承受医疗资源稀缺导致的超负荷疲惫，承受医疗体制改革滞后带来的医药不分、医不如药的失衡感，以及职业尊严遭污名化的尴尬，有时候还不得不背负整个

医疗体制长期积累的历史欠账。

医患双方的权利都应该得到保障。医患纠纷的处理应遵循公开、公平、公正、及时、便民的原则,坚持实事求是的科学态度,做到事实清楚、定性准确、责任明确、处理恰当。在医患关系中,医生是一个专业性极强的职业,这一特性使得医患双方容易处于一种不平等的地位,个别医护人员可能会利用自己的专业优势侵犯患者的合法权益。而一旦发生医患纠纷,一些患者又会凭借人多势众侵犯医护人员的合法权益,甚至一言不合便拳脚相加,对医护人员的人身安全构成极大威胁。保障医患双方平等地位,维护双方合法权益。用法治思维解决医患纠纷,需要将医患双方作为平等的主体。用法治思维解决医患纠纷,就要保障医患双方的平等地位,既不能因为医护人员的专业优势而损害患者的合法权益,也不能因为担心患者聚众闹事而损害医护人员的合法权益,双方的合法权益都应依法受到保护。

媒体应该客观公正地报道事实真相。近年来,暴力伤医事件层出不穷,每年都多达几十起。令人心寒的是,类似事件的网络评价中,指责医生"自作自受"的言论甚至盖过了同情理解。一名"高知"孕妇在北医三院经抢救无效死亡,因为先后3份官方声明的出现,事件迅速在网上发酵。先是死者单位中科院理化技术研究所发函,请求医院给出一份真实、完整的调查结论;紧接着北医三院回应称,死者家属打砸物品,追打医务人员,严重扰乱医疗秩序;随即中国医师协会又发声明力挺院方,质疑中科院理化所发声明的程序合理性。死者丈夫否认打砸医院物品并提出天价索赔。在这些有争议的问题尚未最终认定之前,媒体要成为社会理性的沟通桥梁,让信任复苏,让医患始终站在同一战壕,携手迎击共同的敌人——疾病。

案例启思

(1)了解我国的程序法律部门,以及医疗纠纷的解决方式。
(2)大学生如何培养法治思维?

教学建议

当前,解决医患纠纷、构建和谐医患关系,首先需要坚持法治思维、采用法治方式。实践证明,医患纠纷是难以完全避免的,只要存在医疗服务,就有可能出现医患纠纷。但只要坚持法治思维,采用法治方式,就能更加有效地解决医患纠纷,保障医患双方合法权益,维护医疗秩序。以法治思维、法治方式构建和谐医患关系。本案涉及医疗纠纷的解决方式、法律面前人人平等社会主义法治的主要内容,以及媒体等对法治的监督等相关法律知识。

第六章　尊法学法守法用法

通过此案例，引导学生学习和掌握医疗纠纷的解决方式。把诉讼方式和调解方式有机结合起来。以法治方式解决医患纠纷，一般可以采用诉讼方式。诉讼方式解决医患纠纷具有强制性，一旦定案具有不可反驳性，医患双方必须服从，必须维护法律的权威。诉讼方式虽然是处理医患纠纷最重要的方式，但也有一定的局限性，如诉讼周期较长，医患双方都要投入大量精力等。在处理医患纠纷时，也可采用非诉讼方式。非诉讼方式主要是依托调解机构的专业性、中立性，快速公平地调解医患纠纷，达成双方都能接受的处理结果。调解方式是诉讼方式之外的一种有效的辅助解决医患纠纷的方式，有利于医患纠纷的及时解决，防止医患纠纷的激化和升级，更有利于形成和谐的医患关系。

通过此案例，引导学生了解我国的程序法律部门。我国的程序法律部门包括诉讼法与非诉讼程序法。诉讼与非诉讼程序法是规范解决社会纠纷的诉讼活动与非诉讼活动的法律规范。诉讼法律制度是规范国家司法活动、解决社会纠纷的法律规范，非诉讼程序法律制度是规范仲裁机构或者人民调解组织解决社会纠纷的法律规范。我国制定了民事诉讼法，确立了当事人有平等的诉讼权利，以及根据自愿和合法的原则进行调解、公开审判、两审终审等民事诉讼的基本原则和制度，明确了诉讼当事人的诉讼权利和诉讼义务，规范了证据制度，规定了第一审普通程序、第二审程序、简易程序、特别程序、审判监督程序等民事审判程序，还对执行程序、强制执行措施做了明确规定。我国制定了刑事诉讼法，规定一切公民在适用法律上一律平等，尊重和保障人权，人民法院、人民检察院依法独立公正行使审判权、检察权，人民法院、人民检察院、公安机关分工负责、互相配合、互相制约，保证犯罪嫌疑人、被告人获得辩护，未经人民法院依法判决，对任何人不得确定有罪等刑事诉讼的基本原则和制度，并规定了管辖、回避、辩护、证据、强制措施、侦查、起诉、审判、执行等制度和程序，有效保证了刑法的正确实施，保护了公民的人身权利、财产权利、民主权利和其他权利，保障了社会主义建设事业的顺利进行。我国制定了行政诉讼法，明确规定公民、法人和其他组织认为自己的合法权益被行政机关及其工作人员侵犯时，有权依法向人民法院提起行政诉讼，人民法院依法对行政案件独立行使审判权，保障公民的合法权益，促进了行政机关依法行使行政职权。此外，我国制定了非诉讼程序法，包括仲裁法和人民调解法等。仲裁法规范了国内仲裁与涉外仲裁机构的设立，明确规定仲裁委员会独立于行政机关，从机构设置上保证了仲裁委员会的独立性，明确将自愿、仲裁独立、一裁终局等原则作为仲裁的基本原则，系统规定了仲裁程序。人民调解法完善了人民调解制度，规范了人民调解的组织和程序，及时解决民间纠纷，维护社会和谐稳定；明确规定了在当事人自愿、平等的基础上进行调解，不违背法律、法

规和国家政策，尊重当事人的权利，不得因调解而阻止当事人依法通过仲裁、行政、司法等途径维护自己的权利等原则。

▶ 案例九 力主知情同意，强化法治观念

"求你签字！命要紧！"手术台上患者拒绝签字手术，医生只好开口求她签字

"医生，你可能弄错了，我刚做完流产，不可能还有宫外孕的！"今年（2018年）43岁的陆女士，人流术后11天，持续腹痛6小时，CT提示盆腹腔有大量积液。扬中市人民医院的妇科医生于澎静，经穿刺后确认积液为盆腹腔出血，要紧急行剖腹探查术，否则会有生命危险。

术前准备全部完成。而此时，躺在手术台上的患者，却拒绝签字手术，这可把医生急坏了……说起当时的凶险，于澎静说，救命要紧！不得已，自己只好开口求她签字。

人流术后持续腹痛，却与炎症疼痛不同

2018年9月21日，一直忙到晚上9时30分左右，扬中市人民医院妇科值班医生于澎静这才顾得上吃晚饭。不巧的是，急诊此时又送来了一位流产术后腹痛患者。于澎静只得匆匆吞下口中的饭，她一边跑一边暗想，人流后的患者最多出现的情况是盆腔炎之类的炎症，问题应该不大。

43岁的陆女士，11天前在当地医院刚做完人工流产手术。6小时前突发右下腹疼痛，便赶去做人流的医院就诊，B超显示情况良好。回家后，腹痛却一直无法缓解，于是赶紧来到扬中市人民医院。

于澎静立即给患者查体，发现患者阴道有少量暗红色血性液体，全腹都有压痛感，肝、肾区无叩击痛，子宫有漂浮感。特别奇怪的是，患者疼痛反应迟缓，与一般的炎症患者查体反应不同，颇像是内出血导致的腹痛。但陆女士脸上有妆，难以看出是否存在贫血。

而此时患者血压 90/63mmHg、脉搏 72 次/分，均在正常范围内。由于腹痛原因不明，于澎静建议患者赶紧做 B 超检查，但患者此时却没有小便。

于澎静立即建议患者做 CT 平扫，以尽快了解患者的确切情况。

于是，护士帮忙找来轮椅，将患者推去 CT 室检查。于澎静不敢大意，匆匆换件衣服便跟到了 CT 室，而此时 CT 室门口的陆女士，因为剧烈的疼痛，整个人已经瘫坐在轮椅上。

CT 检查发现，患者盆腹腔有大量积液。于澎静当下心中暗叫不好，如果盆腹腔积液是由出血所致，疼痛初始部位又属妇科的范畴，首先考虑患者是宫外孕，其次有黄体破裂出血的可能性。

可是患者刚流产过，又怎么会有宫外孕呢？胎儿从哪儿来呢？

于澎静来不及多想，当下应立即穿刺确认积液是否为腹腔出血，再行剖腹探查进行止血。而无论何种原因的出血，陆女士都有失血休克的危险，甚至会危及生命。

此时，家属急忙从急诊室借来平车，于澎静见两名患者家属一个抱头，一个抱脚抬不动患者，便一个箭步上前托起患者腰部，合力将患者抱到平车上。

证实腹腔出血，手术台上患者拒绝签字

为节约抢救时间，于澎静一边电话请示总值班为患者开通绿色通道，一边将患者直接送至手术室。送往手术室的过程中，于澎静电话交代值班护士："患者高度怀疑宫外孕破裂，麻烦帮忙开个住院证，通知手术室，准备抢救患者！"同时，通知备班医生田静一起前来配合手术。

建立静脉通道、吸氧、心电监护、备血……术前准备紧张有序地进行着。于澎静为陆女士行穿刺后，抽出 5 毫升不凝血，腹腔积液证实为出血导致。至此，基本可以诊断陆女士为宫外孕破裂、失血性休克。

于澎静当即告知家属目前诊断结果，要求立即进行剖腹探查术。

此时，经过抗休克治疗的陆女士苏醒了过来，精神也略有好转。"医生，你可能弄错了，我刚做完流产，不可能还有宫外孕的。"陆女士要求与为她做流产的医生联系，却又因为手机没电联系不上。

但不管如何解释，陆女士始终不肯签字手术。

"为救命，即便是我错了，你也要签字手术"

于澎静反复跟患者及其家属分别交代："你现在必须签字手术，不找出出血部位尽快止血，会没命的！哪怕是我诊断错了，不是宫外孕，而是肝脏、脾脏之类的自发性出血……无论何种原因的腹腔内出血，都是极其危险的！必须

立即进行剖腹探查，进行止血，这是救命的根本！"于澎静急切中带着恳求。

人命关天，于澎静一边恳求，一边等待。

此时，由于情况危急，当天医院总值班黄为民、医务科长刘刚、妇科主任冯晓娟、组长张旭美，也闻讯相继赶到现场，进行劝说和解释。

几经犹豫，面对于澎静的恳求及众人的解释，患者及家属终于在手术知情同意书上签字。

术中发现输卵管破裂，腹腔积血2000毫升

21日夜11时30分左右，手术立即进行。经探查发现，患者输卵管峡部有2厘米破口，内见妊娠囊，确诊为宫外孕破裂，腹腔内约有2000毫升积血。

初步止血后，医生让患者家属确认了患者宫外孕的情况。随后，征得患者家属同意后，将患者已经破裂的输卵管切除。

清理血和血块后，于澎静等又为陆女士输了600毫升血、350毫升的血浆、2500毫升液体。

22日凌晨1时左右，患者脱离危险。

术后第二天，陆女士精神状态就见好转。当她再次见到于澎静医生时，不好意思地向她道谢。而性格大大咧咧的于澎静，则连连对患者摆手道："没事的！没事的！"

案例出处

《求你签字命要紧！手术台上患者拒绝签字手术 医生苦苦恳求》，见腾讯网2018年9月30日（https://new.qq.com/omn/20180930/20180930B12SYH.html），有删改。

案例解析

我国公民享有广泛的权利，同时承担相应的义务；公民的权利和义务是平等的，任何人不得享有法外特权；公民的权利和义务是统一的，不允许任何人只享受法律权利，不履行法律义务；任何公民都是享有权利和履行义务的统一体，并把自己依法履行义务作为他人依法享受权利的实现条件。

本案中涉及的法律问题是医方的告知说明义务和患方的知情同意权。对此问题的法律规定有：第一，《中华人民共和国侵权责任法》第五十五条规定："医务人员在诊疗活动中应当向患者说明病情和医疗措施。需要实施手术、特殊检查、特殊治疗的，医务人员应当及时向患者说明医疗风险、替代医疗方案等情况，并取得其书面同意；不宜向患者说明的，应当向患者的近亲属说明，

并取得其书面同意。医务人员未尽到前款义务,造成患者损害的,医疗机构应当承担赔偿责任。"第二,《中华人民共和国执业医师法》第二十六条规定:"医师应当如实向患者或者其家属介绍病情,但应注意避免对患者产生不利后果。医师进行实验性临床医疗,应当经医院批准并征得患者本人或者其家属同意。"第三,《医疗事故处理条例》第十一条规定:"在医疗活动中,医疗机构及其医务人员应当将患者的病情、医疗措施、医疗风险等如实告知患者,及时解答其咨询;但是,应当避免对患者产生不利后果。"第四,《医疗机构管理条例实施细则》第六十二条规定:"医疗机构应当尊重患者对自己的病情、诊断、治疗的知情权利。在实施手术、特殊检查、特殊治疗时,应当向患者作必要的解释。因实施保护性医疗措施不宜向患者告知情况的,应将有关情况通知患者家属。"第五,在 2018 年 10 月 1 日开始实施的《医疗纠纷预防和处理条例》第十三条规定:"医务人员在诊疗活动中应当向患者说明病情和医疗措施。需要实施手术,或者开展临床试验等存在一定危险性、可能产生不良后果的特殊检查、特殊治疗的,医务人员应当及时向患者说明医疗风险、替代医疗方案等情况,并取得其书面同意;在患者处于昏迷等无法自主做出决定的状态或者病情不宜向患者说明等情形下,应当向患者的近亲属说明,并取得其书面同意。紧急情况下不能取得患者或者其近亲属意见的,经医疗机构负责人或者授权的负责人批准,可以立即实施相应的医疗措施。"这是对告知说明义务和患者知情同意权的基本规定。

根据我国的法律,患者的知情权应是指患者有知悉自己的病情、治疗措施、医疗风险、医院和医生的基本情况、医生技术水平、医疗费用、有关医疗信息等问题的权利;患者的同意权应是指手术患者、接受特殊检查及特殊治疗的病人有知悉自己病情、检查手段、治疗措施、医疗风险并进行自主选择表示同意或不同意手术、检查或治疗方案的权利。医患关系中的知情权和同意权常常是不能分割的,知情权是同意权的前提和基础,只有充分保障患者的知情权,患者才能做出真正有效的同意,因此,概而言之,患者的知情同意权指的是患者在取得医生提供其医疗决定所必需的足够信息的基础上做出医疗同意的权利。权利和义务问题是人们经常遇到的现实问题,权利和义务关系也是社会关系的核心部分。权利和义务的内容、种类是不同的,其中被法律规定或认可的,称为法律权利和法律义务。享有法律权利的主体称为权利人,承担法律义务的主体称为义务人。自觉尊法学法守法用法,要落实到依法行使权利与履行义务上。什么是法律权利和法律义务,公民应该如何理解法律权利和法律义务的关系,如何依法行使法律权利和法律义务,以及滥用法律权利和违反法律义务后要承担什么法律责任等,是我们日常生活中经常遇到的法律问题。

本案中医生经过给患者查体,"发现患者阴道有少量暗红色血性液体,全腹都有压痛感,肝、肾区无叩击痛,子宫有漂浮感。特别奇怪的是,患者疼痛反应迟缓,与一般的炎症患者查体反应不同,颇像是内出血导致的腹痛",患者血压 90/63mmHg、脉搏 72 次/分,均在正常范围内","CT 检查发现,患者盆腹腔有大量积液"。医生首先考虑患者是宫外孕,其次有黄体破裂出血的可能性。决定立即穿刺确认积液是否为腹腔出血,再行剖腹探查进行止血。而无论何种原因的出血,陆女士都有失血休克的危险,甚至会危及生命。医生"为陆女士行穿刺后,抽出 5 毫升不凝血,腹腔积液证实为出血导致。至此,基本可以诊断陆女士为宫外孕破裂、失血性休克"。医生"当即告知家属目前诊断结果,要求立即进行剖腹探查术"。至此,医方已经履行了告知说明义务,并且反复劝说患者签字进行手术。患者已经了解医生的建议,也就是对自己的病情有了认识,但是拒绝签字手术,并且坚持认为是医生判断错误,"医生,你可能弄错了,我刚做完流产,不可能还有宫外孕的"。对此,医生于澎静急切恳求患者签字同意,反复跟患者及其家属分别交代:"你现在必须签字手术,不找出出血部位尽快止血,会没命的!哪怕是我诊断错了,不是宫外孕,而是肝脏、脾脏之类的自发性出血……无论何种原因的腹腔内出血,都是极其危险的!必须立即进行剖腹探查,进行止血,这是救命的根本!"后经医院相关科室领导反复劝说、解释,患者终于签字同意手术。经过手术探查发现,患者输卵管峡部有 2 厘米破口,内见妊娠囊,确诊为宫外孕破裂,腹腔内约有 2000 毫升积血。初步止血后,医生让患者家属确认了患者宫外孕的情况。征得患者家属同意后,将患者已经破裂的输卵管切除,患者脱离危险。

案例启思

(1) 如何正确理解法律权利和法律义务的关系?
(2) 大学生应该树立什么样的法治观念?如何强化法治观念?

教学建议

本案例中涉及法律权利和法律义务的知识。大学生应依法行使权利和履行义务,妥善处理学习、生活中遇到的法律问题和各种矛盾,这也是提高自己法治素养的途径。举案说法,通过此案例来讲解法律权利和法律义务的概念以及二者的相互关系。

从医生恳求患者签字,体现对患者权利的尊重的角度,引导学生了解法律权利及其特征。法律权利是指反映一定的社会物质生活条件所制约的行为自由,是法律所允许的权利人为了满足自己的利益而采取的、由其他人的法律义

务所保证的法律手段，权利的产生、发展和实现，都必须以一定的社会经济条件为基础，即"权利决不能超出社会的经济结构以及由经济结构制约的社会的文化发展"。法律权利有以下四个特征。一是法律权利的内容、种类和实现程度受社会物质生活条件的制约。不能脱离一个国家或地区的经济社会发展阶段和水平空谈权利及其实现。二是法律权利的内容、分配和实现方式因社会制度和国家法律的不同而存在差异。同样一种权利，在不同的社会制度下和不同的国家法律中表现形式有所不同。三是法律权利不仅由法律规定或认可，而且受法律维护或保障，由国家强制力保障其实现。四是法律权利必须依法行使，不能不择手段地行使法律权利。

从医生履行法律义务告知说明病情及措施等的角度，引导学生了解法律义务及其特征。法律义务是指反映一定的社会物质生活条件所制约的社会责任，是保障法律所规定的义务人应该按照权利人要求从事一定行为或不行为以满足权利人利益的法律手段。只有承担法律义务的人履行法律义务，享有法律权利的人才能实现自己的合法权益。法律义务的履行表现为两种形式：一种是作为，是指义务人实施积极的行为；另一种是不作为，是指义务人不得实施某种行为。法律义务具有法定的强制性，违反法律义务必须承担法律责任。法律义务有以下4个特点：第一，法律义务是历史的。法律义务的内容和履行方式随着经济社会的发展和人权保障的进步而不断调整和变化。第二，法律义务源于现实需要。一个国家的制度、历史、文化、宗教和安全形势等因素都会对法律义务产生重要影响。第三，法律义务必须依法设定。第四，法律义务可能发生变化。公民和社会组织承担的法律义务，在履行的过程中可能会因法定情形变更、消灭，或产生新的法律义务。

从医患双方相互配合、共同应对疾病的角度，引导学生了解法律权利与法律义务的关系。结合本案，患者知情同意权的满足，是由于医生忠实地履行了告知说明义务，并且，医生履行此义务颇费一番周折。法律权利与法律义务的关系，就像一枚硬币的两面，不可分割，相互依存。没有权利，义务的设定就失去了目的和根据；没有义务，权利的实现也就成为空话。在法治国家中，不存在只享受权利的主体，也不存在只承担义务的主体。首先，法律权利和法律义务是相互依存的关系，法律权利的实现必须以相应法律义务的履行为条件；同样，法律义务的设定和履行也必须以法律权利的行使为根据，不存在没有权利根据的法律义务。其次，法律权利与法律义务是目的与手段的关系。离开了法律权利，法律义务就失去了履行的价值和动力；离开了法律义务，法律权利也形同虚设。最后，有些法律权利和法律义务具有复合性的关系，即一个行为可以同时是权利行为和义务行为。如劳动的权利和义务，接受义务教育的权利

和义务。

从医生之所以要恳求患者签字的角度,引导学生认识权利行使的界限。"医务人员在诊疗活动中应当向患者说明病情和医疗措施。需要实施手术、特殊检查、特殊治疗的,医务人员应当及时向患者说明医疗风险、替代医疗方案等情况,并取得其书面同意"。①行使法律权利是有界限的。依法行使法律权利要求公民行使权利时应严格依据法律进行,以法律的相关规定为界限,超出这个边界就可能侵犯到他人的权益或者损害到国家、社会的利益。②权利行使的目的。公民在行使法律权利时,不仅要在形式上符合相关法律的规定,也要符合立法意图和精神,不得违反宪法法律确定的基本原则,保障权利行使的正当性。此外,行使权利不得破坏公序良俗,妨碍法律的社会功能和法律价值的实现。③权利行使的限度。任何权利的行使都不是绝对的,都有其相应的限度,必须依照法律规定的限度来行使权利。我国宪法规定,公民在行使自由和权利的时候,不得损害国家的、社会的、集体的利益和其他公民的合法的自由和权利。我国物权法规定,物权的取得和行使,应当遵守法律,尊重社会公德,不得损害公共利益和他人合法权益。④权利行使的方式。权利行使的方式分为口头方式、书面方式和行为方式,有时口头方式和书面方式可以兼用。如,我国民事诉讼法规定,起诉应当向人民法院递交起诉状,但书写起诉状确有困难的,可以口头起诉,由人民法院记入笔录,并告知对方当事人。权利行使还可分为直接行使和间接行使,前者指权利主体直接行使权利,后者则指由其法定代理人或者委托代理人代为行使权利。⑤权利行使的程序。由于一个人行使权利的过程可能就是另一个人履行义务的过程,所以程序正当原则同样适用于权利行使过程。通常情况下,行使权利的程序是法律规定的。

后 记

参与编写的人员分工如下：

第一章，曾汉君；第二章，杨兰；第三章，徐芳；第四章，廖扬眉、吉志鹏、熊进；第五章，陈化；第六章，吉志鹏。研究生朱泽东负责格式的修改。主编负责对全书的写作思路、总体架构进行设计，对书稿进行修改、完善与把关。

本书可作为"思想道德修养与法律基础"课教学的辅助教材，特别适用于医科院校，希望能够为广大医科院校思政课教师教学和医学生思政课学习提供一定的帮助，也希望对推动医学院校"课程思政"的建设有所参考。要说明的是，笔者引用的教学案例都注明了出处，但因案例数量众多，无法一一与原作者取得联系，谨在此对原作者表示真诚的谢意，敬请谅解！另外，由于编撰人员水平及时间有限，本书难免存在这样那样的问题和错漏，恳请广大读者批评指正。

编者

2019 年 6 月